广视角·全方位·多品种

权威·前沿·原创

皮书系列为
"十二五"国家重点图书出版规划项目

电子商务蓝皮书
BLUE BOOK OF
E-BUSINESS

中国电子商务服务业发展
报告 *No.2*

E-COMMERCE SERVICE INDUSTRY DEVELOPMENT
REPORT No.2

主　　编／荆林波　梁春晓
执行主编／赵京桥　黄　浩　李丽娜

社会科学文献出版社
SOCIAL SCIENCES ACADEMIC PRESS (CHINA)

图书在版编目(CIP)数据

中国电子商务服务业发展报告. 2/荆林波,梁春晓主编. —北京:社会科学文献出版社,2013.5
(电子商务蓝皮书)
ISBN 978 - 7 - 5097 - 4574 - 8

Ⅰ.①中… Ⅱ.①荆… ②梁… Ⅲ.①电子商务 - 服务业 - 经济发展 - 研究报告 - 中国 Ⅳ.①F713.36

中国版本图书馆 CIP 数据核字(2013)第 085550 号

电子商务蓝皮书

中国电子商务服务业发展报告 No. 2

主　　编／荆林波　梁春晓
执行主编／赵京桥　黄　浩　李丽娜

出 版 人／谢寿光
出 版 者／社会科学文献出版社
地　　址／北京市西城区北三环中路甲 29 号院 3 号楼华龙大厦
邮政编码／100029

责任部门／经济与管理出版中心 (010) 59367226　　　责任编辑／林　尧　蔡莎莎
电子信箱／caijingbu@ ssap. cn　　　　　　　　　　　责任校对／师旭光
项目统筹／恽　薇　林　尧　　　　　　　　　　　　　责任印制／岳　阳
经　　销／社会科学文献出版社市场营销中心 (010) 59367081　59367089
读者服务／读者服务中心 (010) 59367028

印　　装／北京季蜂印刷有限公司
开　　本／787mm×1092mm　1/16　　　　　　　　　　印　　张／17. 25
版　　次／2013 年 5 月第 1 版　　　　　　　　　　　　字　　数／206 千字
印　　次／2013 年 5 月第 1 次印刷
书　　号／ISBN 978 - 7 - 5097 - 4574 - 8
定　　价／59. 00 元

电子商务蓝皮书编委会

王晋杰　国家工商行政管理总局市场司司长
杨洪丰　国家工商行政管理总局市场司副司长
兰士勇　国家工商行政管理总局研究中心副主任
徐　愈　工信部信息化推进司司长
秦　海　工信部信息化推进司巡视员
董宝清　工信部信息化推进司副司长
蒋　彤　国家知识产权局副部长
胡纪源　全国政协经济委员会副局长
胡联合　中央政法委副巡视员
曹振亚　中宣部网络技术中心主任
蔡玉贺　交通运输部综合规划司副司长
刘琦岩　科技部办公厅副主任
王绪君　国资委信息中心副主任
陈　震　中国电子商务协会副理事长
胡伟权　环球市场集团总经理
孙德良　网盛生意宝董事长
王树彤　敦煌网首席执行官
梁春晓　阿里巴巴集团高级副总裁
杨伟庆　艾瑞咨询总裁
于　扬　易观国际总裁

主　　编
荆林波　中国社会科学院财经院副院长、博士生导师
梁春晓　阿里巴巴集团副总裁，阿里巴巴集团研究中心主任、高级研究员

执行主编
赵京桥　中国社会科学院财经院信息服务与电子商务研究室助理研究员
黄　浩　中国社会科学院财经院信息服务与电子商务研究室副教授
李丽娜　阿里巴巴集团研究中心高级专家

主编简介

　　荆林波　经济学博士，研究员，博士生导师。现为中国社会科学院财经院副院长，《财贸经济》副主编。享受国务院特殊津贴，经贸政策咨询委员会委员。社会兼职包括：APEC 电子商务联盟主任委员、中国市场学会副会长、中国商业经济学会副会长、中国物流学会副会长、世烹联国际饮食文化研究会秘书长、中国烹饪协会专家委员会副主任、高等院校贸易经济教研会副会长及浙江工商大学现代商贸研究中心兼职研究员等职。近年获奖情况包括：孙冶方经济科学奖、万典武商业经济学奖、中国商业联合会科技进步一等奖、商务部优秀成果二等奖、全国首届信息化优秀成果奖等，荣获"中国流通 60 年突出贡献人物""中国服务业科技创新人物""中国餐饮 60 年杰出人物"等称号。出版专著：《信息服务与经营模式》、《第三只眼看网络经济》、《中国商品期货交割》、《市场营销》等；译著：《营销 e 术》、《生产率：信息技术与美国增长复苏》（与冯永晟合作）等；主编：《解读电子商务》、《阿里巴巴集团考察———阿里巴巴经营模式研究》、《阿里巴巴的网商帝国》、《现代流通业：资本与技术的融合》、《现代零售业战略与管理》、《中国流通理论前沿》、《消费者心理学理论与实践》、《中国企业大并购》、《中国商品市场发展报告》、《中国电子商务服务业发展报告》（与梁春晓合作）、《中国服务业发展报告》（与史丹、夏杰长合作）和《中国餐饮产业运行报告》（与杨柳合作）等多部著作。

梁春晓　阿里巴巴集团副总裁，阿里巴巴集团研究中心主任、高级研究员，阿里巴巴商学院副院长，中国信息经济学会常务理事，电子商务专业委员会副主任，北京市信息化专家咨询委员会委员。十多年来，一直专注于电子商务、网络经济和信息社会研究，提出电子商务发展三关键、电子商务服务（业）、电子商务生态、网商发展三阶段和电子商务以"商务为本"等观点，参与国家发改委"电子商务发展'十一五'规划"和"十二五"规划、商务部"中国电子商务报告"等重大课题，撰有《电子商务服务》《网商赢天下：阿里巴巴的商业新视界》《搜索革命》《电子商务——从理念到行动》《电子商务导论》等著作。

摘　要

　　近年来，中国电子商务服务业呈现井喷式发展，商业模式持续创新，产业分工体系逐步细化和完善，产业规模迅速扩大，直接和间接创造了大量就业机会，在国民经济和社会生活中的影响力日益增强。电子商务服务业作为现代服务业的重要组成部分，极大地促进了电子商务的发展，对于中国加快转变经济发展方式起到了重要的推动作用和引领作用。本报告是在《中国电子商务服务业发展报告 No.1》的开篇基础上对电子商务服务业发展持续关注和进一步深入研究的成果，以电子商务服务业助力中国经济转型为主题，全面分析电子商务服务业在新时期中国经济转型升级，实现小康社会目标中的重要作用。

　　全书共分为总报告、产业报告和专题报告三个部分。总报告将回顾中国电子商务服务业近两年来的发展状况和存在的问题并分析新时期其在推动中国经济转型上的作用。产业报告部分对电子商务平台服务业、电子商务代运营服务业、电子商务物流服务业、电子商务信用服务业、电子商务金融服务业、电子商务咨询服务业和电子商务教育培训服务业这七个细分产业的发展现状、问题和趋势等方面进行描述、分析和研究。专题报告针对电子商务商业模式的发展、电子商务产业基地的发展以及"大淘宝服务生态"的演进进行专题研究。

Abstract

In recent years, the E-commerce service industry in China has experienced explosive growth with new business models and improved industrial division system. The revenue of the industry increased very fast, as well as the trade amount of E-commerce. Moreover, the industry created a great number of employment opportunities directly or indirectly. Therefore, the E-commerce industry has become one of the key parts of modern service industry in China, which has greatly influenced the economy and society. This report is a further study based on the *E-commerce service industry development No. 1* and is focused on the positive impact of E-commerce service industry on the transformation and upgrading of China's economy.

The report is composed with three parts: General Report, Industrial Analysis and Special Topics. General Report reviews the development of the Chinese E-commerce services in the past two years and existing problems and analyzes its role in promoting China's economic transformation and upgrade in the new era. The current status, problems and developing trends of the E-commerce platform services, E-commerce operating outsourcing services, E-commerce logistics services, E-commerce credit services, E-commerce financial services, E-commerce consulting services and E-commerce education and training services are described and analyzed in Industrial Analysis. In the Special Topics part, the business models, the construction of E-commerce demonstration parks and the evolution of Taobao service ecosystem are further studied.

目　录

BⅢ　专题报告

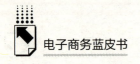

皮书数据库阅读**使用指南**

CONTENTS

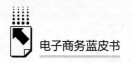

B Ⅲ   Special Topics

前言　技术变革与电子商务在中国的发展

荆林波*

一　信息技术催生电子商务引发技术变革

综观世界经济发展史，我们可以非常清楚地看到，每一次技术变革，都会极大地推动经济的增长。在最初的 1000 年，技术变革很少，经济基本处于停滞的状态。但是，英国工业革命之后，世界经济得以提速，尤其是最近半个多世纪以来，世界经济得到了快速的发展，1953~2003 年世界经济的增长速度达到 3.9%（见表1）。

表1　世界经济增长状况

单位：%

时间跨度	经济增长速度	时间跨度	经济增长速度
0~1000 年	0.0	1820~1870 年	0.9
1000~1500 年	0.2	1870~1913 年	2.1
1500~1600 年	0.3	1913~1950 年	1.9
1600~1700 年	0.1	1950~2003 年	3.9
1700~1820 年	0.5		

资料来源：Citigroup Estimates Based on Original Data from Angus Maddison, The World Economy: A Millennial Perspective, Development Research Center, 2001, OECD, Paris, and "The West and the Rest in the World Economy: 1500 – 2030", 2005, Australian National University, Canberra。

* 荆林波，中国社会科学院财经战略研究院副院长、博士生导师。电子邮箱：jinglinbo@sina.com. 作者感谢教育部省部共建人文社会科学重点研究基地浙江工商大学现代商贸研究中心"中国生产性服务业发展报告"项目以及"未来二十年中国流通产业发展战略——若干重大问题及政策研究"（10JJD790023）项目、国家社科重点项目"健全现代文化市场体系研究"（12AZD019）与中国社会科学院创新工程"中国中长期贸易战略研究"项目的资助。

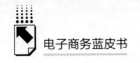
人类社会发展至今，经历了数次技术变革。我们把这些巨大的技术变革，归纳为五次，如表 2 所示。

表 2　巨大的技术变革

时间跨度	标志性技术
1780～1840 年	蒸汽机
1840～1990 年	铁路
1890～1930 年	电力
1930～1980 年	廉价石油和汽车
1980 年至今	信息通信技术、新材料、新能源、云计算、物流网等

资料来源：荆林波《技术变革与模式创新》，2010。

我们目前处于信息技术的变革时期，近年来，互联网和移动网络的普及，打破了传统的人际交互模式，催生了各类新型的模式（见表3）。

表 3　互联网的技术发展

代表年份	核心动力	代表公司或者产品
1995～2000 年	分类信息，人工编辑	Yahoo，Infoseek
2000～2005 年	精准搜索，程序算法	Google，百度，Altavista
2005～2010 年	社交网络，人人参与	Facebook，Twitter，博客，QQ
2010～2015 年	即时移动，人机合一	微信

资料来源：荆林波《技术变革与模式创新》，2010。

特别是以云计算、物联网为代表的新一代信息技术的飞跃发展，进一步推动了电子商务与实体经济的日益融合，对人们的生产、消费和生活乃至社会交往都产生了巨大的影响。

狭义而言，电子商务是指利用互联网进行的商务活动，它是一种现代化的商业作业模式，它面向企业和个人，提供全面而有针对性的商务服务。电子商务涉及社会经济中的许多传统行业和新兴行业，围绕电子交易方式的实现，形成了庞大的电子商务生态系统，深刻地影响着社会经济的运行和组织机构的运作方式①。电子商务已经成为世界经济最前沿的话题，广义而言，电子商务已经不仅仅是一种商业模式，其地位作用已经大大超出了商业本身，成为信息化、市场化、国际化新条件下的一个重要的资源配置途径，成为引领经济社会发展进步的一种重要力量。大力发展电子商务，已经成为世界各国提高国家竞争力的重要战略举措。而电子商务本身又进一步推动了相关领域的技术发展，具体而言，比如，电子商务表达层技术涉及网站技术、静态页面表达技术和动态页面表达技术等等，电子商务安全与安全技术包括密码技术、报文鉴别技术、数字签名与身份认证、公开密钥基础设施和时戳业务与不可否认业务技术等。

二　我国电子商务发展的状况

当前，我国正处于转变经济发展方式的攻坚阶段，要实现经济发展方式由主要依靠投资、出口拉动向依靠消费、投资、出口协调拉动转变，由主要依靠物质资源消耗为主向依靠技术进步、劳动力素质提高和管理创新转变，走出一条经济社会发展的新路子，仍有很长的路要走。党中央、国务院把握世界经济发展趋势，结合我国经济社会发展实际，高瞻远瞩，审时度势，把扩大内需特别是消费需求作为重要战略基点，把大力发展服务业作为转变经济发展方式的重要途径。

---

① 荆林波主编《中国城市电子商务影响力报告（2012）》，社会科学文献出版社，2012，第1页。

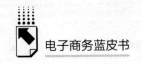

电子商务作为我国现代服务业的重要行业领域，虽然起步晚，但发展快，越来越受到企业和消费者的青睐，已经成为我国促增长、调结构、扩大国内消费和转变经济增长方式的重要抓手。我国电子商务发展的状况可以归纳为如下几点。

（一）互联网和手机普及率不断提高

近年来，我国网络基础设施不断改善，用户规模快速增长，互联网普及率上升，这为电子商务的发展奠定了坚实的基础（见表4）。

表4　我国的网民发展状况

单位：亿人

时间	网民数量	时间	网民数量
2009 年 6 月 30 日	3.38	2011 年 6 月 30 日	4.85
2009 年 12 月 31 日	3.84	2011 年 12 月 31 日	5.13
2010 年 6 月 30 日	4.2	2012 年 6 月 30 日	5.38
2010 年 12 月 31 日	4.57	2012 年 12 月 31 日	5.64

资料来源：中国互联网络信息中心（CNNIC），2013 年 1 月。

第 31 次《中国互联网络发展状况统计报告》显示，截至 2012 年 12 月底，我国网民规模达到 5.64 亿人，全年共计新增网民 5090 万人。互联网普及率为 42.1%，较 2011 年底提升 3.8%。从数据来看，两项指标均延续了自 2011 年以来的增速趋缓之势。

与此同时，我国手机网民数量快速增长。数据显示，2012 年我国手机网民数量为 4.2 亿人，年增长率达 18.1%，远超网民整体增幅。此外，使用手机上网的网民比例也继续提升，由 69.3% 上升至 74.5%，其第一大上网终端的地位更加稳固，但是手机网民规模与整体 PC 网民（包括台式电脑和笔记本电脑）相比还有一定差距。

当前，我国网民数量已经处于高位，网民增长和普及率进入了相对平稳的时期。而智能手机等终端设备的普及，无线网络升级等因素，则进一步促进了手机网民数量的快速提升。

（二）电子商务发展势头迅猛

从交易额增速来看，最初几年保持年均40%的速度增长，2006年电子商务交易总额超过1.5万亿元，2007年超过2万亿元，2008年首次超过3万亿元。2008年中国的网络零售实现了三个"1"的突破，即网络零售消费者人数突破1亿人，网络零售额突破1000亿元，占社会消费品零售总额的比例突破1%。这三个"1"的突破说明，网络购物正在从分散化购买阶段进入规模化购买阶段，交易标的范围已经从最初的标准产品、长尾产品、耐用品、廉价产品向个性定制产品、大众化产品、快速消费品、奢侈品、汽车、房地产、服务（尤其是金融服务）等领域扩展，几乎覆盖除法律不允许交易外的所有商品。即使面临全球金融海啸的影响，我国的电子商务在2007～2010年年均增长均超过30%，2011年的交易规模接近6万亿元。2012年中国网络购物市场增速超过40%，整个交易规模将超过日本，2013年超过美国，成为全球第一大网上交易市场。

值得一提的是，2012年11月11日，淘宝与天猫的交流额仅仅一天就突破191亿元，包裹数量突破7000万，创造了中国网络销售的新纪录，同样超越了美国"网购星期一"15亿美元的纪录。2012年淘宝与天猫的交易额在11月30日突破1万亿元。如此骄人的业绩，标志着中国电子商务迈入了一个崭新的快速发展时期，电子商务日益成为中国经济发展的新引擎。

从相对规模来看，电子商务交易无论在批发领域还是在零售领域都开始占据重要地位，电子商务交易额占批零企业购销总额的比例，从 2006 年的 5% 提高到 2007 年的 8.4%，并开始稳定在 8% ~ 9%；网络零售额占社会消费品零售总额的比例从 2006 年的 0.4%，快速上升到 2012 年的 6.3%（见图1）。无论是从绝对规模还是从相对规模来看，电子商务交易都完成了规模化的积累。

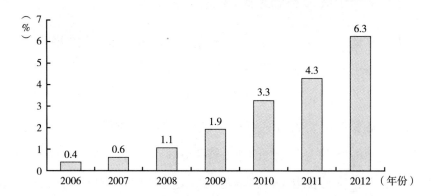

图1　网络零售占社会消费品零售总额比重

资料来源：商务部《关于电子商务发展的相关报告》，2013。

从市场参与者来看，网商规模经过十多年的发展，在 2011 年上半年已经突破了 8300 万家（见图2），越来越多的企业和个人将开展电子商务应用，网商规模很快将突破亿级。

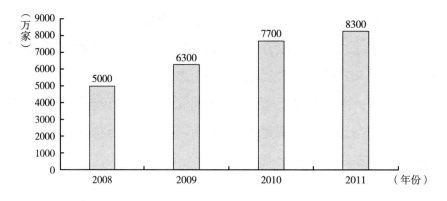

图2　网商规模

资料来源：阿里巴巴集团研究中心《网商发展报告》，相关年份。

（三）电子商务成为中小企业开拓海外市场的重要渠道

近年来，我国外贸电子商务发展迅猛，已成为企业开拓市场、降低成本的新渠道，成为消费者便利消费的新选择，也成为政府稳定外需、加快转变外贸发展方式的新手段。

目前我国开展出口电子商务的网站大约在 5000 家左右，这其中既有阿里巴巴、环球资源、中国制造网、环球市场等这样的大型外贸电子商务网站，也有敦煌、米兰、兰亭集势、大龙这样的新型行业跨境电子商务平台，广东、福建、浙江、江苏的广大中小制造企业自建的电子商务网站也如雨后春笋般蓬勃发展。据统计，跨境电子商务交易额年均增长率达到 100% 以上，专营出口业务的电子商务网站全面铺开。

在跨境电子商务模式下，供求双方的贸易活动可以采用标准化、电子化的合同、提单、发票和凭证，使得各种相关单证在网上即可实现瞬间传递，增加了贸易信息的透明度，减少了信息不对称造成的贸易风险，并通过在线支付，使得信息流、物流、资金流获得加速，通过整合国际贸易供应链，降低了贸易成本，缩短了交易时间。特别是，传统贸易中一些重要的中间角色被弱化甚至替代了，国际贸易供应链更加扁平化，形成制造商和消费者的"双赢"局面。

跨境电子商务大大降低了国际贸易的门槛，使得贸易主体更加多样化。传统基于大宗贸易的大型贸易公司在国际采购中的比重日益下降，代之以中小型批发、零售商甚至是消费者个人。通过电子商务平台，中小制造企业甚至是有兴趣经营进出口业务的个人都能够参与到贸易中来，从而大大丰富了国际贸易的主体阵营。

特别是通过第三方电子商务平台，中小企业以更低的成本、更快捷的速度进入国内外市场，获得与大企业同样的市场竞争机会。据有关研究证明，利用第三方电子商务平台，平均投入1元人民币可带来近100美元的销售额。这充分体现了利用电子商务开拓国际市场的强大威力。目前，越来越多的中小企业开始尝试利用电子商务手段开拓国内外市场。据统计，我国使用电子交易平台的中小企业已突破1400万家，外贸网商已经超过360万家，上架的"中国制造"商品有2500多万种，在越来越多的网络外贸平台的共同推动下，"中国制造"的出海通道更为通畅。对中小企业来说，过去是通过第三方来出口，没有定价权，现在通过网络平台直接跟采购商来谈判价格，有了自己的谈判权利，可以得到更好的效益。

（四）电子商务推动现代服务业快速发展

在电子商务快速发展的同时，支撑电子商务普及应用的信息技术、信用、电子支付、现代物流、电子认证、教育、咨询等相关服务业也取得了较快的发展，电子商务服务业的新型业态初步形成。

截至2011年底，我国电子商务服务企业突破15万家；电子商务服务业收入达1200亿元。当前，全国从事支付服务的第三方支付机构有437家，按照央行《非金融机构支付服务管理办法》规定，已取得第三方支付牌照的有197家，2011年第三方支付额突破了2万亿。在工业和信息化部备案的电子认证服务机构有32家，"十一五"期间我国有效证书持有量比"十五"期间增长2.3倍，截至2011年12月底，我国获得许可的电子认证服务机构有31家，全国有效证书持有量达到3102.8万张，环比增长3.45%；从事网站信用认证的机构有10多家。此外，还有多家信用评级机构将业务扩展至电子商务信用评估，以及一些网站内部的信用评价和评级服务等。

　　同时，电子商务的发展拉动配套的物流体系不断发展和完善，形成现代商业体系建设、现代交通体系建设等立体协同化的现代流通体系。电子商务物流采用机电一体化、无线射频（RFID）、条码、现代化分检、传输、堆码等技术，将跨区域大配送、直线配送、共同配送、全社会大类商品组合配送有效协同。电子商务促进了第三方物流的大发展，强化了供应链群组管理，推进了供应商库存管理，形成了高效率的现代化配送系统，降低了物流成本，大大提高了物流配送效率。以快递业为例，电子商务的快速发展带动了快递业的快速增长，据统计，2011 年我国已有超过 6800 家企业取得了快递业务经营许可证，营业网点达 6.4 万处，从业人员超过 70 万人。2007～2011 年快递业务量年均增长率达到 27.23%，由网络购物带动的快递业务量达到 360 亿元。2012 年，全国规模以上快递服务企业业务量完成 56.9 亿件，同比增长 54.8%；业务收入完成 1055.3 亿元，同比增长 39.2%。其中，同城业务收入完成 110.2 亿元，同比增长 67.3%；异地业务收入完成 635.5 亿元，同比增长 42.5%；国际及港澳台业务收入完成 205.6 亿元，同比增长 11.3%。

　　（五）实体经济与网络经济的融合将成为电子商务未来发展的重要方向

　　传统企业日益谋划利用好电子商务这个新引擎。对于我国的零售企业而言，拥有了实体店，接下来要做的就是建构网络平台，扩大影响，争取网络购物客源，实现网下与网上的融合。自 2008 年以来，随着网络购物在我国的发展，消费人群日益增多，许多零售企业又开始加大了对网络购物的投入。当代商城在 2008 年 9 月推出了网上商城；2009 年西安计划建立西安公共网上商城，将初步纳入民生百货、世纪金花等商贸企业，凡在西安实体店能买到的商品，大部分都可以在网络上买到。零售企业在此波网络销售浪潮中尝到了甜头，2008 年，百联电商 OK 会员已发展到 1500 万名，网上交易额突破 12 亿元，创利水平在业界名列前茅。2012 年，苏宁、国美与京东商城不断掀起价格战，做大各自的规模，充分显示了在该领域竞争的惨烈。如今，苏宁电器已经正式更名为苏宁云商，试图在更宽广的领域利用电子商务平台，抢占未来竞争的先机。而众多电子商务企业都把提高用户网络购物的体验作为增强企业竞争力的关键，作为提高用户满意度的关键环节，物流、仓储、配送等线下业务成为资金投入的重点，如京东商城将在全国建设位于上海、北京、武汉、成都、广州五地的一级仓储物流中心，并肩负地区总部职能，在沈阳、济南、西安、南京、杭州、福州、佛山、深圳设立二级物流中心。未来，线上与线下将进一步融合，传统企业通过电子商务实现有形市场与无形市场的有效对接，实现线上、线下复合业态经营。线上营销、线下成交或线下体验、线上购买都将逐步成熟，电子商务与传统产业密切结合的全新商业模式正在加速形成。

　　总之，电子商务给买卖双方搜索信息、协商议价、资金支付和产品配送等带来极大便利，减少了流通环节，降低了交易成本，提高了流通效率。艾瑞公司数据显示，与实体店相比，网店能够减少60% 的运输成本和 30% 的运输时间，降低营销成本 55%，渠道成本 47%。电子商务缩小了生产者与消费者之间的距离，加速了产品的产业化、市场化进程，颠覆了传统的产品生命周期理论，打破了生产商——一级批发商——二级批发商——三级批发商—零售商—消费者的传统产品流通路径，消费者 - 生产商（供应商）式的新型生产、流通、消费模式日渐形成，产品研发、设计、生产、销售、物流、支付、售后服务等相关服务链条紧密融合。可以说，在指导生产、服务消费方面，相对于传统流通方式，电子商务依托信息流、资金流和物流的紧密集成，形成了更高效的服务模式，实现了生产和消费的有效对接，支撑了现代社会个性化消费和柔性化生产的实现[①]。

不可否认，我国电子商务领域发展过程中仍然存在着许多问题，这些问题一方面是传统商务领域存在的共性问题，比如假冒伪劣、缺乏诚信，另一方面，是由于电子商务交易特性延伸出的新问题，比如网络安全、网关认证等。当然，B2C 企业只赚规模、不赢利的现象，是业界必须面对的现实问题。从最早的 8848 到如今的卓越网，再到后来成长起来的红孩子、凡客诚品均存在这一问题。

我们应当针对这两类不同的问题，区别对待。政府要加强监管市场的公平环境，维护市场的正常交易，防止网络欺诈，保证电子商务有序快速发展。同时，政府有关部门应当加快相关立法，强化电子商务的法制建设。政府有关部门要顺应电子商务的发展，转变政府的行为方式，因势利导、顺势而为，扶持壮大中国的电子商务产业，尤其是推进电子商务服务业的纵深发展，促进我国经济结构的调整，利用信息技术，缩小"城乡之间的数字鸿沟"，逐步实现共享数字红利。我们欣喜地看到：电子商务促进了我国相关产业的变革，比如网络支付、快递等。2006 年，我国明确信息化发展战略，相继出台电子商务及其相关行业政策，2010 年底出台《电子商务"十二五"发展规划》，正式提出电子商务产业作为我国重要的战略性新兴产业，并加以规范化扶持，促进其健康发展。

---

① 李晋奇：《我国电子商务发展状况分析》，电子商务峰会，2012。

总 报 告

General Report

B.1
电子商务服务业——助力中国
经济转型升级

赵京桥*

摘　要：

　　中国电子商务服务业在经历了十多年的发展后，无论是产业规模还是服务模式和服务产品，都呈现出井喷式发展的态势，成为现代服务业的重要增长点，对国民经济和社会发展的积极影响逐渐加强。在中国经济面临转型升级的重要时期，电子商务服务业对于中国经济转型升级面临的多重任务都显示出了其积极的贡献。随着电子商务服务业的持续快速发展，对于中国经济转型升级的推动作用将更加凸显。同时，产业的高速

---

* 赵京桥，中国社会科学院财经战略研究院助理研究员，研究方向为电子商务。

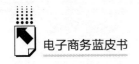

增长带来不少"成长的烦恼",需要政府、企业共同解决,使产业更加健康地发展。

关键词:

　　电子商务服务业　　井喷　　经济转型升级

　　近年来,中国电子商务服务业呈现井喷式发展,商业模式持续创新,产业分工体系逐步细化和完善,产业规模迅速扩大超过了2000亿元关口,服务电子商务交易超过4万亿元,直接和间接创造就业机会超过1600万个,在国民经济和社会生活中的影响力日益增强。电子商务服务业[①]作为现代服务业的重要组成部分,极大地促进了电子商务的发展,对于中国加快转变经济发展方式起到了重要的推动作用和引领作用。本报告将回顾中国电子商务服务业近两年来的发展并分析新时期其在推动中国经济转型上的作用。

一　井喷中的电子商务服务业

　　进入"十二五"时期,在全球经济低迷、国内经济挑战重重的宏观经济形势下,为电子商务应用提供专业服务的电子商务服务业,成为经济发展的亮点,呈现井喷增长的态势。

(一)产业规模井喷

　　电子商务服务业在中国的发展已经有十多年时间,最初的发展

---

　　① 电子商务服务业有广义和狭义之分。广义电子商务服务业指"在电子商务活动中,为交易主体(企业、个人等)提供服务的各行业构成的总体"。详见《中国电子商务服务业发展报告 No.1》,社会科学文献出版社,2011年8月。狭义电子商务服务业仅包括基于信息技术的电子商务服务。本报告所指电子商务服务业为狭义电子商务服务业。

是依托中小微企业和个人消费者在产业政策空白中实现自然生长，在发展中逐渐被更多企业、个人接受，并被政府重视。由国家发展改革委员会和国务院信息办编制的《电子商务发展"十一五"规划》中首次将电子商务服务业发展列为规划发展目标和任务，"明确提出了建设公共电子商务服务工程，通过国家引导性投资，促进以第三方平台服务为主流的电子商务服务业态的形成与发展，培育国民经济发展新的增长点"[1]。"十一五"期间，电子商务服务业实现了较快发展，特别是电子商务平台服务发展迅速，电子商务交易规模倍增，为电子商务服务业的全面发展带来了大量服务需求，同时电子商务的投资热潮为电子商务服务业全面发展带来了资金动力。

进入"十二五"时期，尽管全球经济依然低迷，国内社会、经济面临系列改革，尽管电子商务在投资热潮中，出现了泡沫，遭遇了一些"成长的烦恼"，但电子商务发展的总体态势和趋势依然向好，电子商务服务业在电子商务发展动力和竞争压力下，产业规模出现井喷式发展。电子商务服务业产业收入在 2011 年突破千亿大关，并在 2012 年继续突破 2000 亿，比 2011 年增长了近一倍（见图1）[2]。从电子商务服务商数量来看，根据 IDC 数据显示，截至 2011 年末，中国电子商务服务商数量达到了 15 万家，比"十一五"末增长了数倍，2012 年服务商数量继续保持快速增长，其中电子商务交易平台服务企业 2012 年上半年达到了约 3.9 万家，比"十一五"末期的 2.5 万家增加了 1.4 万家，增长了 56%；依托于

---

[1] 引自发改委《〈电子商务发展"十一五"发展规划〉亮点透析》，http：//www.sdpc.gov.cn/xwfb/t20070625_ 143395.htm。

[2] 由于电子商务服务业是新兴现代服务业，国家对于该产业的统计制度缺乏导致产业总体数据缺失，同时其产业特征也使得统计难度高，成本大。本报告使用的阿里巴巴集团研究中心统计数据供读者参考。

平台的电子商务衍生服务业呈现井喷现象，以网络零售交易额最大的天猫、淘宝为例，2012 年，天猫、淘宝卖家服务平台的第三方服务商数量已从 2011 年的 600 家左右，增加到 2800 多家，淘宝开放平台（TOP）聚集了大约 49 万独立软件开发商（Independent Software Vendors，简称 ISV），相比 2011 年增长超过 3 倍①。从广义电子商务服务业来看，电子商务交易拉动了电子商务物流服务的快速发展，到 2012 年全年快递业务量达到了 57 亿件，比"十一五"末增加了约 1.5 倍②；电子商务服务业对电子商务专业人才的需求拉动了电子商务教育培训服务的快速发展，除了高校电子商务教育外，大量电子商务培训机构、课程、教材及相关书籍涌现。

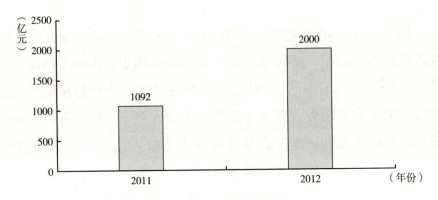

图 1　电子商务服务业收入

（二）服务模式与服务产品井喷

中国电子商务服务业的井喷发展不仅仅体现在产业规模上，更为重要的是产业中的服务模式与服务产品呈现雨后春笋、百花齐放

---

① 数据来源：阿里巴巴集团研究中心。
② 数据来源：2013 年全国邮政工作会议，http://www.spb.gov.cn/folder87/2013/01/2013 - 01 - 10119364. html。

的爆发态势，形成了以电子商务交易服务为核心，以支付、物流和信用等电子商务支撑服务为基础，大量电子商务衍生服务共存的服务体系，这是电子商务服务业井喷式发展的最重要的表现。电子商务服务业最早以交易平台服务为主，而交易平台中又以提供信息服务为主，盈利模式以收取会员费为主。随着电子支付服务、电子商务信用服务、物流服务等电子商务支撑服务业的逐步成熟，交易平台的在线交易功能开始凸显，并引领交易平台的服务发展，同时盈利模式向交易佣金、广告等转变；而随着电子商务交易的规模化，电子商务应用的普及和深入，一方面，交易平台向综合化和垂直化发展，交易产品和方式更加丰富，团购模式、O2O 模式，C2B 模式正在不断创新和引领交易平台的交易服务发展，另一方面，基于电子商务应用的大量电子商务服务需求开始社会化，包括运营、营销、数据分析、教育培训、导购、购物搜索等。以淘宝和天猫为例，2012 年服务工具数量增长 4 倍，达到 8000 个，有成交的应用数增加一倍，运营服务商有 607 个，服务了 2300 多家品牌店铺，支付宝成交额达到 90 亿元，增长速度高于天猫整体水平的 33%[①]；与此同时，宽带的升级与普及，移动互联网、云计算、智能手机、社交网络的加速应用，使得电子商务服务业的服务模式与服务产品的发展产生了质变，形成了井喷之势。

电子商务服务业的井喷是中国电子商务发展十多年积累的结果，也是电子商务自身特点带来的必然发展趋势。

第一，电子商务市场规模与交易范围是电子商务服务业井喷的基础支撑。服务业的发展是社会分工细化的结果，同样，电子商务服务业是电子商务分工细化的结果，而市场的规模与范围是决定分

---

① 资料来源：阿里巴巴集团研究中心。

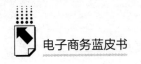

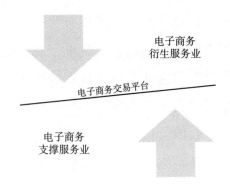

图2 电子商务服务业体系简图

工深度与广度的重要条件。

电子商务利用信息技术突破了传统市场交易的时空限制，使电子商务市场范围比原有传统的市场交易范围有所扩大，这使得电子商务可以比传统商务在更广的范围内分工，这是电子商务自身特点对分工的影响。随着中国宽带和移动互联网的普及，消费者网络消费能力的提升和企业信息化水平的提高，电子商务交易范围覆盖了绝大部分城市以及部分经济较为发达地区的农村地区。中国互联网信息中心公布的数据显示，截至2012年12月，我国网民已经达到了5.64亿，普及率达到了42.1%；交易标的范围已经从最初的标准产品、长尾产品、耐用品、廉价产品向个性定制产品、大众化产品、快速消费品、奢侈品、汽车、房地产、服务商品等领域扩展，几乎覆盖除法律不允许交易外的所有商品；网络消费人群已经从小众群体向主流群体扩展。这为电子商务服务业井喷式发展提供了多样化的服务需求基础。表1是电子商务与传统交易在空间与时间上的对比。

而从市场规模来看，电子商务交易大大提升了市场交易效率，从而推动了电子商务交易规模的扩大，特别是电子支付、信用体系和物流体系逐步完善后，电子商务交易在"十一五"期间和"十二

表1 电子商务与传统交易的时空对比

项目	电子商务交易	传统交易
空间	全球网络终端	地域、交通限制
时间	无限制	工作时间限制

五"期间都呈现出了快速发展态势，到2012年，全年电子商务交易达到8万亿[①]，比2011年增长约36%，2011开始呈现加速增长的趋势（见图3），其中尤以网络零售增速最快。艾瑞咨询数据显示，网络零售额达到13040亿元，从2006年的300多亿元，到2012年飞速迈入万亿元大关，复合增长率高达约86.3%，是"十一五"末期的2.5倍，"十二五"前两年的网络零售额总额远超过去所有年份的网络零售总额（见图4）。从相对规模来看，电子商务交易无论是在批发领域还是在零售领域都开始占据重要地位，电子商务交易额相对于批零企业购销总额的比例，从2006年的5%提高到2007年的8.4%，并开始稳定在8%~9%（见图5）；网络零售额对社会消费品零售总额的比例从2006年的0.4%，快速上升到2012年的6.3%（见图6）。无论是从绝对规模还是从相对规模来看，电子商务交易都完成了规模化的积累。从市场参与者来看，一方面，网商规模经过十多年的发展，在2011年上半年已经突破了8300万（见图7），越来越多的企业和个人将开展电子商务应用，网商规模很快将突破亿级；另一方面，网络购物群体迅速扩大，截至2012年12月，网络购物用户数量达到了2.42亿。规模化的电子商务市场为电子商务服务业提供了规模化的服务需求基础。

第二，开放是电子商务服务业井喷式发展所依赖的环境。开放

---

① 课题组根据艾瑞咨询等机构公布数据预测。

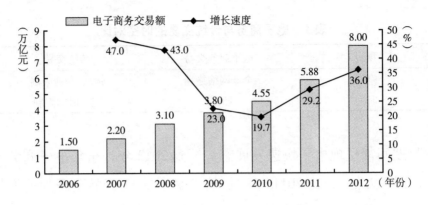

图3　2006～2012年电子商务交易额

资料来源：商务部。

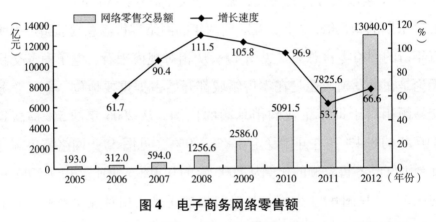

图4　电子商务网络零售额

注：2005～2011年数据为商务部公布数据。2012年数据为艾瑞咨询公布数据。

是互联网经济的重要特征之一，对于依托于互联网的电子商务服务业，开放同样非常重要。开放可以大大降低交易成本，推动电子商务服务业分工的深入细化；可以充分地引入竞争机制，提高服务效率与质量。在整个电子商务服务体系中，处于核心位置的电子商务交易平台的开放尤其重要，交易平台是交易双方和交易信息聚集的平台，在电子商务交易中处于主导，包括交易规则的设立，交易服务的选择等。因此，电子商务交易平台是选择自我服务的方式来满

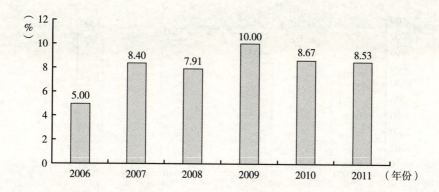

图5 2006~2011年电子商务交易额占中国批发零售业购销总额的比重

注：课题组根据艾瑞咨询等机构公布的数据预测。
资料来源：《中国统计年鉴2012》。

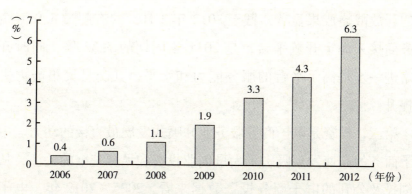

图6 网络零售占社会消费品零售总额比重

足大量的电子商务服务需求还是选择开放平台，和更多第三方电子商务服务商一起为交易双方服务，对于电子商务服务业的发展至关重要。中国最大的网络零售交易服务平台淘宝在2008年就开始了开放之路，即开放平台计划（简称TOP），通过开放API（Application Programming Interface，即应用程序接口）使第三方开发者可以访问淘宝网数据，并开发各种基于淘宝的内外部增值应用；2011年淘宝推出了开放战略，进一步扩大了开放领域；2012年，阿里巴巴推出"聚石塔"，把云计算与电子商务服务结合起来。阿里巴

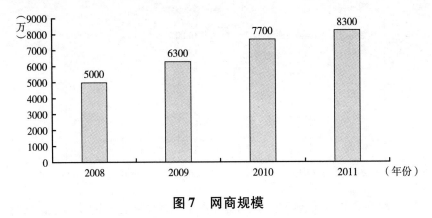

图7 网商规模

资料来源：阿里巴巴研究中心《网商发展报告》（2008～2012年），http：//www.aliresearch.com。

巴的开放战略成果显著，截至 2012 年 2 月，共有超过 5.9 万余家服务商接入淘宝开放平台，是 2011 年同期的 7.32 倍，同时开放战略进一步提高了平台的服务能力和水平，其交易聚集能力进一步提升。

第三，投资是电子商务服务业井喷式发展最直接的动力。中国电子商务的高速发展吸引了大量创业投资和私募基金的关注，从清科创投及公开的电子商务投资数据来看，2005～2012 年，电子商务行业披露的投资案例为 306 起，其中披露投资金额共计 55.57 亿美元。从风险投资变化趋势来看，受到金融危机影响，2009 年的投资遇冷，但在 2010 年和 2011 年掀起了电子商务投资热潮，尽管 2012 年电子商务投资受到宏观经济和行业的影响，相比 2011 年有较大回落，但投资金额依然超过了 10 亿美金，而且电子商务服务业开始成为创业投资人重点关注的投资领域之一。除了创业投资，传统企业、网商的电子商务投资在最近几年也大幅增加，大量传统企业、个人进入电子商务领域。这些投资为电子商务服务业井喷式发展带来直接动力。

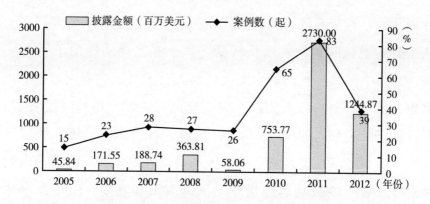

图 8   电子商务风险投资案例和金额

注：金额为公开披露的金额，实际投资金额会高于披露金额。

资料来源：根据清科创投《2011 年电子商务投资报告》和公开电子商务投资资料整理。

市场规模、范围，开放、共享，投资热潮是电子商务服务业井喷式发展的重要支撑条件，同时电子商务服务业井喷式发展，并形成完善的电子商务服务体系，会大幅提高电子商务应用效率，降低企业应用电子商务的门槛，进而加快电子商务市场规模和市场范围的扩大，进一步提高电子商务发展环境的开放水平，并拉动电子商务投资。

二 新时期的电子商务服务业——助力中国经济转型升级

随着电子商务服务业的井喷式发展，其所服务的电子商务影响力不断扩大，电子商务服务业对于中国经济、社会发展的推动作用更加凸显，特别是推动新时期中国经济的转型升级。

（一）新时期中国经济转型升级的多重任务

中国经济转型升级是中国经济发展的长期任务，从"九五"

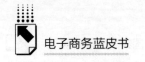

计划开始，转变经济增长方式就成为国家经济工作的重要任务，要从粗放式增长向集约式增长转变，"十五"期间提出了科学发展观，并在中国共产党的第十七次代表大会上写入党章成为重要指导思想，要求"坚持以人为本，树立全面、协调、可持续的发展观，促进经济社会和人的全面发展"，按照"统筹城乡发展、统筹区域发展、统筹经济社会发展、统筹人与自然和谐发展、统筹国内发展和对外开放"的战略思想指导中国的改革和发展，但是在全球经济景气、国内经济快速增长下，粗放型经济增长具有很强的路径依赖，2000~2007年，国内经济增速呈现加速增长态势，经济转型升级缺乏动力和压力。"十一五"期间，在2008年金融危机爆发、外部经济低迷的全球经济环境下，"保增长"再次压倒经济转型，国内经济继续以大规模经济刺激政策延续过去的增长方式，进一步扩大了国内经济的失衡，激化了矛盾。这种以规模、速度为目标，以环境、资源为代价，以人口为最大红利的传统经济增长方式已经不可持续，面临巨大挑战，经济增速在2010年回升至10.4%后，呈现加速下滑的趋势，2012年全年经济增速放缓至7.8%（如图9），经济转型升级已经迫在眉睫。荆林波（2011）认为中国经济社会存在多重失衡，主要体现在经济增长动力失衡、经济结构失衡、发展方式失衡、城乡发展失衡、收入分配失衡等（见图10）；"未来中国经济要实现'二次腾飞'，就必须告别失衡增长，逐步走向均衡发展，构建经济－政治－社会－文化"四位一体"的发展模式，即以经济发展为主线，政治体制改革为保障，社会整体发展为目标，先进文化为基础，以城镇化为载体，以现代产业体系为支撑，探索可持续的发展路径，构建新型的经济、政治、社会与生态文明"。

十八大的召开，从经济、政治、文化和生态四个方面提出了全

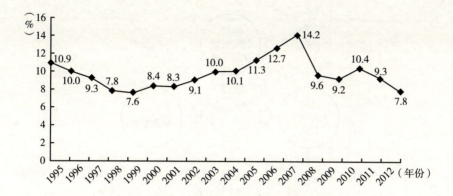

图9　中国国内生产总值增速

图10　中国经济增长的多重失衡

面建成小康社会和全面深化改革开放的长期目标（见图11），特别是在加快完善社会主义市场经济体制和加快转变经济发展方式上，提出了"全面深化经济体制改革""实施创新驱动发展战略""推进经济结构战略性调整""推动城乡发展一体化""全面提高开放型经济水平"的长期发展战略目标。十八大报告和以习近平总书记为核心的新一代领导集体发出了强烈的经济转型升级和改革的信号。

从长期任务和路径来看，中国经济转型升级必须要进一步扩大内需，调整经济结构，加大研发与教育投入，提高自主创新能力，增强经济的内生动力；必须要全面深化经济体制改革，深入信息化

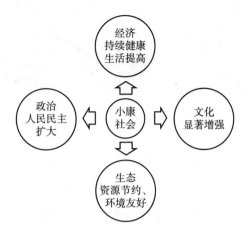

图 11　全面小康社会的长期目标

应用，提高经济增长效率；必须要在保护国家利益的基础上扩大对外开放水平，充分合理利用国内、国外两个市场和两种资源；必须要减少收入分配差距，推动城乡一体化，重视文化的发展和生态的保护，实现经济与社会的和谐（见图12）。

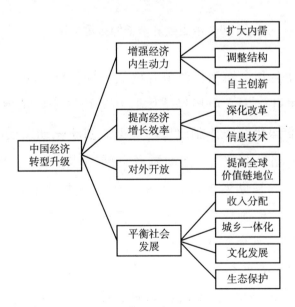

图 12　中国经济转型升级的多重任务

从短期来看，2012 年中央经济工作会议更加重视经济增长的质量和效益，把调整经济结构和转变发展方式作为经济工作的重要任务，提出了"以提高经济增长质量和效益为中心"，实现可持续发展。尽管 2012 年中央经济工作会议是总结 2012 年经济工作，布置 2013 年经济工作任务的重要会议，但是此次中央经济工作会议所提出的更加重视经济增长质量和效益的经济工作目标，将会成为未来 5～10 年中国经济的重要发展目标。2013 年经济工作任务的具体体现是：①"持续健康"取代"平稳较快"成为 2013 年宏观经济工作的主要任务。从历届中央经济工作会议对宏观经济工作的要求来看，2012 年中央经济工作会议第一次把速度指标从宏观经济工作任务中取消（见表 2）。②继续把"三农"问题作为经济工作的重点，推进城乡一体化。③继续强调产业结构调整，提高产业整体素质。④第一次把新型城镇化作为经济工作重要任务在经济工作会议中提出，要提高城镇化质量，释放城镇化带来的巨大内需。⑤把保障民生和提高人民生活水平作为经济增长质量的重要工作。⑥强调改革在中国经济未来发展中的重要作用，"深入研究全面深化体制改革的顶层设计和总体规划，明确提出改革总体方案、路线图、时间表"。

表 2　中国历年中央经济工作会议宏观经济工作任务的要求

年　份	要　求	年　份	要　求
1994～2002	持续、快速、健康	2006～2007	又好又快
2003	持续、快速、协调、健康	2008～2011	平稳较快
2004	平稳较快	2012	持续健康
2005	又快又好		

资料来源：根据历年中央经济工作会议整理。

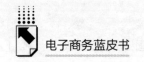

无论是从短期还是从长期来看，中国经济转型升级所面临的任务都是多重的，是非常具有挑战性的，而完成这些任务的最终落脚点还是在制度和产业上。电子商务服务业的发展已经对国民经济和社会产生了较大影响，而这些影响对于完成中国经济转型升级的多重任务都是积极而且长远的。

（二）电子商务服务业助力中国经济转型升级的理论逻辑

电子商务服务业的发展对于中国经济转型升级的积极影响是有其坚实的理论逻辑基础的。其发展的核心影响就是对经济活动效率的提升。

第一，电子商务服务业首先是属于服务业范畴。服务业在经济发展中是社会分工深化的结果，在现代经济发展中，经济服务化趋势明显，OECD 国家服务业增加值占国内生产总值的比例很高，约在 70% 以上。服务业的发展提高了服务产品的品质和提供效率，并提高了服务对象的经济活动效率。电子商务服务业是电子商务发展分工的结果，它的发展壮大极大地提高了电子商务效率，降低了电子商务应用门槛，促进了中小微企业应用电子商务，同时也是电子商务进一步发展的强大推动力。

第二，电子商务服务业是以电子商务应用为服务对象的，是依托信息技术提供服务为主要特点的现代服务业，因此无论是电子商务服务业本身还是其服务的对象，电子商务都是一种信息技术应用的重要形式。因此电子商务服务业对经济的影响，也间接体现在电子商务对经济的影响上，从普遍意义上来说是信息技术应用对经济的影响。早在 20 世纪 80 年代，信息技术投入对经济的影响就开始受到学者的关注。Robert Solow 1987 年提出的"生产率悖论"引起了学者对信息技术投入与产出研究的广泛关注。20 世纪 90 年代后期，很多学者的研究认为信息技术对生产力起到推动作用，"生产率悖论"并不存在（Oliner & Sichel，2000；Jorgenson & Stiroh，2000）。对于信息技术投入的深入研究发现，当信息技术投资和生产达到一定水平时，信息技术应用产生的组织、流程、产品、服务等创新对于生产率的影响更大。学者 Bart Van Ark 通过比较研究1987~2004年欧盟和美国劳动生产率的差距，认为欧盟与美国在2000年后劳动生产率增长的最大差距在于其他部门全要素生产率的不同，一种可能的解释就是其他部门在应用信息技术时产生了更大的溢出效益。而通过观察产业劳动生产率的变化，发现"市场服务"[①] 部门的生产率提高是美国1995~2004年劳动生产率提高的最大贡献者，这些服务部门包括批发、零售、银行和商务服务。除了生产率的影响，随着电子商务的发展，电子商务对宏观经济、产业层面的影响已经受到了广泛的关注，包括就业、物价、消费、投资、进出口、产业结构、供应链等。

第三，电子商务服务业具有较高的效率乘数[②]。电子商务服务业所服务的对象——电子商务应用具有通用应用的特点。随着人类社会进入信息社会，信息技术基础设施日渐完善，几乎所有行业和个人都会应用电子商务，因此电子商务服务业在所有服务业中具有通用服务的特点，其效率的提高对于应用电子商务的行业和个人都具有提升效率的效果，因此具有较高的效率乘数。

（三）电子商务服务业助力中国经济转型升级的实践

从电子商务服务业在中国发展的实践来看，电子商务服务业对

---

① 不包括 ICT 服务部门。

② 效率乘数是指服务业效率的提高带来国民经济更高的效率提升。

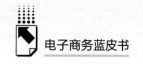
于中国经济转型升级中的短期任务和中长期多重任务都显现出重要的推动作用。

1. 电子商务服务业与扩大内需

扩大内需早在亚洲金融时期就已提出来，到 2008 年金融危机爆发后，扩大内需再次成为中国经济工作的重点，但两次"扩大内需"的内涵并不相同，早期的扩大内需更加重视通过国内投资拉动内需，而中国经济转型升级所依赖的"扩大内需"重点要扩大国内消费需求，"加快建立扩大消费需求长效机制，释放居民消费潜力"①。

电子商务服务业对于扩大内需，特别是 B2C 和 C2C 交易平台在扩大国内消费需求上发挥了重要作用。相比于线下零售渠道，网络零售交易平台具有更强的价格竞争优势，有更宽的商品展示类目范围和更深度的个性定制产品，拥有更广和更有效率的市场。从图 4 中可以看到，网上零售额在 2012 年超过了 1.3 万亿，占全社会消费品零售总额的比例达到了 6.3%，远高于社会消费品零售总额的增长速度，其中，电子商务零售平台的零售总额占全部网络零售总额的近 90%，电子商务零售平台在"十二五"初期迅速成为中国零售的重要渠道，拉动了中国居民的消费需求。在 2012 年 11 月 11 日，淘宝和天猫在"双十一"促销中，零售额仅一天就达到了 191 亿元（见图 13），比 2011 年"双十一"促销增长了 2.6 倍，远远超过了美国 2011 年"网络黑色星期一"的销售额，相当于 10 月全国日均社会消费品零售总额的近 1/3。同时，"双十一"带动了其他电子商务平台和自营网站的促销，京东、苏宁易购、当当等电子商务零售渠道也参与到"双十一"促销

---

① 引自胡锦涛《在中国共产党第十八次全国代表大会上的报告》。

中，成为全国性的电子商务促销活动，激发了消费者的消费热情，也显示了电子商务零售交易平台的价格竞争优势和强大的吸引客流的能力。

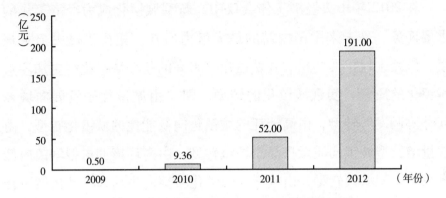

图13 淘宝和天猫"双十一"促销销售额

随着电子商务服务业的发展，电子商务应用进一步普及和深入，一方面，大量原来以线下销售为主的商品开始在线上销售，如汽车、房地产、生活服务类商品（餐饮、美容美发、影音娱乐等）等；另一方面，拉动了电子虚拟产品的消费，如软件、充值卡、游戏币等。

网络零售交易平台在价格、一站式购物、个性化定制、交易便利等各方面的竞争优势，可以满足消费者的各种个性化消费需求，使消费者需求得到最大化满足。这对传统零售渠道造成巨大压力，越来越多的传统零售商开始变革自身的销售渠道，特别是利用网络零售交易平台开拓网络零售渠道。

除了在消费上拉动内需，电子商务服务业的发展同时也在吸引大量投资进入电子商务服务业领域。在电子商务 B2C 经历投资热潮后，越来越多的投资机构把投资方向转到电子商务服务业领域，预计未来将会成为电子商务领域的投资热点，这对于保持合理的投

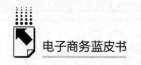

资增速，实现稳中求进的总体经济工作目标，逐步转变经济增长动力结构失衡具有积极意义。

2. 电子商务服务业与城镇化

在2012年中央经济工作会议中，新型城镇化成为经济工作的重要任务，是未来中国内需的最大潜力所在。相比于过去追求规模，依赖土地扩展的粗放式城镇化，未来的新型城镇化将更加注重城镇化的质量，实现城镇化的转型，即"由城市优先发展向城乡互补协调发展转型，由高能耗的城镇化向低能耗的城镇化转型，由数量增长型城镇向质量提高型城镇转型，由高环境冲击型城镇向低环境冲击型城镇转型，由放任式机动化城镇向集约式机动化城镇转型，由少数人先富的城镇化向社会和谐的城镇化转型"[①]。

从电子商务服务业的发展实践来看，电子商务服务业与城镇化存在相互影响、相互促进的关系。一方面，电子商务服务业正成为未来城镇经济发展的重要产业，电子商务服务业在促进消费、扩大投资、稳定出口、提升传统产业竞争力、发展现代服务业、带动区域制造业、调整城镇产业结构、创造就业、增强城镇竞争力等方面都起到了积极的作用，是支撑城镇化转型的重要产业选择之一（见图14）。当前，很多城市都把发展电子商务服务业作为城市现代服务业发展的重点，通过建立电子商务产业园区，提供政策优惠措施等方式吸引电子商务服务商企业投资。另一方面，电子商务服务业推动城镇化的发展，例如，在江苏沙集、河北清河的农村地区，利用电子商务交易平台带动了当地产业的发展，拉动了就业，推动了该地区的城镇化发展。

---

① 仇保兴：《城镇化转型刻不容缓》，新华网，http：//news. xinhuanet. com/fortune/2012 - 11/27/c_ 12 4007332. htm。

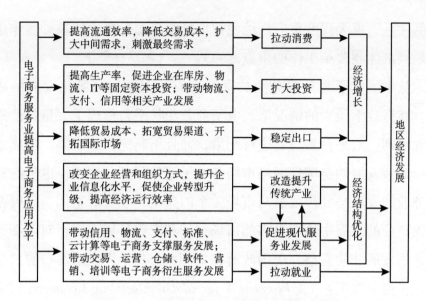

图14　电子商务服务业对城镇经济的影响

资料来源：根据《中国城市电子商务影响力报告》图片资料整理。

从电子商务服务业发展对城镇的普遍影响来说，电子商务服务业的发展在总体上提高了城镇化的质量，特别是城镇的商业服务水平。一方面，电子商务服务业的发展使得商业服务的提供在一定程度上脱离了城市商业设施，使得具有互联网基础设施和物流基础设施的城镇可以购买国际化商品、一线品牌商品和区域特色商品；另一方面，电子商务服务业的发展使得城市商业设施向体验商业、社区商业发展，提高城镇的商业用地集约化水平。

总的来说，服务的城镇化是提高城镇"软实力"，实现有质量的城镇化的重要任务之一，而电子商务服务业的发展对于服务的城镇化具有重要的推动作用。

3. 电子商务服务业与改革

改革是未来中国经济工作的关键工作，其中，处理好政府与市

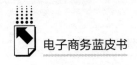

场的关系，更大程度更广泛地发挥市场在资源配置中的基础性作用又是经济体制改革工作的重点之一。

从中国电子商务服务业的发展来看，主要是市场化发展的成果，在行政干预少的情况下，电子商务交易平台形成了大量自治制度和规则，对平台参与者进行约束，并且不断完善、成熟，形成了持续繁荣发展的全国性网络市场和电子商务服务业体系。电子商务服务业的发展是处理政府与市场关系的典型产业发展案例，政府在新兴产业的发展中给予更多的市场空间和宏观环境支撑，对于新兴产业的发展非常有益。美国政府在 20 世纪 90 年代中期发布的《全球电子商务框架》（*A Framework for Global Electronic Commerce*）中就制定了发展电子商务的框架，设计发展原则、税收、法律、全球化等，其中重要内容就是政府的角色定位和发展原则，要求政府在围绕电子商务制定政策时，应当采取非限制性（Non-regulatory）的、面向市场的做法（见图 15）。

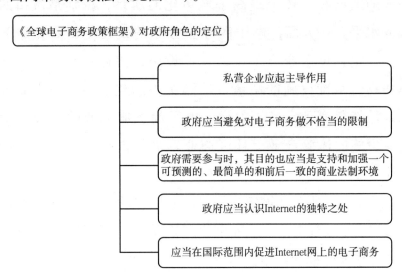

图 15　美国《全球电子商务政策框架》对发展电子商务
的政府角色定位

同时电子商务服务业也是推动政府与市场关系改革，进一步发挥市场在资源配置中的基础性作用的重要抓手。电子商务具有更低的交易成本，更加透明和开放的信息，通过发展电子商务服务业促进电子商务发展可以形成具有更高竞争水平的市场，而且在一定程度上可以抑制政府的"寻租"行为。

4. 电子商务与流通效率

流通业是国家经济发展的基础性服务业，是连接生产内部、生产与消费的重要环节，流通不畅将会导致整个国家经济效率低下；提高流通效率，对于提高整个经济的生产率具有重要作用，学者McGuckin等（2005）深入讨论了美国零售业的生产率、创新和规制，他认为美国零售和批发部门从一个低技术密集型转型成为信息技术使用最密集的行业之一，从而实现连锁和快速扩张，充分利用了新技术和组织变革带来的商业机会实现了生产率的快速增长。

我国在改革开放 30 多年的发展中，重制造、轻流通，导致了流通业发展落后于制造业的发展，体现在国内经济上，就是流通成本高企，拥有大量商业地产经营企业，却缺乏具有真正竞争力的批发、零售企业。而在全球分工中，由于我国流通业落后，只能参与低附加值的加工制造环节，而控制全球流通渠道的发达国家掌握了更多的话语权和附加值。

从过去的发展来看，以义乌国际小商品市场为典型代表的商品交易市场成为中国批发流通体系的核心环节（见图 16），传统制造业、中小批发商、零售商成就了大型商品交易市场的经营者。到 2011 年，全国亿元以上商品交易市场总交易额达到了 8.2 万亿，亿元市场数量达到了 5075 家（见图 17）。全部商品交易市场交易额约占中国批发零售企业购销总额的 1/3。商品交易市场对提高中国流通效率，带动产业发展，特别是中小制造企业和中小流通企业

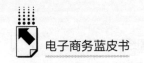

具有重要的历史现实意义。在零售端，联营模式成就了大量城市零售商业地产商，大多数零售商的主要收入来源为租金收入。

电子商务交易平台的兴起，构建起了网络商品交易市场，即B2B交易平台和网络零售商业，即B2C和C2C交易平台。相比传统的市场，电子商务交易平台具有时空优势，可以在更大的市场内实现交易配对和资源配置，提高了交易效率。

更为重要的是，电子商务服务业正在改变过去以生产为导向的流通模式，按需定制生产的C2B电子商务交易模式正在形成以需求为导向的新的流通模式，从而平衡需求不足与产能过剩的矛盾。同时，电子商务交易平台可以实现零售、批发、制造商之间供应链的无缝连接，从而为以需求为中心的流通模式提供支撑。

未来，以阿里巴巴B2B平台、淘宝、天猫为代表的电子商务交易平台将会成为中国流通体系中的核心环节。

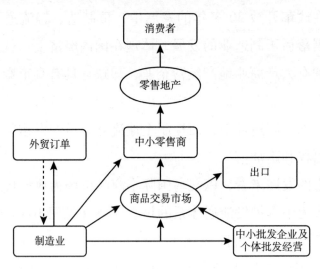

图16 传统流通体系

5. 电子商务服务业与开放型经济发展

电子商务是全球性的，以美国、欧盟为代表的发达国家重视电子

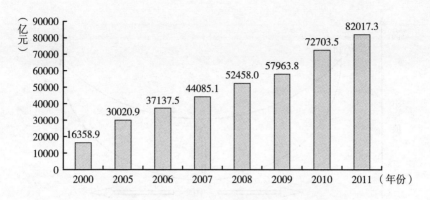

图 17　亿元以上商品交易市场交易额

资料来源：国家统计局《中国统计年鉴 2012》。

商务的发展，尤其是电子商务应用、法律、税收等标准和规范的推出，其中的重要目的就是希望在全球推广其标准。在全球化进程中，电子商务将会充当越来越重要的战略地位。亚马逊（www. amazon. com）、eBay 等国际化电子商务巨头在全球推广其电子商务应用，只要物流和互联网可以到达的地方就可以进行电子商务交易。

中国正处于发展的战略机遇期，同样也是电子商务在全球发展的重要机遇期。当前，我国电子商务交易平台在帮助我国中小微外贸企业拓展国际市场，打开国内市场上发挥了重要作用。

更为重要的是，电子商务服务业可以提高我国在全球价值链体系（见图 18）中的地位，尤其是增强中国在渠道、营销、品牌上的竞争力和话语权。从全球渠道体系来看，传统线下渠道被发达国家大型批发零售跨国企业垄断，突破这些渠道的垄断非常具有挑战性，而电子商务交易平台提供了突破口。目前，已经有上千个原创性的网络品牌通过电子商务交易平台逐步获得消费者的认可。

6. 电子商务服务业与就业

电子商务服务业是一个具有很强的直接和间接创造就业机会的

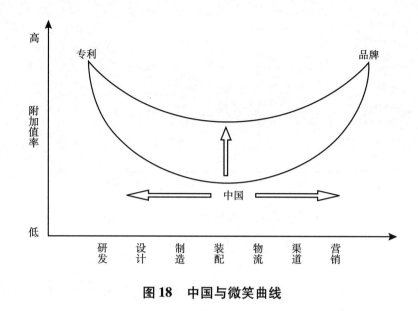

图 18　中国与微笑曲线

产业。截至 2012 年 9 月，电子商务服务业直接创造就业岗位超过 200 万个，间接创造就业岗位超过 1400 万个。

　　一方面，电子商务服务业的发展推动了电子商务的发展，使得电子商务人才需求量呈现爆发式增长；另一方面，电子商务服务业降低了个人应用电子商务创业的成本，很多山区、贫困等边远地区以及残障人士都在利用电子商务服务业提供的创业机会实现就业并同时创造更多的就业机会。而这种家庭式创业实现的隐性就业并不可能完全统计在就业人口中。同时，由于电子商务的时空特性，有很多就业者都是可以身兼多职，实现灵活就业。

　　电子商务服务业的发展对于我国保障就业，调整就业结构，实现"收入倍增"计划都具有重要作用。

7. 电子商务服务业与可持续发展

　　电子商务服务业是一个低能耗、环境友好型的现代服务业，符合可持续发展的要求。电子商务服务业主要以信息技术服务为服务产品，提供渠道主要为互联网，这决定了其可以在任何可以实现互联网连接的空间内实现生产，特别是很多创业者和员工可以实现家庭就业，这对于节省商业设施、节能降耗、提高土地使用效率等各方面都具有积极的作用。

电子商务服务业对于中国经济转型升级的推动作用主要体现在以上七个方面，但不限于以上七个方面，包括对自主创新等都具有重要的推动作用，这些都与中国经济转型升级的多重任务紧密契合。因此电子商务服务业在未来中国经济中应该给予更重要的战略性新兴产业发展地位，通过电子商务服务业的发展增加经济内生动力，提高经济增长效率，提高开放型经济发展水平和实现经济社会和谐发展。

三 成长中的电子商务服务业

电子商务服务业历经十多年的积累，形成了近两年的井喷之势，但相比于软件业等发展较为成熟的现代服务业来说，电子商务服务业的成长之路才刚刚起步。从产业的发展阶段来看，电子商务服务业已经迈过了萌芽期，正从成长初期向中期过渡，已经形成了电子商务服务体系的雏形，但电子商务服务业的发展还不成熟，仍处于粗放生长阶段，内部发展不平衡，尤其是在井喷式发展之后，往往在身后扬起漫天尘土，遭遇了不少"成长的烦恼"（见图19）。

（一）产业发展环境仍需完善

在过去几年中，电子商务服务业频频发生具有较大社会影响的负面事件，显示出电子商务服务业的发展环境还需要完善，特别是诚信环境。

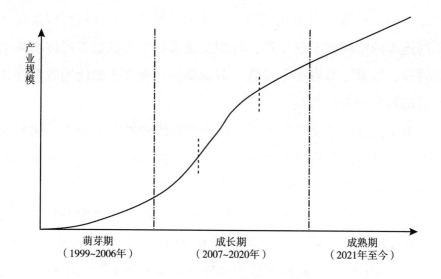

图19 电子商务服务业发展阶段

表3 2011～2012年电子商务服务业主要的负面事件

时间	事件
2011 年	阿里巴巴"中国供应商平台"欺诈事件
	淘宝网被美国联邦贸易委员会列入协助销售盗版产品名单
	淘宝因新政遭遇中小卖家围攻事件
	高朋网、淘宝聚划算假冒手表事件
	京东、支付宝等个人信息泄密
2012 年	网络卖家税收事件
	恶意差评事件
	网络贷款携款逃跑

　　中国电子商务服务业在发展过程中通过自我机制建设，形成了一些比较成熟的电子商务信誉评价机制，但从目前我国电子商务诚信环境建设工作来看，我国电子商务服务业仍比较落后，还存在很多问题和困难，主要有以下几个方面。

1. 电子商务服务业规制与发展的平衡

这是一个我国电子商务诚信环境建设的难点。电子商务是互联网技术在经济中的应用，它所具有的特点和发展需要的环境与传统经济活动是不一样的，而且电子商务服务业在中国仍然是一个成长中的新兴产业。在过去几年中国电子商务服务业的发展中，宽松的政策环境是其迅速发展的原因之一。当然，随着电子商务的新发展和新问题的出现，对电子商务服务业的规范也势在必行。所以，如何构建一个既适合电子商务服务业创新发展，又能规范其发展的诚信环境是一个挑战。

2. 我国电子商务服务业管理缺乏协调机制

商务部是我国电子商务的主管部门，互联网的主管部门是工业与信息化部，网站备案职能、销售产品管理归工商管理局管理，互联网安全属于公安部的管辖范畴，而这些部门之间缺乏协调机制。

3. 我国缺乏全面的、具有指导性的电子商务法律

尽管商务部、行业协会都尝试着出台文件对电子商务进行规范，但这些规范都缺乏强制性和法律效应，商务部也并不具备处罚权。只有通过全面的、一系列具有指导性的电子商务相关法律对参与者、电子签名、电子合同、信息提供等各方面进行法律规定才具有实际效果。

（二）产业商业模式创新能力有待加强

中国电子商务服务业的创新能力还有待加强，特别是电子商务交易服务。从电子商务交易服务内部发展来看，B2C 交易服务模式的创新和发展比较活跃，其中以引进外国电子商务服务模式，然后进行本土化复制为近两年电子商务 B2C 交易服务发展的主要路径。最为典型的就是团购，Groupon 模式的成功被大量复制到中国（国

内称团购）。较低的进入门槛，较快的盈利周期，广泛的商品范围，极具诱惑力的商品价格使得团购模式能够迅速获得创业者、投资者和消费者的青睐，大量资金涌入团购行业，仅仅一年多的时间，团购网站最高达到了 5000 多家；由于发展速度过快，进入门槛过低，模式单一，恶性竞争，监管缺位等，团购一度成为政府烦心、消费者担心的电子商务模式。从 2011 年下半年开始，团购行业出现"倒闭潮"，大量团购网站关闭，业内一度对团购模式持质疑态度。但应该认识到团购模式的产生、发展有其自身特点和市场需求的存在，只是由于进入中国后大量同质化的简单粗暴的复制对整个产业形成了损害。在经历洗牌后，团购模式已经被大量平台所接受并成为生活服务类商品和促销商品的重要销售渠道。

这种快速复制是由电子商务服务业的自身特点所决定的，这在电子商务代运营服务业和 P2P 网络贷款平台中也正在出现。但从长期来看，纯粹的复制经不起市场和时间的考验，只有深入理解各种服务模式的特点，服务群体，提高服务质量，强化内部管理，在吸收基础上创新的电子商务服务业模式才具有长久的生命力。

从 B2B 交易平台服务来看，整体发展较缓，面临旧商业模式的发展瓶颈。以信息服务为主要产品，以会员费为主要盈利手段的 B2B 交易平台急需创新。阿里巴巴 B2B 交易平台也受困于模式的创新和转型，一定程度上促使了阿里巴巴 B2B 在香港的退市。

（三）竞争手段单一、粗暴

近两年电子商务交易平台的竞争，表现出手段单一和粗暴，价格竞争成为挤压对手、吸引眼球的唯一工具，造成市场混乱。

电子商务的快速发展同时也带来了激烈的竞争，网商之间、大型电子商务交易平台之间的价格竞争此起彼伏。在一些电子商务交易平台中，有网商故意设置"引流"低价，而成交又是另外一个价格。在 2012 年 8 月，京东商城以"价格"公开约战苏宁等平台，把价格竞争引向高峰，平台之间针锋相对的价格对决，引起了社会、政府的广泛关注。

从短期来看，针锋相对的价格比拼使电子商务的发展产生更多的"眼球效应"。而从长期来看，这种单一而粗暴的价格战是不可持续的。

其一，虽然低价竞争策略是我国网络购物市场发展中最为常用和有效的竞争策略，但低价竞争不等于价格战，不计成本的价格战是短期行为。从理论上来讲，价格竞争对于同质产品竞争最为有效。京东、当当、卓越等线上零售商利用电子商务降低运营和交易成本，同质产品在与线下零售商的竞争中拥有了明显的价格优势。而随着网络购物的发展，线上产品和服务同质化现象日益突出，竞争白热化、低价竞争逐渐演变成为价格战。价格竞争已经演变为资金竞赛，这并不利于电子商务的健康发展。

其二，在资金实力相当、产品同质、信息对称、市场主体均采取低价竞争策略的条件下，价格战无法大幅提高某一市场主体的市场地位。资本是逐利的，尽管在短期内，大量资本可以支持当当、京东、卓越等网络零售商坚持以低价换市场、以规模获利润的策略，但长期维持零毛利或者负毛利是不可持续的。淘宝利用免费策略获取市场霸主地位的先例无法在 B2C 交易平台领域复制。

其三，随着价格竞争的加剧，消费者的价格弹性也在逐步降低，在价格背后所体现的物流服务、售后服务将会在竞争中凸显更为重要的作用。

其四，价格战可能会扰乱市场信号，不利于健康的"零供"关系发展。在价格战中，供应商的利润会在与零售商的博弈中逐步被挤压，批发价与零售价"倒挂"，不利于产业的长期发展。

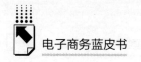

价格是电子商务交易的优越性的重要体现，但并不是电子商务优越性的全部。在以同质产品销售为主的发展期，价格优势是重要的竞争优势，但从未来发展来看，网络的社区化、移动化，市场的专业化、细分化，产品的个性化、品牌化，服务的品质化、高效化等趋势将会大大弱化价格的权重。我国网络零售商应注重消费者的消费体验，开发消费者的潜在需求，勇于创新，建设多元化网络购物模式和多样化的网络购物产品和服务，科学发展，转变过于依赖低价和规模增长的粗放式发展模式。

（四）电子商务物流制约电子商务发展

物流是电子商务发展中无法跨越的一道坎，物流是电子商务服务业中的核心实体环节，物流服务并不像互联网信息传递那样可以突破时间和空间的限制，物流的发展需要长期投入，因此相对于电子商务的快速增长，物流服务业的服务能力还无法满足电子商务的需求。"物流、信用、支付"曾是制约我国电子商务发展的"三座大山"，而当"信用和支付"这两座大山被移走后，"物流"依然是整个行业的发展瓶颈。

近两年的电子商务促销，瞬时的订单爆发，往往导致物流的爆仓，大量商品挤压，订单延后，尽管五洲在线等专业的电子商务仓储物流服务企业可以提供专业服务，但物流基础设施仍需要加大投入和发展。

四　腾飞中的电子商务服务业

尽管电子商务服务业在井喷发展中出现不少问题，但短期扰动无法改变电子商务服务业腾飞的趋势。

第一，电子商务服务业拥有巨大的腾飞空间。无论是从企业应用还是从个人消费来看，中国都拥有最庞大的电子商务应用群体。在国家发展的重要文件中，电子商务已经被非常明确地列入发展规划，《国民经济和社会发展第十二个五年规划纲要》中提出，要积极发展电子商务，完善面向中小企业的电子商务服务。《电子商务"十二五"发展规划》的目标是到 2015 年，实现电子商务交易额达 18 万亿元，其中网络零售额达 3 万亿元，占社会消费品零售总额的 9%。与 2012 年的电子商务发展相比，还存在巨大的发展空间。

第二，电子商务服务业对于中国经济转型升级的推动作用将伴随电子商务服务业规模的持续快速增长而迅速凸显，助力中国抓住历史性的战略机遇期实现复兴。

第三，电子商务服务业在供应链中逐渐起主导作用，并引领传统流通业和制造业的变革。"个性化定制、柔性化生产和社会化物流"是对电子商务服务业变革供应链的精确概括。工业社会规模化生产模式在电子商务服务业的发展中正在发生变革，以需求为主导的，符合信息社会碎片化特征的生产和流通模式正在形成。

第四，数据应用服务将成为电子商务服务业重要的增长点。电子商务交易的发展积累了大量交易的相关数据，而这些数据的分析应用对于提高市场交易效率具有重要作用。当前，中国最大的电子商务交易平台天猫已经开放其数据给其合作伙伴，共同开发数据应用服务市场。未来，数据的进一步开发和深度开发利用将给电子商务服务业带来巨大空间，也为电子商务发展带来更大的推动力。

第五，移动服务将成为电子商务服务业的重要服务提供方式。随着移动互联网和智能终端的普及，移动服务正在成为重要的服务提供渠道。

产业报告

Industrial Analysis

B.2
中国电子商务交易平台服务业发展状况

苏会燕*

摘　要：

2012 年中国电子商务交易平台服务业保持快速增长的同时，市场结构及走势方面呈现出四个方面的新特征：一是 B2B 信息服务平台向 B2B 交易服务平台的转变日渐明确和突出。二是 B2B 平台与 B2C 平台间的合作越来越紧密；网络分销业务开始涌现。三是 B2C 交易平台的规模、数量增长显著，外资及传统企业参与其中。四是 B2C 交易平台间的竞争升级，从之前的单一用户流量的竞争向用户流量、商户资源以及平台

---

* 苏会燕，艾瑞咨询集团电子商务行业高级分析师，中国社会科学院研究生院产业经济学电子商务方向硕士研究生。曾参与商务部《电子商务白皮书》，广州、深圳等地电子商务产业规划及《中国商业蓝皮书》等数十个电子商务相关项目。

配套服务的综合竞争转变。

中国电子商务交易平台服务业的发展对传统商业的渗透与影响日渐加深，在扩大二、三线城市消费的同时，也将部分消费者的消费需求从线下转移到线上。与此同时，中国电子商务平台服务业的发展也将对传统商业模式进行重构。无论是平台在品类、营销、物流等核心环节的运营方式，还是平台的盈利模式、成本结构，电子商务平台与传统商业平台相比，均呈现出不同的特征。在互联网以及移动互联网大发展的今天，传统商业模式急需进行改造和升级，线上、线下业务的一体化将成为中国电子商务服务平台发展的重要方向。

关键词：

B2B 交易平台　B2C 交易平台　信息服务模式　传统商业重构　线上线下一体化

中国的电子商务平台服务业伴随着中国电子商务的发展而出现和成长，并且对网上交易的实现起到了极大的推动作用。过去十几年的时间，中国的电子商务平台服务业获得了长足的发展，无论是 B2B 领域，还是 C2C、B2C 领域都涌现出一批颇具规模的企业。2012 年，中国的电子商务平台服务业迎来新的变化和转折。一方面，2012 年 B2B 中小企业电子商务平台原有的信息服务模式增长放缓。艾瑞咨询的统计数据显示，2012 年 1～4 季度，中国中小企业 B2B 平台的营收规模同比增速放缓，从最高时的近30% 降至约 20%。中国 B2B 中小企业电子商务平台从信息服务模式向交易服务模式转变的趋势日渐明晰，在此过程中电子商务平台提供的服务更加多元化，涉及信息推介、商户认证、交易支

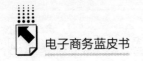

付、融资贷款，甚至商品配送等环节。另一方面，2012 年中国
B2C 电子商务交易平台发展迅猛，无论是平台数量，还是平台规
模均呈现出快速增长的态势。同时，领先平台的规模效应突出。
艾瑞咨询的统计数据显示，在中国的 B2C 网络购物中，天猫与京
东商城两家企业的市场份额已从 2010 年第一季度的 57.5% 增至
2012 年第四季度的 77.1%。市场前十名的 B2C 购物网站的市场
份额，也从 2011 年的 80%，升至 2012 年的 95%。中国 B2C 电
子商务市场的集中化趋势也极为明显。在此过程中，不同平台间
的合纵连横趋势明显。B2C 电子商务服务平台之间的竞争开始从
单一的用户争夺向用户、商户、配套服务商等平台生态链的全面
竞争转变。

与此同时，中国电子商务平台服务业的发展，促进了电子商
务的快速普及，对传统的经济、商业活动产生了深远的影响，不
仅是用户消费习惯开始从线下转移到线上，而且在一定程度上释
放了二、三线城市的消费需求，同时其业态运作模式也呈现出不
同于传统商业业态的新特征。平台内商品的营销更为精准，效果
更容易衡量；资金结算周期更短，供应链融资机会更佳；商家可
以掌握更多终端消费者信息，从而优化自身的商品设计、品牌推
广、渠道搭建等，已获得更大的市场份额。展望未来，随着互联
网、移动互联网的普及和发展，传统企业对于网络渠道的应用程
度将不断加深，线上、线下业务的整合将成为电子商务服务业发
展的重要方向。

一 B2B 交易平台服务业发展状况

从服务的主体来看，中国的 B2B 交易平台可以分为中小企

业 B2B 交易平台和规模以上企业 B2B 交易平台；从平台提供者的角色来看，B2B 交易平台又可以分为自用和第三方。与美国情况不同，中国市场存在众多的中小企业，由此涌现了一批第三方中小企业 B2B 交易平台，成为目前中国 B2B 电子商务市场中最为活跃、最具特色的参与者。本文将重点对此类服务平台进行解析。

（一）第三方中小企业 B2B 交易平台市场规模与结构

1. 市场规模

受宏观经济低迷的影响，2012 年中国中小企业 B2B 交易平台整体增速放缓。目前，中国中小企业 B2B 交易平台业务既有内贸业务，也有外贸业务。进入 2012 年以来，世界经济复苏尚不明朗，欧债危机的影响也不断加深，国外主要国家市场的消费意愿持续疲软，在此背景下，国内出口放缓。海关总署的数据显示，2012 年 1~10 月，我国的出口总额为 16709 亿美元，同比增长仅为 7.8%。与此同时，国内经济增速放缓，企业普遍受到订单削减和成本增长的双重挤压，采购意愿降低。受上述因素影响，2012 年以来中小企业 B2B 交易平台增速放缓。

第三方互联网市场研究机构艾瑞咨询的数据显示，2012 年 1~4 季度，中国中小企业 B2B 平台的营收规模同比增速放缓，从最高时的近 30% 降至约 20%（见图 1）；从年度增长趋势来看，2012 年中国中小企业 B2B 平台的总营收规模为 167.1 亿元，较 2011 年的 131 亿元增长 27.6%；预计未来几年市场仍保持 20%~30% 的增长，2016 年将超过 400 亿元（见图 2）。

2. 市场结构

在垂直化、精准化方向下，2012 年以来阿里巴巴 B2B 的市场

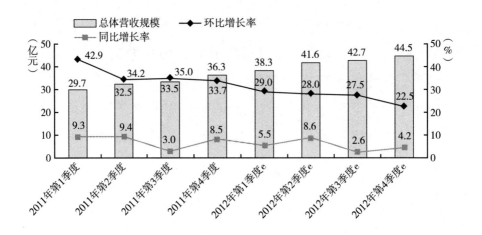

图1 2011~2012 中国中小企业 B2B 市场总营收规模

注：e 为预测值。
资料来源：综合企业财报及专家访谈，根据艾瑞统计模型核算。

图2 2008~2016 年中国中小企业 B2B 市场总营收规模

资料来源：综合企业财报及专家访谈，根据艾瑞统计模型核算。

份额持续下滑。从市场格局来看，阿里巴巴 B2B 市场排名第一，其次是环球资源。艾瑞咨询的统计数据显示，从 2012 年的季度走势来看，阿里巴巴 B2B 的收入仍稳步增长，但市场份额呈现持续小幅下滑的趋势，2012 年第四季度达到 40.7%，较 2012 年第一季度下降 0.8 个百分点（见图 3）。2012 年全年，阿里巴巴 B2B 的市场份额为 42.5%，远高于第二名环球资源的 9.1%（见图 4）。

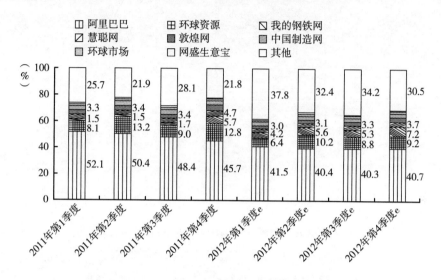

图 3　2011～2012 年中国主要中小企业 B2B 电子商务运营商总营收市场份额

注：e 为预测值。
资料来源：综合企业财报及专家访谈，根据艾瑞统计模型核算。

分析原因，中小企业对 B2B 平台服务需求的精准化需求是根本。综合性的 B2B 交易平台上信息庞杂，信息甄别及匹配成本较高。为此，2012 年 10 月，阿里巴巴中文站推出垂直平台——工业网，结合行业特点提供更有针对性的服务；同时在阿里巴巴私有化后，阿里巴巴集团将旗下业务进行拆分，其中 B2B 业务被划分为阿里国际业务、阿里小企业业务两个事业群，希望通过此举实现 B 类市场与 C 类市场的互通。

（二）第三方中小企业 B2B 交易平台发展现状

第一，中小企业 B2B 平台较为活跃，2012 年的贡献额将超过

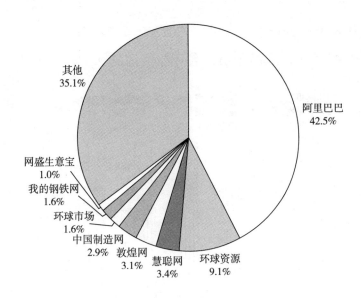

**图4 2012 中国主要中小企业 B2B 电子商务
运营商平台服务收入市场份额**

注：①2012 年中国中小企业 B2B 运营商平台服务营收规模为 160.1 亿元，为预估值。

②上述 B2B 运营商收入仅包含平台服务业务收入。

资料来源：综合企业财报及专家访谈，根据艾瑞统计模型核算。

中小企业 B2B 交易额的 10%。B2B 交易平台服务，尤其是中小企业 B2B 交易平台，是中国电子商务领域中最早发展起来的、最为活跃的一类平台。经过十余年的发展，中国市场涌现出了一批此类的平台。其中，既有阿里巴巴、慧聪网等综合性的中小企业 B2B 电子商务平台，又有我的化工网、我的钢铁网等垂直性的平台。在这些平台的推动下，中国的中小企业 B2B 电子商务获得长足发展。根据艾瑞咨询的统计数据，2012 年中国中小企业 B2B 电子商务的交易规模将达到 4.7 亿元，占中小企业 B2B 交易额的比重将达到 12.1%。

第二，面对严峻的市场形势，众多中小企业 B2B 电子商务平台纷纷改善平台服务品质。面对不确定的外部环境，市场整体增速放缓，竞争加剧，众多中小企业 B2B 电子商务平台纷纷推出多项措施，提升平台的服务品质。首先，经过十多年的发展，中国中小企业 B2B 电子商务平台上商品种类繁多，B2B 平台买家的需求已从单纯的寻找产品信息变为需要真实、充分、可信、较为全面的卖家信息，用于判定交易的可行性。在此背景下，阿里巴巴 B2B 等平台推出了商家认证。其次，在商品信息极大丰富的情况下，信息的筛选和匹配也成为 B2B 平台上买卖双方关注的问题之一。围绕这一点，国内的中小企业 B2B 交易平台着手提升平台的搜索技术精度。再次，2012 年国内的多家 B2B 电子商务平台与京东商城、当当网等 B2C 企业合作，为平台商家拓展更优质的合作伙伴。最后，为帮助中小企业解决融资难的问题，各 B2B 电子商务平台推出了商家贷款的相关业务。

表 1　中国 B2B 电子商务平台网络融资服务对比

项　目	中国 B2B 电子商务平台网络融资服务对比				
	阿里巴巴		敦煌网	网盛生意宝	金银岛
产品	阿里贷款	一达通	e 保通	贷款通	e 单通
服务对象	诚信通会员、中国供应商会员	外贸会员企业	敦煌会员企业	无限制	金银岛会员企业
授信额度	≤200 万元	≤400 万元	小额贷款	≤500 万元	≤200 万元
抵押/担保	无	无	无	有	有
合作银行	中国银行、中国建设银行、中国工商银行	中国银行	中国建设银行	中国工商银行、中国银行、中国农业银行、恒丰、华夏、泰隆	中国建设银行
平台特点	综合电子商务平台	外贸平台	小额外贸平台	小门户的行业网站联盟	大宗商品现货交易平台

资料来源：根据公开资料整理。

第三，信息服务模式增长遭遇瓶颈，中小企业 B2B 电子商务纷纷试水交易模式。过去十年中，国内的中小企业 B2B 平台的商业模式多以信息服务为主，即以通过促成买卖双方需求信息匹配为主，收入方式主要来自会员费。发展至今，商家对于电子商务平台的需求已不满足于单纯的信息发布，对营销的精准度要求更高，同时也对交易、支付等其他环节的服务有较大需求。在此背景下，以敦煌网为代表的、主要收取佣金收入的 B2B 平台，成为国内主流中小企业 B2B 电子商务平台转型的方向之一。继阿里巴巴"速卖通"推出之后，近两年，慧聪网等领先的第三方中小企业 B2B 平台也开始尝试此类产品。

（三）第三方中小企业 B2B 交易平台发展趋势

展望未来，中国的 B2B 电子商务市场将呈现以下发展趋势。

一是 B2B 电子商务的市场增长空间仍然很大，创新的机会多。有数据显示，目前，中小企业间交易仅有约一成的交易是通过电子商务平台实现的，更多细分垂直行业的电子商务化程度仍然很低。虽然简单的信息服务模式发展遇到瓶颈，既不能满足中小企业对商机、业务增长的需求，又使得平台规模扩张速度放缓，但从长期来看，中国 B2B 电子商务市场的增长空间仍然很大，创新的机会依然很多。

二是第三方中小企业 B2B 平台服务的业务朝纵向一体化方向拓展。如上文提到的，目前我国大部分 B2B 平台服务商都是行业信息服务商。随着中小企业需求的变化，未来这些服务商将逐渐从传统的信息服务提供商，转变为综合的交易服务解决商，为用户提供物流配送、信用担保、金融融资、精准营销、行业咨询等一体化的电子商务解决方案，用于满足 4500 多万中小企业的多样化需求。这样在优化用户体验、增加商户黏性的同时，也将丰富 B2B 平台服务商的收入来源。

三是 B2B 电子商务平台深度介入融资服务，扶持中小微型企业发展。资金是中小企业发展面临的最大难题之一。由于中小微企业经营不稳定，信任评级难衡量，银行很难评估相应风险并对其作出贷款。作为中小企业业务开展的重要平台，B2B 电子商务平台服务商对其业务状况较为了解；凭借平台积累上的交易信用，B2B 平台服务商直接给予或协助中小企业获得资金。同时，此业务也将成为 B2B 平台服务商的创收方式之一。

四是在线交易将成为 B2B 交易平台的一大方向。如上文提到的，B2B 平台服务商现行的信息服务模式持续增长的难度不断加大，而交易模式则可以保证平台营收的规模化增长，因此在线交易将成为 B2B 电子商务未来的重要方向。同时，在推进在线交易的过程中，B2B 平台服务商需要在保证平台信息丰富可信的前提下，为中小企业拓展更多商机，由此中小企业将更有动力在线完成交易。

二　B2C 与 C2C 交易平台服务业发展状况

（一）B2C 与 C2C 交易平台市场规模与结构

1. 市场规模

B2C 交易平台成为中国网络购物市场的重要部分，交易规模占比大幅提升。从中国网络购物市场的发展历程来看，C2C 交易平台的出现和成长，对于早期用户网上购物习惯的培养起到至关重要的作用。发展至今，随着用户对购物品质要求的提升，B2C 交易平台发展成为中国网络购物市场的重要组成部分。根据艾瑞咨询的统计数据，2012 年，中国 B2C 部分交易规模达到 3872.9 亿元，约占中国网络购物市场整体规模的 1/3，同比增速近 100%，远高于中国整个网络购物市场的 66.2%。相比而言，中国 C2C 交易平台的增速放缓，2012 年增速为 56.4%。截至 2012 年，中国网络购物占中国社会消费品零售总额的比重已达 6.2%，预计到 2015 年将达到 10%（见图 5），表明网络渠道对传统经济的渗透与影响不断加大。

图 5　2008～2016 年中国网络购物市场交易规模

注：e 为预测值。
资料来源：根据企业公开财报、行业访谈及艾瑞统计预测模型估算，仅供参考。

2. 市场结构

B2C 交易平台规模增速快于 C2C 交易平台（见图 6），其中天猫遥遥领先。从整个网络购物市场来看，随着用户对购物品质服务需求的增强，B2C 交易平台、C2C 交易平台的用户重合度越来越高；同时，B2C 交易平台的交易规模增速明显快于 C2C 平台，在整个网络购物中的比重不断提升。从各家市场份额来看，天猫仍然遥居 B2C 市场首位，占据了超过一半的市场份额（见图 7）。京东商城凭借 POP 开放平台业务的增长，市场份额也稳定在 20%～25%；腾讯 B2C 平台、苏宁易购、亚马逊中国等自营与第三方运营的混合

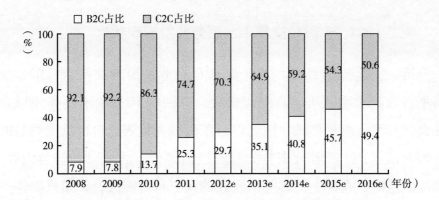

图6　2008～2016年中国网络购物市场B2C和C2C市场结构

　　注：e为预测值。

　　资料来源：根据企业公开财报、行业访谈及艾瑞统计预测模型估算，仅供参考。

　　B2C平台交易规模在2012年前三个季度中也逐步增长。C2C市场中，市场格局基本没变，淘宝网仍占据九成以上的市场份额。

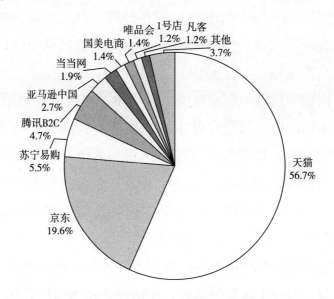

图7　2012中国B2C购物网站市场份额

　　资料来源：根据企业公开财报、行业访谈及艾瑞统计预测模型估算，仅供参考。

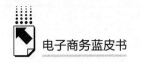

（二）B2C 与 C2C 交易平台服务业发展现状

第一，运营压力增大，自营 B2C 企业纷纷开放平台，B2C 交易平台数量猛增。从运营模式来看，中国的 B2C 电子商务领域存在自营与平台两种模式。前者以京东商城为代表，自行负责商品的采购和销售，主要收入来自商品的进销差价。后者以天猫为代表，商品的采购、仓储、销售等由入驻的商家自行解决，天猫只提供一个平台，其主要收入来自商家的营销费用、交易佣金等服务性收入。相比自营模式，平台模式交易规模发展速度更快，运营利润更高。正是基于此，加上 2011 年以来电子商务企业的融资难度不断加大，企业运营压力增大，为了更好地变现流量，越来越多的原来专注于自营业务的 B2C 企业开放平台，吸引其他企业入驻。

据不完全统计，目前京东商城、苏宁易购、亚马逊中国、当当网、1 号店、V+ 等十余家企业均有开放平台业务。具体开放形式，各平台各有差异。开放范围方面，除了亚马逊中国的全品类开放外，京东商城、苏宁易购目前只开放非强势品类，即自身不擅长的且网购中热销的商品品类；对于单一品类入驻商家的数量，部分平台不做限定，只设定基本的入驻条件；部分平台采取独家特许运营的策略，如当当网将家电、酒类两个品类分别外包给国美商城、酒仙网独家运营；此外，开放平台为入驻商家提供的服务也有差异，如京东商城、亚马逊中国将物流仓储业务也一并开放给合作伙伴。

第二，在市场集中度提升的背景下，B2C 交易平台呈现出合纵连横的态势。经过十余年的成长，中国网络购物用户的红利期基本结束，电商企业的流量获取成本不断提升。在资金、商品等资源的支撑下，中国 B2C 网络购物市场的用户资源不断向领先企业集中，市场份额占比也不断攀升。艾瑞咨询的统计数据显示，在 B2C 网络购物中，天猫与京东商城的市场份额已从 2010 年第一季度的 57.5% 增至 2012 年第三季度的 76.4%。市场前十名的 B2C 购物网站的市场份额，2011 年约占市场的 80%，到 2012 年前三季度，这一比例已达到约 95%。

市场集中度提升的背景下，B2C 交易平台之间的合作增多，市场合纵连横的态势越加明显。2011 年，天猫宣布 38 家垂直 B2C 网站入驻天猫；2012 年老牌电商企业当当网也分别入驻了天猫、QQ 网购平台。国美商城、酒仙网则入驻当当网，分别专营家电、酒类商品。同时，京东商城则重点吸引上规模的传统企业或淘宝品牌入驻其 POP 平台；腾讯加大易迅网、拍拍网的优质资源向 QQ 商城、QQ 网购 B2C 平台的整合；近期，苏宁易购在完成对红孩子的收购后，则招募凡客、乐蜂网等垂直 B2C 入驻其平台。

第三，外资企业看好中国电子商务市场，B2C 平台业务市场表现不一。在国内网络购物市场如火如荼成长的过程中，外资企业也纷纷加入其中，但市场表现迥异。首先是百度与日本乐天合资的乐酷天，由于业务发展不理想，2011 年上半年宣布停业。其次是沃尔玛控股 1 号店事件，通过商务部的审批，成为当前外资零售企业开展电子商务的先行者。在剥离 1 号商城的同时，沃尔玛下一步将推进 1 号店线上业务与沃尔玛线下业务的整合，包括后台用户、商品、供应链体系的共享等。再次是 eBay。2006 年在与淘宝的 C2C 竞争中失利后，eBay 一直未放弃中国市场的业务，通过 eBay 平台与 Paypal 开展跨境电商业务。公开信息显示，eBay 在华业务包括垂直类目、与中国卖家沟通、数据分析支持和完善物流解决方案四部分。2012 年，与易趣彻底解除股权关系后，eBay 与 B2C 平台走秀网合作，将其平台上的优质商家引入走秀网。最后，美国 3C 类

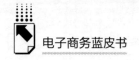

零售巨头百思买已借道电子商务重返中国市场。此外，永旺集团等企业也一直在中国电子商务市场寻找收购机会。由此可见，外资企业对中国电子商务市场的前景较为乐观。

第四，传统企业借助 B2C 交易平台，推进传统业务转型。在网络购物市场蓬勃发展的同时，传统的零售业增速有所放缓。在此背景下，传统企业纷纷加入线上，借助 B2C 交易平台，推进传统业务的转型。最为典型的企业为苏宁易购。3C 家电此类标准化程度高的商品，互联网程度较高，线下的连锁卖场受到较大冲击。为保证集团整体业务再上一个台阶，苏宁集团近几年大力发展电子商务业务，组建了独立公司苏宁易购。目前苏宁易购已成为一家综合性的 B2C 交易平台，同时部分商品已与苏宁的线下实现同款同价，线上线下仓配体系的对接也已开始。通过发展电子商务，苏宁集团可以抵御竞争对手对市场的侵蚀，也可以帮助其将业务拓展到更广的区域。近期，国美集团整合旗下的电商资源，计划将国美网上商城与库巴网整合到国美商城名下，综合性平台的发展方向进一步明确。此外，部分服装类企业，在已经构建了网上的分销体系后，正在着手构建与线下销售渠道对接的线上平台，借此进一步提升商品的流转效率，获得更大的份额。电子商务的发展，正在拉动传统企业的跨越式发展。

（三）B2C 与 C2C 交易平台发展中存在的问题

第一，各大平台间的价格战频频上演，对市场的正常运行产生了不利影响。中国网络购物市场正处于格局形成的阶段。众电商企业联手演绎网络购物市场价格战。2011 年初，京东商城上线图书，掀起京东商城、当当网与卓越亚马逊三方的多轮图书价格战；3C 类购物网站又启动另一轮价格战，尤其是"十一"期间，京东商城、当当网、苏宁易购、国美库巴、亚马逊等纷纷加入其中；"双十一"光棍节，淘宝商城、京东商城等均上演大规模促销；到2012年上半年，网购市场上演史上最大规模价格战，京东商城"618大庆"将战役推向高潮；之后"815价格"更是将京东商城、苏宁易购、国美商城等主要的网上家电零售商以及诸多的上游家电品牌商卷入价格战中。"双十一"期间各大B2C电子商务平台间的用户争夺更为突出。

中国网络购物行业经过十几年的发展，尚处于"战国时代"，市场格局仍有很大变数。考虑到中国多数消费者仍为价格敏感型用户，因此价格成为网络购物企业吸引用户的重要利器。但价格战是一把双刃剑，能够吸引用户但难培养忠诚用户；同时，低价促销带来的整个产业链运行紊乱，不利于产业整体的长远发展；而且价格战期间的部分企业夸大宣传，先提价后降价等行为，不利于市场运行秩序的正常开展。此外，价格促销引发的销售波动也给企业运营带来压力，容易造成配送、售后服务能力与销售规模间的不匹配，进而引发消费者投诉。

第二，行业快速发展，品质不一，引发客户投诉增多。近两年来网络购物行业呈爆发式增长，网购市场在快速发展的同时，也成了消费者维权投诉的重灾区。据悉，2011年"中国电子商务投诉与维权公共服务平台"接到电子商务投诉案例约10万起，其中网络购物投诉占总投诉的52%；2011年，淘宝网共处理侵权商品信息6320万条，其中接受投诉受理的为870万余条，占比近14%；央视发布的2012年3·15消费投诉榜上，网络购物位居榜首；中国消费者协会发布的2011年统计报告显示，以网购为主的投诉共计30355起，同比增长43.3%，增幅在各类投诉案例中排名第一；中国电子商务研究中心发布的《2012年（上）中国电子商务用户

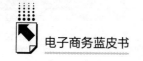

体验与投诉监测报告》显示，2012 年上半年中国电子商务用户投诉 58613 起，其中网络购物投诉占比最大，为 56.6%，当当网、淘宝网、京东商城、苏宁易购等网站均在被投诉企业名单之中。

总结消费者投诉的主要原因，主要有如下三类：一是网上交易自身特点所致。网上购物过程中，消费者容易遇到钓鱼网站和个人信息泄露等情况，并且出现了购物欺骗相关事件发生后难以追溯犯罪源的难题；二是国内网站仍处于高速发展期，现阶段物流配送等基础服务仍有欠缺，尤其在节假日和大型促销活动时凸显，退换货难的问题颇为突出；三是网购政策空白多，缺乏相应监管措施和能力，致使打折前提价、产品与网站描述不符等问题频现。上述问题表明，在高速成长、竞争激烈的市场中，B2C 平台急需提升供应链运转效率，从而解决平台服务体验的统一性。

第三，天猫新政引发"十月围城"，凸显行业监管空缺。2011 年 10 月 10 日，天猫（前身为淘宝商城）公开宣布升级商家管理系统，将每年 6000 元的技术服务费提高至 3 万元与 6 万元两档，并同时建立"商家违约责任保证金"制度，向商家收取 1 万元至 15 万元不等的"信用保证金"。新政一经发布即引发较大反响，遭到平台中小卖家的恶意攻击。10 月 11 日，近 5 万名网友对部分淘宝商城大商家实施"拍商品、给差评、拒付款"的恶意操作行为，致使韩都衣舍、七格格、优衣库等商城大商家处于瘫痪状态。"十月围城"事件最终以推迟新政实施时间、进一步完善政策内容而结束。

如上所述，近十年的电商环境面临着转变，网购用户的消费习惯已经从纯粹的价格驱动，逐步提升为性价比驱动。B2C 平台运营商为迎合消费者的需求，采取提高入驻商家门槛、提高商品质量来提升平台整体的服务质量，以促进市场不断朝正规化、高端化方向发展。但由于新政力度较大，缓冲期却过短，引发了市场秩序的紊乱。天猫的"十月围城"事件，不仅反映出 B2C 平台巨大的外部性，也反映出中国网络购物整个行业相关监管的空缺。

（四）B2C 交易平台的发展趋势及运营关键点

综上所述，B2C 交易平台处于快速成长期，不论是纯 B2C 电商企业，还是传统企业均在加大这方面的投入。在此过程中出现的过度价格战、客户投诉等问题，除了需要完善相关的行业监管外，B2C 交易平台运营的规范化也有待提高。分析未来的发展趋势，由于"马太效应"的存在，中国整个网络购物市场中能容纳的全国性、综合性 B2C 交易平台数量有限；目前天猫、京东商城、QQ 网购、苏宁易购、亚马逊中国等企业均在争夺最后的入场券。对于 B2C 交易平台而言，如何吸引并留住优质商家选择，丰富商品品类，吸引和留住消费者，从而进行业务发展的正循环，不断增强市场竞争力，笔者认为其需要重点考虑如下四个方面的内容。

一是提升 B2C 平台整体的流量规模。与传统零售强调"选址、选址、选址"类似，B2C 交易平台的规模大小首先看其流量规模。它直接体现了平台的用户规模大小，也是商户选择平台时首先考虑的因素。同时，在互联网流量增长放缓与价格战频发的背景下，用户流量获取成本不断攀升，用户的忠诚度较低，如何保持和扩大平台的流量规模也是摆在各大平台面前的一大难题。目前，天猫背靠的淘宝网，在品牌直投之外，通过淘宝联盟获得大批的长尾流量。

二是在 B2C 平台内构建合理的流量分配机制。从商家的角度来看，平台内流量分配机制决定了平台用户流向自家店铺的路径和方式，同时也与店铺的运营重心息息相关。以天猫为例，目前该平台内商家获取流量的首要方式之一是淘宝直通车，其收录了店铺的商品数、宝贝信用等级、宝贝收藏次数、店铺评价等信息，综合后给出店铺的自然流量排名。这种情况下，在天猫内的商家运营中，在增加 SKU 的同时，也要做好相关的客户服务工作，以保证店铺的口碑评价。合理流量分配机制的构建，在平台上商家数量足够多的情况下尤为重要。

三是提升 B2C 平台配套设施水平。是否开通了商家管理的后台，后台与商家内部系统是否能对接，信息同步性如何，订单处理效率，店铺装修，软件更新，服务商多寡及服务水平等，B2C 平台配套设施水平，以及需要投入的资源，尤其是人员配备情况，这些都是商家在选择 B2C 交易平台时需要考虑的重要方面。

四是创建性价比高的交易平台。对于商家而言，使用 B2C 平台的财务成本，包括平台的入驻费、佣金收费标准、结算周期等。一家流量很大、流量分配机制合理、店铺运维成本低的平台，财务成本过高，也可能会让商户望而却步。属于价值洼地的 B2C 交易平台，将能够持续地吸引商家入驻。

三　电子商务交易平台服务业发展对传统商业的重构

2012 年 11 月 11 日，网民的消费实力再一次创造了奇迹。淘宝公开数据显示，2012 年"双十一"当天淘宝（含天猫）交易额达191.0 亿元，较 2011 年单日 52 亿元增长 267.3%，远超此前预期的 100 亿元的目标，也已超过 2011 年美国"网购星期一"（Cyber Monday）的 12.5 亿美元（约合人民币 78 亿元）水平。其中，天猫当天交易额 132.0 亿元，完成交易额占淘宝全网近 70%，占比进一步提高。同时，参与此次活动的网络购物用户规模及其人均消费额较 2011 年也有大幅提升：2012 年中国网络购物用户约 2.3 亿人，全年人均消费额将超过 5000 元，而 2011 年全年网络购物用户近 1.9 亿元，全年人均消费额 4099 元。

相比于全国传统零售市场增长放缓态势，网络购物市场一枝独秀。经过十余年的成长，中国网络购物，尤其是电子商务的交易平台对传统商业的渗透和影响逐步加深。一方面，网络购物的发展，尤其是淘宝、京东等网上购物平台的出现，满足了原来商业流通中被压抑的需求。比如，在三、四线城市及农村，人们很难买到耐克、阿迪达斯这样的名牌产品，现在通过互联网、手机就可以买到。从淘宝和天猫的数据来看，2012 年三、四线城市以下地区的网购增长速度超过 60%，远高于传统消费主力一、二线城市 40% 的网购增速。目前，三、四线城市的消费增长已成为我国扩大内需的最主要的增长来源之一。另一方面，电子商务的发展也对传统商业产生了替代。比如京东商城等网站的出现，使得很多消费者不去苏宁、国美，而选择在网上购买数码家电。正是由于消费者购买力在转移，苏宁、国美这样的家电连锁零售企业近几年大力推进线上业务发展，才出现了 2012 年 "6·18" "8·15" 这样的价格战。另据中国连锁经营协会的数据，截至 2011 年 7 月，中国百强零售连锁企业中，52 家已经开展网上零售业务。家电、服装等领域的品牌商、制造商开展线上业务的企业更多。

更深一步分析，我们认为电子商务，尤其是网上的购物交易平台对传统商业活动进行了重构。从业务流程方面来看，入驻电子商务交易平台的商户，除了品牌商之外，还可以是分销商，甚至是品牌商的 TP 合作商。这与线下平台有较大差别。同时，在营销推广形式方面，线下百货店、商超主要是堆头、场内海报等展示类广告，效果难以衡量。与之不同，电子商务的营销推广不仅有展示类广告（如淘宝的钻石展位），还有搜索类广告（如淘宝直通车）、联盟广告（如淘宝联盟）等新形式，以 CPA、CPS 结算，营销效果更易衡量；从平台结算周期来看，传统的商业以 3~6 个月为主，且有延长的趋势，而目前线上电商平台则是以月度结算为主。天猫上甚至可以实现按周结算。此外，线上与线下最大的差别之一在于，线上交易积累了大批详尽、实时的用户数据，通过这些数据可以帮助平台企业进行个性化推荐，更好地留住客户。

从商业模式来看，与线下平台主要收取交易佣金的商业地产模式不同，线上的电子商务平台收入形式更丰富、更多元。除了佣金，平台还有广告费收入，以及店铺装修工具费等与日常运营维修相关的服务费、仓配服务费（如 Amazon 的 FBA 服务）、云存储、云计算等服务费（如 Amazon 的 AWS 服务）。以淘宝为例，2011 年淘宝整体营业收入达到113.7亿元，其中佣金占比仅22.7%，广告费则占到77.3%。由此可见，网上购物交易平台这一业态与线下超市、百货店等有巨大差别，其发展在一定程度上将改变原有的商贸业结构。

如果说，过去十几年，电子商务的发展和作用仅仅体现在新增的单线商贸流通交易方面，那么，未来基于交易平台的、协同性的电子商务将成主力。面对这样的历史机遇，我们建议，传统的商贸流通企业需要将电子商务放在战略的高度，结合自身业务的特点，积极推进相关的改革与试点，抓住电子商务的新机遇，迎接历史的挑战，从而获得更大的发展。同时，建议地区政府结合当地产业特色，以电子商务为切入点，带动当地经济结构的调整，实现经济的增长，建议相关部门及协会加强对电子商务的引导和支持，促进电子商务产业更快更好地发展。

参考文献

［1］艾瑞网，www. iresearch. cn。

［2］易观网，www. eguan. cn。

［3］中国电子商务中心，www. b2b. toocle. com。

［4］《从大淘宝交易额 突破万亿元说起》，http：//www. ha. xinhuanet. com/ wyzt/2012 - 12/05/c_ 113912041. htm。

B.3
中国电子商务代运营服务业发展状况

李立威*

摘　要：

电子商务代运营服务业是伴随着电子商务的发展而产生的新兴服务业。作为传统企业和电子商务之间的桥梁，电子商务代运营服务业可以满足企业初期对拓展电子商务战略的需求，助力传统企业转型升级，这是近年来电子商务代运营服务业快速发展的主要原因。本文在对电子商务代运营业产生背景和概念界定的基础上，从市场规模、发展模式、区域发展、发展动态等方面介绍了电子商务代运营业的发展现状。目前中国电子商务代运营服务业仍处在发展初期，存在着服务经验和能力不足、运营渠道单一、发展前景不明朗、市场格局混乱等问题。从政府的支持、网购市场的繁荣、传统企业发展电子商务的趋势、风险投资的进入等各方面综合判断，未来几年电子商务代运营服务业将会呈现爆发式增长，并且运营平台将趋于多元化，代运营市场将会进一步细分，专业化分工是未来的趋势。

---

* 李立威，女，山东聊城人，中国社会科学院财经战略研究院博士生，北京联合大学管理学院信息管理与电子商务系讲师。2006 年毕业于西安交通大学经济与金融学院，获应用经济学硕士学位。中国信息经济学会电子商务专委会理事，人力资源和社会保障部国家职业（项目管理师）技能鉴定专家。参编《电子商务典型案例：亚洲篇》《网络信息编辑实务》《电子商务概论》《电子商务网站建设与管理》《中国城市电子商务影响力报告 2012》等书籍多本，独立及与人合作发表论文二十余篇，其中核心期刊论文 13 篇，EI 检索论文 7 篇。主要研究领域包括电子商务与网络经济、电子商务服务业等。

关键词：

电子商务代运营　专业化分工

一　电子商务代运营服务业概述

（一）产生背景

随着互联网普及率的不断提高，中国网民数量和电子商务交易额增长迅速。电子商务的爆发式增长使传统企业逐渐意识到了电子商务的作用，传统企业对线上市场日益重视，有越来越多的传统企业开始触网开展电子商务。2008 年底以来，大批传统品牌商、制造企业和零售企业纷纷通过开设官方网上商城、在第三方平台上开设旗舰店等形式，搭建网络销售渠道。一方面越来越多的传统企业希望快速建立网络渠道开展电子商务，开拓产品销售渠道，抢占线上市场，树立品牌形象，另一方面又受到电子商务专业人才缺乏、投入成本高、经验缺乏等因素的限制，在这种背景下，电子商务代运营服务业应运而生。

美国的 GSI Commerce 公司是第一家典型意义上的电子商务代运营企业。GSI 最初由传统体育用品经销商起家，在 1999 年时开展电子商务，帮助体育用品品牌在 eBay 等渠道上开展网络销售，主要盈利模式是交易提成。在前五年，GSI 主要是帮助品牌企业开展网络销售，但到后期，开始进行 IT 开发，并通过收购同类服务商、呼叫中心、数据挖掘、营销等公司对电子商务产业链进行整合，其盈利模式也从早先的交易提成逐渐转为以服务费为主。目前 GSI 的客户数已达到 500 余家，其中一半以上是国际知名的大企

业；运营近 20 个商品类目；支持官网、eBay、Amazon、各行业 B2C 平台等各种网络渠道。

作为传统企业和电子商务之间的桥梁，电子商务代运营服务企业不仅可以为传统企业解决人才问题，更能帮助传统企业快速建立网络销售渠道，树立企业在网上的品牌形象，降低运营风险和成本，满足企业初期对拓展电子商务战略的需求，这是近年来电子商务代运营市场快速发展的主要原因。

（二）概念界定

目前对于电子商务代运营的概念并没有明确的界定，电子商务服务、电子商务外包、电子商务代运营等概念往往混为一谈。

从业务流程上看，电子商务涉及如下几个环节：建立网站展示商品和服务；通过搜索引擎或其他广告平台进行网站的推广、提升网站的流量；通过在线客服等方式实现网站流量的转化，将网站流量转化为销售订单；借助于网络支付手段如网上银行、第三方支付工具等方式完成资金流过程；通过自建物流或第三方物流将产品送到客户手中，完成物流过程。在整个电子商务活动环节中为企业提供包括建站、营销推广、流量转化、支付物流服务及售后服务等服务的，就是电子商务服务业。

从企业和产业层面界定，电子商务服务业是指所有提供电子商务服务的企业的集合；从服务内容上界定，电子商务服务包括技术、物流、支付、营销、代运营等各个方面的电子商务应用服务，其中以提供运营服务为主的企业被称为电子商务代运营商。

电子商务代运营是指为企业提供全托式电子商务服务的一种服务业务，提供代运营业务的运营商叫做代运营商，即帮助企业全程运营电子商务业务。各个电子商务代运营企业服务内容因定位和行业不同而差别较大，通常狭义的电子商务代运营仅指电子商务前端的店铺运营，以完成销售为主要目标，广义的电子商务代运营服务内容还包括电子商务渠道规划、建站、产品上架、营销、仓储物流、客服、财务结算等运营衍生业务。

电子商务外包是针对企业对电子商务的需求开展的一种商业服务，从广义上来讲，是指企业以合同的方式委托专业外包服务商，根据自身拓展线上业务的需求，由电商外包服务商为其提供包含电子商务平台网站建设、技术维护、物流、经营推广、客户联络和服务、售后服务等一系列电子商务的全流程或者部分环节外包服务；从狭义上看，其中的电子商务物流由于自身产业体系已经较为成熟，同第三方支付一样，一般将其视为一个独立行业，不纳入电子商务外包产业链之中①。

电子商务外包是从发包企业的角度即有电子商务需求的企业，进行概念的界定，而电子商务代运营是从接包方即提供电子商务运营服务的企业，进行概念的界定，两者具有相同的服务内容，只不过是定义视角不同，所以在实际中才会经常出现两者混用的情况。

二　电子商务代运营服务业发展现状

（一）市场规模

艾瑞咨询发布的《2010～2011 年中国电子商务第三方服务市

---

① http：//baike. baidu. com/view/1638941. htm.

场研究报告》显示，2010 年中国电子商务第三方代运营市场交易规模达到 108.9 亿元，同比增长 119.3%。艾瑞咨询预测 2013 年中国代运营行业市场规模将达到 1341.7 亿元[①]。

根据易观国际 2012 年 5 月发布的《中国电子商务代运营研究报告》，2010 年中国电子商务代运营市场交易规模达到 140 亿元，2011 年达到 290 亿元，同比增长 107.1%，预计 2012 全年交易规模将达到 640 亿元。未来几年，中国电子商务代运营市场规模将继续保持高速增长，在 2013 年将突破千亿元[②]。相关数据如表 1 和图 1 所示。

表 1　2009～2015 年中国电子商务代运营市场规模

单位：亿元

年份	艾瑞咨询	易观国际
2009	49.7	—
2010	108.9	140
2011（预测值）	245.1	290
2012（预测值）	590.3	640
2013（预测值）	1341.7	1200
2014（预测值）	2684.8	2200
2015（预测值）	—	3400

资料来源：艾瑞咨询《2010～2011 年中国电子商务第三方服务市场研究报告》；易观国际《中国电子商务代运营研究报告》。

目前我国电商代运营服务商初具数量和规模，电子商务代运营服务业作为新兴的电子商务服务外包垂直细分行业得到认可，被认为是驱动我国传统企业电子商务发展的重要力量。

---

① 艾瑞咨询：《2010～2011 年中国电子商务第三方服务市场研究报告》，2011 年 4 月。
② 易观国际：《中国电子商务代运营研究报告》，2012 年 5 月。

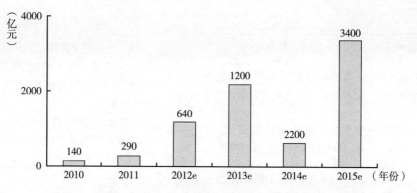

图1 2010～2015年中国代运营市场交易规模预测

注：e为预测值。

资料来源：易观国际《中国电子商务代运营研究报告》，2012年5月。

（二）中国电子商务代运营企业模式分析

目前，中国电子商务代运营市场初具规模，已经成长起一批有一定规模的服务公司，国内典型电子商务代运营企业及业务模式如表2所示。

表2 中国典型电子商务代运营企业业务及服务客户

公司名	业务范围	服务客户
上海宝尊	品牌独立官方商城及第三方平台的搭建、运营、推广、销售、仓储、物流等服务；为品牌方提供过季货品清货网络平台	耐克、宏碁、碁飞利浦、惠普、露华浓、立顿、接吻猫等
北京古星	运动品牌淘宝旗舰店的搭建、运营、推广、销售、仓储、物流等服务	李宁、Kappa、安踏等
广州易积电器	小家电淘宝商城营销服务、淘宝商城旗舰店运营托管、在线客户服务、淘宝平台数据分析、淘宝商城专卖店授权合作、淘宝CRM	美的、九阳、格兰仕、小熊等
北京兴长信达	提供电子商务渠道规划、电子商务网站建设、营销规划、数据分析、商品管理、订单处理、客户管理、仓储、物流配送服务、客户服务/呼叫中心、ERP系统集成等全程电子商务服务	诺基亚、摩托罗拉、多普达、HTC、Clarks、百分之二服饰、柏仙多格、圣玛田、苏泊尔、罗技等国内外大中型企业

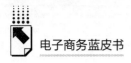

续表

公司名	业务范围	服务客户
深圳三十到五十	运动品牌的淘宝/拍拍外包服务；二、三线市场的网上商城运营及代购实体店	百丽、TCL 手机网上商城、鲁泰集团、恒安集团、五谷磨房、维多利亚的秘密等
上海四海商舟	海外电子商务营销服务、海外 SNS 服务、SEO、PPC 付费点击广告等	橡胶塑料、新能源、纺织品、建筑材料、灯光照明设备、电器设备、机械设备等80余种行业
北京五洲在线	2010 年转型后为品牌、商家提供电子商务系统、仓储、物流解决方案、协助品牌商打通电子商务销售服务链条	爱慕、天语、探路者等
上海商派	提供企业销售平台、品牌企业电商协同软件、网络分销软件、外贸商家电商平台、淘宝商家电商软件、网店系统等全流程的电子商务软件和技术解决方案	联想、施耐德、麦德龙、海尔、美的、TCL、云南白药、蒙牛、百丽、名鞋库、绿森商城、益生康健、来伊份、心蓝 T 透和芳草集等
北京瑞金麟	主要服务于在食品、服饰、快消品等领域，服务项目包括电子商务业务咨询、电子商务品牌代运营、电子商务系统软件服务等，具体包括电子商务业务规划、电子商务渠道设计、网店设计、线上业务营销策划、网店运营、整体业务仓储物流、后台系统实施	中粮集团、李锦记、金六福、雅士利、麦德龙、圣大保罗、Forever21、瑞雀服饰、猫和老鼠、鸭宝宝、古今内衣、TB2、康佳集团、中石化集团、天梭等国内外著名品牌
深圳多赢	微软必应广东代理商，淘宝商城整体托管运营服务、企业官网商城托管运营服务、多赢网 F2B 分销平台服务等	Silik（斯力克）、OK 高尔夫、空间大师、魅动 E 族
江苏蓝火翼	电子商务渠道规划、电子商务平台运营、客服管理体系搭建、IT 系统支持、物流仓储解决方案等	李宁系列商品（淘宝/拍拍等渠道店、李宁官方商城）、好孩子、红双喜体育用品、顶呱呱彩棉服饰等
上海丽人丽妆	品牌化妆品淘宝旗舰店运营，覆盖护肤、彩妆、洗护发等不同类别	相宜本草、卡尼尔、美宝莲、蜜丝佛陀、韩束、施华蔻、丝蕴、梦妆、自然堂等品牌官方旗舰店
杭州熙浪	为品牌厂商提供淘宝、拍拍、京东商城运营，品牌 B2C 商城运营，网络渠道，软件研发等电子商务外包服务的整体电子商务解决方案及服务	顾家家居、花为媒、美的、苏泊尔、康佳、超人等

资料来源：根据各公司网站资料整理。

1. 运营平台和环境

从平台和环境上看,淘宝(天猫)和 QQ 商城等为代表的第三方平台的崛起和开放有力地推动了电子商务生态系统的构建,电子商务交易平台、物流、支付、软件、代运营共同构成了电子商务服务生态圈。目前国内代运营服务市场的繁荣,很大程度上得益于阿里巴巴和淘宝等第三方平台的快速发展,这也就导致了目前中国大部分电子商务代运营业主要是围绕淘宝衍生而来,大部分中小代运营企业业务模式是为传统企业在淘宝等平台上开设旗舰店,提供店铺装修、商品拍摄、客服运营、店铺托管等代运营服务,如玛萨玛索、中粮在天猫上的品牌店是由瑞金麟代运营的。除了淘宝环境内的代运营,部分代运营企业还提供企业独立网上商城的代运营,如兴长信达为诺基亚、摩托罗拉、HTC 等建立官方 B2C 网站并代为运营。

2. 服务内容

从业务模式上看,大部分企业专注于整个电子商务业务流程中的一个或几个环节,如开店服务、客服、仓储物流、营销推广、渠道拓展、数据分析、技术支持等,比如,上海商派 Shopex 专注于电子商务信息系统环节的外包,五洲在线为服装企业提供仓储物流服务,古星以网络分销服务为主,同创未来以提供网络营销服务为主。只有少数几家企业能够提供全流程的电子商务服务如兴长信达、杭州熙浪等。

北京兴长信达科技发展有限公司成立于 2000 年,总部设在北京,是中国最早、最大的全程电子商务服务商,公司发展初期主要提供品牌企业的官网代运营业务,目前为企业提供包括电子商务渠道规划、电子商务网站建设、营销规划、数据分析、商品管理、订单处理、客户管理、仓储、物流配送服务、客户服务/呼叫中心、ERP 系统集成等全方位的电子商务服务。

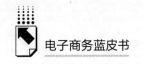

杭州熙浪成立于2009年4月，起初做B2C商城，2010年5月转型，开始为品牌商提供电子商务外包服务，目前其业务主要包括三部分，一是代理开店，即帮助传统行业的品牌商在网上开店，并负责店面装修、运营、推广、仓库物流、售后等，这是其核心业务；二是渠道业务，即将品牌商的商品放在熙浪合作的分销渠道销售；三是软件开发，即为品牌商提供技术支持，包括品牌B2C商城搭建、ERP系统、CRM系统开发等。

3. 服务行业

从行业细分上看，代运营企业服务的行业领域有所不同，各垂直细分领域已经产生了一批规模较大的代运营商，如古星专注于运动品牌，四海商舟专注于外贸领域，易积科技则对于家电公司的外包比较擅长，北京瑞金麟主要服务于食品、服饰、快消品等领域，兴长信达擅长的领域则是手机和3C领域，丽人丽妆主做化妆品。

目前电子商务代运营行业内领先的公司要么偏重行业专业化，要么偏重业务专业化，缺少像GSI一样的规模和实力都比较强的综合性代运营商。

4. 商业模式

在与传统企业合作时，代运营企业的商业模式分为经销与代销两种。

经销是用单纯服务的模式来经营企业的官方旗舰店，代运营企业投入少，风险低，卖出货品后收取佣金和交易提成，这是目前主流的代运营模式。赢利模式包括基础服务费加销售提成，其中销售提成是主要的收入来源。基础服务费主要来源于网站建设维护、电子商务系统开发等费用，提成根据产品销售情况而定，按照服务企业所处行业的特性，分成比例略有区别，一般为10%~30%。

代销是指代运营企业从品牌商处购买产品，进行全网零售和分销再卖给消费者，收益主要来自进出货差价，进出货期间的风险则全部由自己承担。经销模式虽然利润较高，但是需要代运营企业投入大量资金，有较高货品积压的风险和财务风险，要求代运营企业具备强大的资金实力和供应链管理能力。在这种情况下，传统企业对商品的控制权很小，代运营企业的服务职能也大大弱化。目前丽人丽妆公司采取线上经销模式与品牌化妆品企业合作，运作着相宜本草、卡尼尔、美宝莲、梦妆、自然堂等品牌的天猫旗舰店。

对于是采用经销模式还是代销模式，业界出现了两种不同的声音。兴长信达公司早年以经销模式为主，但是由于需要大量的资金投入，其正从经销模式转向代销模式；瑞金麟目前大部分业务是代销，为了加强对产品供应链的控制，提高利润率，其重心却正向代销模式转移。

瑞金麟成立于 2009 年 5 月，客户主要集中在传统服装、食品、快消品行业，为其在天猫、京东、1 号店等电商平台上搭建并运营零售网店，除此之外，瑞金麟还提供内训、咨询、整合营销、客服和 ERP 系统服务。采取固定服务费＋交易额提成＋增值服务的盈利模式，瑞金麟的固定服务费大约在 100 万~200 万元/年，年交易额分成 10%~15%，整合营销和咨询业务单独收费[①]。

5. 服务对象

从服务对象上看，目前代运营企业服务的客户主要有三类，其中90%以上的客户是传统品牌商，此外还包括 B2C 网站、淘宝等第三方平台上的卖家。传统企业在开展电子商务时，面临着很多障碍如技术、网络推广、客服售后、供应链管理、仓储物流等，因此在开展电子商务的初期，大部分传统企业倾向于将电子商务业务外包出去。

---

① 安士辉：《电商代运营将面临行业洗牌》，http://www.100ec.cn/detail—6058455.html，2012 年 9 月 20 日。

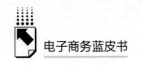

典型的店铺代运营商与客户合作的一般过程是：搭建网站、拍摄照片，让客户每天检查；进货、促销、发货，客户负责提供产品；销售后分析数据，预测之后的销售趋势；销售量开始爆发后，客户需要投入更多的资源，配更多的人员。

除了服务于传统品牌企业之外，电子商务代运营企业也为淘宝等平台上的大量中小卖家、网货品牌提供开店、店铺装修、客服、订单处理、仓储物流等服务。

（三）电子商务代运营服务业区域发展概况

电子商务代运营服务业的发展是由企业的电子商务应用需求带动的。从地域分布上看，如图2所示，目前代运营企业主要分布于北京、上海、广州、深圳、杭州等电子商务比较发达的地区。这些地区具有比较成熟的互联网基础设施，网民对电子商务接受度较高，大量知名电子商务企业聚集，同时存在着大量对电子商务有需求的传统企业。这反映了电子商务代运营业与平台电子商务企业、传统企业相互共生共存的生态关系。

2012年7月10日，由中国电子商务协会、阿里巴巴集团共同主办的"2012十佳电商服务商评选"评选活动，共有来自上海、浙江、广东、北京等地的100家优秀服务商入围。这些服务商分别来自代运营、物流、软件、营销、外贸等不同领域，从区域分布来看，东部沿海地区优势明显，上海、浙江、北京、广东和江苏占据了服务商百佳份额的前五位，分别入围25家、23家、17家、14家、8家服务商，这五个省市共占据了87%的百佳份额，如图3所示。这表明以上省市的电子商务服务业及代运营服务业发展水平在全国处于领先地位。西部地区总计只有5家企业入选，这表明西部地区电子商务应用水平和服务业发展水平还处在起步阶段。

图2 中国电子商务代运营企业地域分布

资料来源：易观国际《中国电子商务代运营研究报告》，2012年5月。

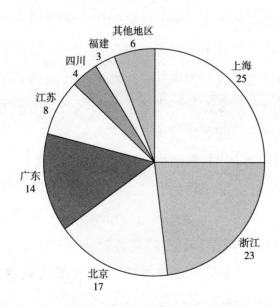

图3 "2012十佳电商服务商评选"的百佳名单地域分布

资料来源：根据"2012十佳电商服务商评选"的百佳名单整理而来。

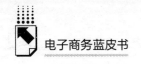
从行业分布来看，百佳服务商涵盖了数据分析、营销推广、管理软件、运营服务、品控服务、直通车托管、仓储物流、摄影设计、外贸 B2B 等范围，其中管理软件、运营服务、仓储物流行业的入围服务商都在 10 家以上。服务于淘宝和天猫网商的服务商占据了绝大多数，同时，B2B 类的服务商在 2012 年开始涌现。

（四）电子商务代运营业发展动态

尽管有很多传统企业投入大量资金开设官方网上商城，但由于缺少电子商务运营人才和经验，对电子商务和网络消费者认识不足，很多传统企业的电子商务开展得并不成功。2011 年美特斯邦威服饰因盈利难以保障，只能停止进行电子商务业务平台邦购网的运营，并将其交由上市公司控股股东，之前美邦已经在电子商务方面投入近 6000 万元。邦购网试水电子商务的失败受很多因素的影响，如缺乏电子商务人才、线上渠道和线下渠道冲突、物流无法适应电子商务的要求、技术平台等。传统企业的核心竞争力在于产品和渠道，而对于电子商务来说并非如此，美邦的例子再次印证了传统企业在开展电子商务方面的劣势。受此影响，很多企业不再选择独立运作电子商务，而选择代运营模式。

在 2012 年 11 月 11 日的电子商务促销活动中，天猫和淘宝吸引了 2.13 亿独立用户访问，当天总销售额高达 191 亿元，这相当于 2012 年"十一黄金周"上海 395 家主要零售企业 12 天的销售总额。其中共有 3 家店铺销售收入超过 1 亿元，分别是杰克·琼斯旗舰店、骆驼服饰旗舰店、全友家居旗舰店，而这些旗舰店实际是由专业电子商务服务商代运营的。此次的促销活动一方面彰显了电子商务代运营商在整个电子商务产业链中的独特价值，另一方面促使更多对电子商务持观望态度的传统企业开始加快开展电子商务的步伐，而这将进一步促进电子商务代运营服务业的繁荣。

电子商务代运营公司是传统企业涉足电子商务的重要力量，不仅得到了传统企业的认可，也受到了资本市场的青睐。2010 年，众多风险投资机构开始对电子商务代运营进行投资。2010 年阿里巴巴投资宝尊，IDG 投资四海商舟和易积科技，2011 年杭州熙浪获得千万美元风险投资，2012 年瑞金麟获得软银赛富千万美元注资，这一系列事件表明风险投资正从 B2C 企业向电子商务周边服务业延伸。

传统企业开展电子商务的需求和网商的崛起促进了电子商务服务业的高速发展。2009 年以来，在广州、杭州、上海、成都、长沙、珠海、汕头等电子商务发展较快的地区，涌现出了一大批网商创业园。地方政府、物流服务商、电子商务运营服务商、网商商盟等联合建立网商创业园区，园区通过政策支持、资金补贴、税收优惠等措施吸引网商入驻，网商们共享办公区、宽带、物流、培训等基础设施，从而形成了更广泛意义上的电子商务服务商群体。

三 电子商务代运营服务业存在的问题

电子商务代运营服务业是伴随着电子商务的发展而产生的新兴服务业，虽然我国电子商务代运营市场前景广阔，但是中国电子商务代运营服务业仍然处在发展初期，成立最早的代运营企业也仅仅只有 10 年的历史，大部分企业成立时间不超过三年，在服务能力和经验、运营渠道、与传统企业关系、市场格局等方面仍然存在着很多问题。

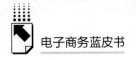

（一）服务能力和经验不足

服务能力有待提高。服务能力是传统企业选择电子商务代运营企业的主要标准之一。电子商务代运营企业的服务能力包括技术能力、运营能力、营销能力等。目前大多数服务商仅擅长淘宝营销，全网营销的经验和能力不足。除了行业中领先的前几家运营商之外，大部分代运营企业主要依赖人力提供客服等基础运营服务，缺少核心竞争力，整体上还处于"劳动密集型"阶段，技术服务能力和建站能力、数据分析能力等附加值高的服务还较弱。公开资料显示，目前天猫上共有 18 个品类共计 377 个公司规模以上的代运营商，其中具备前端、后端整体托管能力的代运营公司不到一半①。传统企业不能仅把电子商务当作产品销售渠道，更重要的是，通过互联网收集和挖掘客户数据，实现精准营销和品牌互动，这对代运营企业的数据挖掘与分析等增值服务能力提出了较高的要求。

服务经验不足。多数代运营企业成立时间不长，处在起步阶段，本身就缺少充足的网上商城运营经验和海量订单处理经验，缺乏为大企业提供运营服务的能力。服务能力和经验的缺失使得传统企业在与电子商务代运营公司合作时有所顾虑。

（二）运营渠道单一

在 2009 年 6 月发布开放平台之后，淘宝推出了合作伙伴计划，成为淘宝合作伙伴的商家又称"淘拍档"，淘拍档评选为每年一次，分为 IT 技术类、店铺运营类、市场研究/营销/咨询类、QC/

---

① 中国电子商务研究中心：《百家电商代运营公司倒闭纷纷转型求生》，http://www.100ec.cn/detail—6064136.html，2012 年 10 月 25 日。

数据类、视频类和物流仓储类。淘宝计划通过淘拍档品牌，召集为数众多的电子商务外包供应商，在 IT、渠道、服务、营销、仓储物流等电子商务生态链的各个环节，为淘宝卖家、企业提供个性化产品和服务。大多电子商务服务商都生存在淘宝生态链内，为淘宝上的品牌做代运营，承担电子商务服务中的开店、仓储、物流、客服等某一环节的服务，多渠道运营经验较少。

淘宝催生的网商服务商加快了电子商务服务业的发展，但也因淘宝几乎垄断的市场地位，一定程度上制约了这些服务商的进一步发展。

（三）发展前景不明朗

代运营企业在帮助传统企业开展电子商务时，会面临着被传统企业"抛弃"的风险。在开展电子商务的初期，传统企业由于缺乏经验和人才更倾向于选择电子商务代运营商。在代运营一定时间之后，随着经验的积累，传统企业尤其是大型企业很可能会选择自己组建团队运营来取代电子商务代运营商。代运营商希望与企业建立长期的合作关系，而传统企业希望借助于代运营商积累电子商务的运营经验，组建电子商务的运作团队，最终自己独立运作电子商务。即使是国外 GSI 等代运营商，也无法避免被所服务的品牌甩掉的风险。这不利于电子商务代运营企业的长远发展，这要求代运营企业必须能提供除店铺运营之外的其他增值服务如数据挖掘、电子商务解决方案等。

此外，随着天猫、京东、苏宁易购、1 号店开放平台生态体系的逐步完善，配套设施更加健全，有后台运营和物流配送能力的大型电子商务企业如 1 号店也开始涉足代运营业务。截至 2012 年 8 月，1 号店已经和 50 多家传统零售企业签订了网店代管协议。

对此，部分业界专家认为电子商务代运营行业的存在只是过渡性和临时性的，长远之路应该建立自己的品牌并逐渐过渡到运营自己的商品，或和品牌商建立合资公司，或被收购成为品牌商的电商部①。部分代运营企业的发展过程也证实了这一点，如杭州聚合美妆代运营公司在代理了几家化妆品大牌的天猫业务后，决定推出自有品牌。

（四）市场格局混乱

电子商务代运营服务业发展时间还很短，目前市场还处于完全竞争的状态，代运营企业的服务质量和能力参差不齐。由于电子商务代运营市场进入门槛比较低，一些不具备服务能力的中小代运营企业通过低价策略迅速抢占市场，导致代运营市场无序竞争和恶性竞争并存，影响了整个行业的良性发展，行业的利润率变得越来越低。这一方面导致行业的进入门槛在逐渐提高，另一方面也促使代运营企业明确自身的核心竞争力，提高服务能力。

四　电子商务代运营服务业发展前景

（一）市场规模将会呈现爆发式增长

根据 2012 年中国互联网信息中心发布的第 30 次统计报告，截至 2012 年 6 月底，中国网民数量达到 5.38 亿，互联网普及率为 39.9%，网络购物用户规模达到 2.10 亿，使用率达到 39.0%②。

---

① 电商之道：《推自有品牌是代运营商长远出路》，http://tech.qq.com/a/20120219/000145.htm，2012 年 2 月 19 日。
② 中国互联网信息中心：《中国互联网发展状况统计报告》，2012 年 7 月。

网购市场的繁荣和高速增长的交易量使得传统企业对线上市场的重视程度日益提高，电子商务成为拉动内需和促进传统企业转型的重要驱动力。

2011～2012 年，工信部和商务部相继颁布了进一步推动电子商务发展的相关政策，这将加速大批传统企业"触网"的步伐。2011 年 11 月商务部发布的《"十二五"电子商务发展指导意见》中指出，到 2015 年，我国规模以上企业应用电子商务比率将达 80% 以上；应用电子商务完成进出口贸易额占我国当年进出口贸易总额的 10% 以上；网络零售额相当于社会消费品零售总额的 9% 以上。目前开展电子商务传统企业比例仍然较低，越来越多的企业开始认识到电子商务对未来发展的战略意义，传统企业发展电子商务还有非常大的市场空间，电子商务将在我国的经济转型中继续扮演重要的角色。传统企业开展电子商务的需求为电子商务代运营服务业的高速发展提供了良好的契机。

尽管目前中国电子商务代运营市场依然处在发展初期，与美国等发达国家的代运营业相比还有很大的差距，但从政府的支持、网购市场的繁荣、传统企业发展电子商务的趋势、风险投资的进入等各方面综合判断，未来几年电子商务代运营服务业将会呈现爆发式增长，市场规模也将会从目前的百亿元数量级向千亿元数量级跨越。

（二）运营平台趋于多元化

淘宝占据了中国网购市场一半以上的市场份额，由于平台的聚合效应，目前大多电子商务代运营都生存在淘宝生态链内，基于传统企业的品牌优势和渠道优势，为传统品牌商在淘宝上开设运营网店。

从目前电子商务的发展趋势看，越来越多的企业开始自建 B2C

商城；京东、当当、1 号店、亚马逊等也逐渐向平台演变，允许第三方企业入驻开店；阿里巴巴、慧聪等 B2B 平台对企业的价值逐渐显现，因此电子商务代运营服务也开始从单一淘宝平台向企业官网、综合 B2C 平台、B2B 平台等多渠道拓展。目前很多代运营企业也开始提供淘宝之外的各种渠道的规划与运营服务，运营平台趋于多元化，多渠道整合运营将会是未来电子商务代运营的发展方向。

运营渠道的多元化有利于整个运营服务市场的发展。开展电子商务的企业拥有更多的网络营销渠道选择，电子商务代运营服务商也不用再局限于淘宝单一的环境内，为出现真正意义上独立的大运营服务商提供成熟的市场环境。

（三）代运营市场进一步细分，专业化分工是未来趋势

但是随着传统企业尤其是数量众多的中小企业开展电子商务步伐的加快，电子商务的产业链将不断完善，中国电子商务代运营企业的服务能力将不断提升，代运营市场将会进一步细分，专业化分工是未来发展趋势。

随着进入门槛的不断提高，电子商务代运营市场将步入行业转型升级期。一方面，排名靠前的电子商务代运营企业市场规模继续稳步增长，业务范围可能像 GSI 一样延伸到电子商务产业链前端，未来将会出现少数几家规模都非常大的全包式和全流程代运营企业。

另一方面，专业化分工是未来趋势，大部分代运营企业将会在电子商务业务流程中的某一环节或者某一行业提供专业的服务，在代运营的细分市场发展壮大成分包商。例如，五洲在线一度同样提供全包服务，但在 2010 年 2 月收缩业务范围，转型成为仓储物流外包商；广州易积科技最初涉足过母婴、化妆品、手机、服装等多

个行业，但目前主要专注于小家电行业。未来电子商务代运营企业将会朝着行业专业化或者业务专业化的垂直方向发展，在某一方面强化自己的核心能力，这样才能在激烈的市场竞争中生存下去。

参考文献

［1］艾瑞咨询：《2010～2011年中国电子商务第三方服务市场研究报告》，2011年4月。

［2］易观国际：《中国电子商务代运营研究报告》，2012年5月。

［3］鼎韬咨询：《中国电子商务外包产业白皮书》，2011年8月31日。

［4］中国互联网信息中心：《中国互联网发展状况统计报告》，2012年7月。

［5］沈云芳：《电商代运营成资本新出口3年内难现上市公司》，《中国高新技术产业导报》2012年10月15日。

［6］《1号店代管传统企业网店代运营成电商发展新途径》，《IT时代周刊》2012年9月5日。

［7］所志国：《市场代运营成为2011年中小电商的必然选择》，《信息与电脑》2011年第4期。

［8］黄灿、鲍婕：《电商代运营商发展方向探析》，《知识经济》2012年第16期。

［9］安士辉：《电商代运营将面临行业洗牌》，http：//www.100ec.cn/detail—6058455.html，2012年9月20日。

［10］中国电子商务研究中心：《百家电商代运营公司倒闭纷纷转型求生》，http：//www.100ec.cn/detail—6064136.html，2012年10月25日。

［11］电商之道：《推自有品牌是代运营商长远出路》，http：//tech.qq.com/a/20120219/000145.htm，2012年2月19日。

［12］龚文祥：《中国的主流电子商务代运营商现状与分析》，中国营销传播网，2011年2月18日。

B.4
中国电子商务物流服务业发展状况

孙开钊*

摘 要：

物流是电商企业接触客户的唯一实体通道，电商物流的质量直接决定了客户满意度。虽然电子商务产业的高速发展带动了传统快递物流行业的快速成长，但物流的发展仍处于初级阶段，不能满足电商企业的发展，因此电商物流成为当前竞争的焦点。本文在阐述电商物流服务业的内涵与特点的基础上，概括了当前电商物流服务业的发展环境，并对当前的最新发展动态和未来的发展趋势做了描述。

关键词：

物流 电商物流 自建物流 自提物流

近几年，电商的高速发展带动了传统快递物流行业的快速成长。相关数据显示，90%以上的电商在产品配送上都选择与第三方物流公司合作。虽然如此，国内的物流服务相比国外仍处于发展初期，无论是交通运输基础设施建设还是物流管理系统都落后于国外，并且在客户变化的响应上表现迟缓。另外，物流公司的配送服务能力表现在人力、仓储、车辆等硬件设施的投入上，而国内物流

---

* 孙开钊，中国社会科学院财经战略研究院助理研究员，E-mail：sunkaizhao@163.com。

企业多数属于小而散的发展局面，所以实际物流的增长速度必定跟不上电商的增长速度。

物流是电商真正接触客户的唯一实体通道，如果把这唯一通道做好，就有效提升了用户的口碑。电商需要借助物流来提高服务质量，以便拉升服务顾客的门槛。客观来讲，现在电商的门槛相当低，无论是产品还是营销策略都可以彼此复制。通过物流水平的提升，电商的门槛将来会越来越高。所以，电商的竞争最终要从价格竞争转向服务竞争，物流将是服务竞争的主角。

一 电子商务物流服务业的内涵与特点

（一）电子商务物流

电子商务物流[①]是指直接服务于电子商务企业，在承诺的时限内能够快速完成从而实现电子商务交易过程所涉及的物流。电子商务物流不是简单的电子商务和物流之和，它集"商流、物流、资金流、信息流"为一体，融合了先进的物流技术和管理方法，丰富了传统物流的内涵。

电子商务的高速发展使物流的功能大大扩展，比如无疆域化、COD（代收货款）、物流全程跟踪的普及、最后一公里的创新等。电子商务物流代表了现代物流发展的最新方向，势必要走向全球

---

① 关于电子商务物流，有较多的定义。有作者认为电子商务物流又称网上物流，就是通过互联网技术，帮助物流供需双方实现高效交易，以互联网的形式提供物流相关信息，包括货运信息、空运信息、陆运信息、海运信息以及物流行业资讯和物流知识、法律法规等，提供物流行业企业库存信息，供货源方查找，货源方也可通过物流网发布货源信息，供物流企业合作之用。也有作者认为电商物流就是电子商务环境下的物流。这些只是电商物流功能的一小部分，对电商物流的定义和内涵概述不完整。

化、信息化和现代化。

此外，电子商务物流与电子物流有明显的区别，电子物流主要是指利用先进的信息技术、IT 技术和现代通信技术对物流进行改革和创新，从而提高物流的效率和效益。

（二）电子商务物流服务业

电子商务物流服务业是指在实现电子商务物流过程中的相关服务行业，为电子商务企业提供一整套物流方案。它既包含了传统的以快递为主的物流业，也包含了第四方物流、供应链、第三方收货公司等创新企业，其目的都是保证商品能够快速、保质、保量地送到客户手中。

在我国，电子商务物流服务业主要以第三方快递类企业为主。当前，70%以上的网络零售需要由快递来完成，网络快递已经占到全部快递业务量的一半以上。此外，电子商务自建物流企业占的比重也越来越大。据统计，京东商城日均单量达 80 万单，80%的商品为自建物流体系配送①。

电子商务物流服务业是围绕居民消费的物流活动，是城市物流②的重要组成部分。因此，电子商务物流依赖于城市物流环境的改善，尤其是"最后一公里"的问题。电子商务物流服务业的发展，对扩大内需和促进消费有重要的意义。

（三）电子商务物流服务业的特点

随着电子商务的高速发展和消费者需求层次的不断提高，电子

---

① 数据来自《2012 年度中国网络零售市场数据监测报告》。
② 一般认为城市物流包含三个部分。第一部分是电子商务物流，第二部分是零售业的物流，第三部分是各类批发市场、农贸中心的物流。其目的都是服务于居民生活消费。

商务环境下对物流的要求也越来越高，再加上服务时间、地点和消费者需求的多样性，使得电子商务物流有别于传统物流，具有鲜明的特点。

1. 服务于生活消费

传统物流主要围绕企业产生的物流活动，定位于生产性服务业，而电子商务物流的重点在于服务于生活消费，提供上门取货和送货到门的服务，保障将消费者购买的产品送达手中。如何满足消费者的个性需求和提高购物体验，如何保障货物的安全和送货的时间是其重要的手段。

2. 服务对象高分散性

因为直接服务于消费者，只要是网络所能触及之地，任何一个地点在任何一个时间内都有可能产生任何需求，时间、地点以及需求的分散性决定了电商物流服务业需要在"最后一公里"上下功夫。

3. 注重提高服务体验

电商物流是直接与消费者接触的一个环节，其服务质量决定了整个电子商务供应链的质量。顾客需求层次的不断提高意味着电商物流服务也必须不断提高服务水平，包括提供验货服务、试用服务、货到付款服务以及 POS 机服务等。比如产品在送达客户手中时，以凡客诚品为代表的电商企业允许顾客进行试穿，如果产品不合适的话，可当场退货，这一做法进一步提高了客户体验度。

4. 服务的快速响应和柔性化

顾客在网上购买商品后，物流的时间直接影响着顾客对该商品的满意程度。再加上需求的不确定性，这就要求电商物流服务企业必须具有快速响应的能力，能在第一时间将产品送达客户手中。绝大部分电商物流企业都规定了不同区域的送货时间。

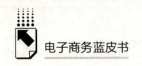

此外，电子商务企业的商品种类繁多，数量庞大，"长尾效应"[①] 明显，不同的商品对物流又有不同的要求，这就决定了电商物流企业要拥有提供"多品种、小批量、多批次、短周期"的服务能力，尽量提高服务柔性，以较低的成本满足不同种类的需求。

5. 提供增值性服务

电商物流除了提供运输、仓储、配送等传统的物流服务外，更多地体现在提供增值性服务上，如为高附加值的商品提供流通加工服务，为企业提供代收货款服务、物流咨询服务以及顾客信息的统计和反馈等，还可以按客户的要求提供个性化的服务。

6. 正向和逆向物流一体化

网购市场高速增长的背后也伴随着大量的退换货业务，提供便捷的逆向物流服务也成为提高客户满意度的一个重要手段。因此，逆向物流服务也成为电子商务物流服务的一项不可缺少的服务。当当网的公告称当当网将免费上门退换货的城市扩增至 578 个涉及 25 个省。

二 我国电子商务物流服务业的发展环境

（一）电子商务物流服务业的政策环境进一步完善

近几年，国家虽没有出台专门针对电子商务物流服务业的政策，但国务院、发改委、商务部、国家邮政局、交通运输部等部门却密集出台了一系列与之相关的政策。

2011 年 6 月，国务院研究部署促进物流业健康发展的工作，

---

① 长尾效应是指电子商务业务的"C 类"商品虽然品种很多，但是销量不高，在客户订单中出现的频率很低。

推出了推动物流业发展的八项配套措施，决定从税收、土地政策、降低过路过桥费、加大物流业投入、解决城市中转配送难、促进农产品物流业发展等八方面着手，提高流通效率，降低整个物流业成本。这是继 2009 年 3 月国务院颁布实施我国首个物流业专项规划——《物流业调整和振兴规划》（以下简称《规划》）之后的又一重大政策，为我国物流业的发展注入了新的活力。在两年内，我国物流业先后迎来两轮大规模政府扶持，说明这一行业在国民经济中的地位日渐增强，国家对其日益重视，也表明我国物流业进入了重要的发展机遇期。我国经济正处在调结构、上水平的关键时期，以物流服务业促进国民经济平稳快速发展是明智之举①。

2012 年 8 月，国务院发布《关于深化流通体制改革加快流通产业发展的意见》，提出大力发展第三方物流，基本建立起统一开放、竞争有序、安全高效、城乡一体的现代流通体系，流通产业现代化水平大幅提升，对国民经济社会发展的贡献进一步增强。此外，《国内贸易发展"十二五"规划》和《服务业发展"十二五"规划》，都对物流业发展提出了新的要求。

2011 年商务部发布的《"十二五"电子商务发展指导意见》提出要结合城市商贸流通体系建设、"万村千乡市场工程"配送体系建设、乡镇综合商贸服务中心建设，鼓励整合利用现有物流配送资源，建设物流信息协同服务平台和共同配送中心，完善电子商务物流服务体系。

2013 年 1 月，交通运输部公布了修订后的《快递市场管理办法》（交通运输部令 2013 年第 1 号）（以下简称《办法》）。《办法》自 2013 年 3 月 1 日起施行。进一步完善相关规章，有助于提

---

① 孙开钊：《解读物流"国八条"：推动物流业健康发展》，《经济研究参考》2011 年第 54 期。

升快递服务水平，更好地促进快递行业健康发展。《办法》补充了管理主体，明确省级以下邮政管理机构对快递市场实施监督管理的职责；规定经营快递业务的企业不得超越许可的业务范围和地域范围开展经营活动；对开展快递加盟的双方资质、权利义务关系等内容进行了具体规范。同时，《办法》还明确禁止野蛮分拣、随意处理无着快件等行为，并规定了相应的法律责任。

此外，国家邮政局 2009 年发布的《新邮政法》，2011 年发布的《快递服务国家标准》《邮政业发展"十二五"规划》，与商务部联合发布的《关于促进快递服务与网络零售协同发展的指导意见》等相关政策法规都对以快递邮政业为代表的电子商务物流服务提出了相应的标准和要求，规范了市场，促进了行业的健康发展。

（二）我国物流业实现稳中渐升，为电商物流服务业提供良好基础

2012 年，随着我国国民经济出现回升势头，物流业实现稳中渐升。据初步测算，预计全年社会物流总额 177 万亿元，同比增长 9.8%，增幅较 2011 年同期回落 2.5 个百分点。全国物流业增加值为 3.5 万亿元左右，同比增长 9.1%。物流业增加值占 GDP 的比重为 6.8%，占服务业增加值的比重为 15.3%。全国社会物流总费用约为 9.4 万亿元，同比增长 11.4%，增幅比 2011 年同期回落 7 个百分点。社会物流总费用与 GDP 的比率约为 18%，同比提高 0.2 个百分点，经济运行中的物流成本依然较高。① 从 2005~2012 年的统计数据看（见图 1），我国物流业在 2009 年增幅下降后，企稳回升，社会物流总额增加适度，经受了严峻挑战和考验，实现了平稳

---

① 数据来自中国物流与采购联合会统计资料。

适度增长，对国民经济发展和发展方式的转变发挥了重要作用。但也必须清醒地看到，2011～2012年增幅有所回落，随着行业运行增速趋缓，长期掩盖在高速增长下的一系列问题将日益突出。

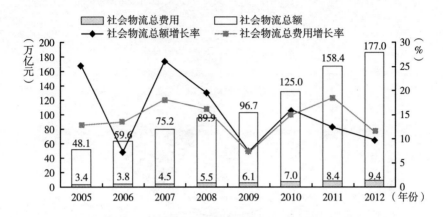

**图1　2005～2012年，我国社会物流总额、社会物流
总费用及其增长率变化**

资料来源：笔者根据国家发改委、中国物流与采购联合会发布的历年统计数据整理所得。

（三）我国快递业的迅猛发展成为电商物流服务业的中坚力量

2012年，全国规模以上快递服务企业业务量完成56.9亿件，同比增长54.8%；业务收入完成1055.3亿元，同比增长39.2%。其中，同城业务收入完成110.2亿元，同比增长67.3%；异地业务收入完成635.5亿元，同比增长42.5%；国际及港澳台业务收入完成205.6亿元，同比增长11.3%。

2012年，同城、异地、国际及港澳台快递业务收入分别占全部快递收入的10.4%、60.2%和19.5%；业务量分别占全部快递业务量的23.1%、73.7%和3.2%。与2011年同期相比，同城快递业务收入的比重上升1.7个百分点，异地快递业务收入的比重上升了1.4个百分点，国际及港澳台业务收入的比重下降了4.9个百分点①。从图2、图3当中可以看出国际及港澳台快递业务仅占3.2%，

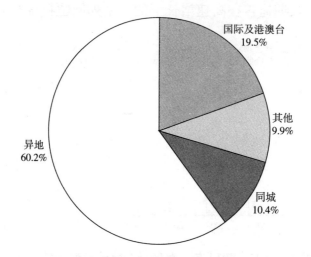

图2 2012年我国快递业务收入结构

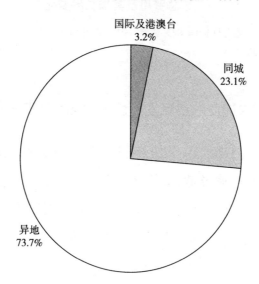

图3 2012年我国快递业务量结构

资料来源：笔者根据国家邮政局官方统计数据整理所得。

---

① 以上数据来自国家邮政局统计数据。

却占据了将近20%的业务收入，说明国际业务尚有较大的利润空间。据统计，我国国际快递的80%都被外资快递企业垄断，国内快递企业需要加紧步伐，开拓国际及港澳台市场。

2012 年，东、中、西部地区快递业务收入的比重分别为82.3%、9.3% 和 8.4%，业务量比重分别为 81.9%、10.5% 和7.6%。与 2011 年同期相比，东部地区快递业务收入比重上升了1.2 个百分点，快递业务量比重上升了 2 个百分点；中部地区快递业务收入比重下降了 0.6 个百分点，快递业务量比重下降了 0.7 个百分点；西部地区快递业务收入比重下降了 0.6 个百分点，快递业务量比重下降了 1.3 个百分点①。从图 4 和图 5 的统计数据中可以看出，中部地区和西部地区的业务量远远低于东部的业务量，收入也

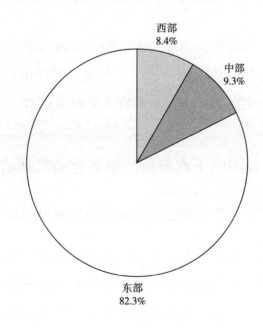

图4　2012 年东、中、西部快递业务收入结构

① 数据来自国家邮政局统计数据。

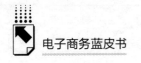

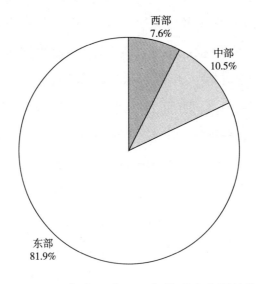

图5　2012年东、中、西部快递业务量结构

资料来源：笔者根据国家邮政局官方统计数据整理所得。

是如此。但是，随着我国南部和东部制造业向内地转移以及国家经济战略中建设中原经济区的举措，中部地区的经济将会慢慢崛起，快递的业务量也会随之增多，有非常大的发展潜力。

三　我国电子商务物流服务业的最新动态

（一）电子商务企业与物流企业跨界发展回归理性

近几年，电商企业和物流企业越来越呈现出跨界化发展。一方面，物流成本高、效率不佳等问题制约着电子商务的发展，使得一部分具有规模优势的电子商务企业加大对自身物流的投资和建设，提升服务敏捷性，提高客户的满意度。如淘宝的大物流计划、1号店自营物流、阿里巴巴多方合作联手建立智能物流骨干网络，京东大力建设自营物流，而且已取得物流牌照；另一方面，随着物流行业竞争的加剧和电商企业的迅猛发展，一部分物流企业试水电子商务，取得供应链的控制权，如宅急送的商品代销平台"E 购宅急送"，申通快递创办的"久久票务网"，圆通推出的农产品销售网站"新农网"，顺丰快递推出的"顺丰优选"等。

电商和物流的跨界发展使得两者从分工合作、相互依存的关系转变为相互渗透竞争的关系，再加上整个经济大环境的变化，就这种跨界发展来看，越来越回归理性。短期之内，电商企业和物流企业跨界发展出现的问题较难消解。

电商企业发展自营物流在一定程度上能够提升服务水平，提高客户忠诚度，但发展自营物流需要大量的前期投入，而且只有达到一定的规模才能实现效益，这是大多数电商企业所不具备的。另外，发展自营物流也仅仅是为自己服务，物流效率往往很低，自建物流不但推高成本，而且短期内很难赢利，凡客诚品的如风达快递2012 年裁员事件就说明了这一点。再加上近几年物流企业的快速发展和整个物流环境的提升，是否发展自营物流成为电商企业需要深思熟虑的一个问题。

物流企业发展电子商务是为了掌握供应链的上游，获取部分利润，分担物流行业的竞争压力。但是电商行业同物流行业一样利润率很低，竞争激烈，而且快递企业的电商运营缺乏大规模的推广和相应专业技术含量，流量和客单量有限。大部分物流企业涉足电商仅仅是单一方面，如上面提到的申通的票务平台、圆通的农产品平台等，而且尚未具备一定的口碑，没有达到一定的规模。其中，顺丰快递的"顺丰优选"定位高端食品，其 SKU 达到 5000~6000 个，其中进口食品占 80% 以上。但据内部了解，顺丰优选的客户流量并不理想，其库存周转也出现了较大问题。

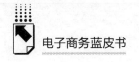
（二）电商自建物流优势凸显

电子商务物流直接面对消费者，是电商服务于消费者的最终端，因此服务质量的好坏、配送速度的快慢、快递人员的态度等因素都直接影响着消费者的体验，也影响着电商企业的口碑。在各大电商同质化发展、价格战频繁发生的今天，配送时效成为网购体验中的重要环节，因此，掌握了电商物流就相当于控制了整条供应链。此外，网购的爆炸性增长使电商尤其是综合类电商企业面临海量的订单，再加上我国电商物流的发展尚不能满足这种需求，使得越来越多的电商企业纷纷投资加强物流软硬件建设，物流中心建设成为电商企业竞争的最新领域。

综合类电商自建物流的优势已经越来越显现，尤其是在节假日网购高峰期间，可以保证商品的准时到达。如在2013年春节期间，一部分快递公司不收件，众多网店也只能贴出"只接单，不发货"的通知，甚至一部分快递公司提高了相关服务价格。而众多拥有自建物流体系的电商企业却打出"春节期间不打烊"的口号。如京东商城对外称，春节期间，在北京、天津、上海等12个城市自营配送覆盖区域的订单正常运营。不过，由于合作的第三方快递公司在春节期间放假等原因，在这12个城市中，收货地址超出京东自营配送范围的，京东将为用户提供在线支付方式和邮政配送方式。此外，电商自建物流除了能够提高客户满意度，提高物流服务时效性，取得供应链控制权外，还能够提升资金的回流速度，缩短电商企业的资金流转周期，提升企业资金的利用率。

虽然有实力的电商企业均已自建物流体系，但由于主要覆盖一线城市，领域较小，一时并不能解决根本问题，尤其是各自为战，很难形成合力。对于边远地区和二、三线城市而言，由于建网成本过高，电商们仍要依靠第三方快递企业，依然面临配送难题，电商自建物流体系尚有一段路要走。

（三）电商企业竞相角逐"物流战"

随着电商企业的高速发展，"价格战"已经趋于理性，竞争越来越多地转移到关系到用户体验的物流配送上。越来越多地电商企业认识到商品配送服务成为吸引顾客的关键因素。有实力的电商企业纷纷推出快速配送的服务和承诺，如京东的"211限时达"，当当网"当日订当日达服务"和"当日订次日达服务"，易迅的"闪电送"，1号店的"一日三送"和"半日达"，苏宁易购的"半日达"和"次日达"等。除了提高物流配送敏捷性，缩短时间之外还体现在退换货的便利和快捷上，不少电商企业推出退换货上门服务等，目的都是为了提高客户体验度和忠诚度，提升服务水平。

"物流战"还表现在电商自建物流和第三方物流企业之间。越来越多的电商企业自建物流，对第三方物流企业产生了一定的冲击，京东快递牌照的获取更要开放物流配送，这使得电商物流市场的竞争越来越激烈。在未来，电商对物流业的影响将会更为明显，第三方物流企业应大力提高客户服务水平以应对崛起的电商自建物流。

（四）"自提"模式成为未来发展趋势

对于物流而言，配送的"最后一公里"是最难解决的问题，对于以生活服务为主的电商物流更是如此。一方面电商企业要提高客户服务水平，另一方面电商物流企业要降低成本，两者无法达成一致的利益分配共识，也制约着合作与创新的进程。为了解决这两者的矛盾，"自提"成为各大电商重点发展的物流配送模式。对电

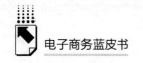

商物流企业而言，"自提"能够实现集约化送件，从而降低配送成本，配送时间更灵活。对于顾客来说，能提高用户体验，保护消费者隐私。

各大电商纷纷设立自提点，如京东先后推出校园营业厅、地铁自提点和社区自提柜服务。天猫推出的阿里小邮局项目，首批已和11家高校达成合作，在高校设服务站，提供快件收发、自提等服务。物流公司也设立自提点，如顺丰除了与便利店、物业、第三方合作外还拥有自己的便利店。

便利店因其与社区联系最密切再加上网点数量多，成为各公司开展自提业务优选合作的对象，如亚马逊中国已经与连锁便利店全家FamilyMart达成合作，在上海推出包裹自提服务。以往便利店都是被动参与自提业务，现在越来越多的便利店利用自身的物流配送系统参与到电商物流服务当中，如北京好邻居连锁便利超市不仅与电商、快递以及收货宝合作开展代收、发件业务，还与网络便利店合作，利用自身的物流系统提供配送服务。

自提点的设立除了电商企业、物流公司及便利店之外，第三方收货平台也加入进来，如2011年12月上线的收货宝。它整合贴近消费者的零散社会资源，为用户提供代签收包裹的服务。其网点众多，如便利店、洗衣店、药房、美容院、咖啡厅、宠物店等。线上主要与电商合作，通过自主开发的代收货管理系统，将线上、线下衔接起来。

此外，针对收件量比较大的单位或区域，"自提"模式显得尤为重要，这里以大学校园为例加以说明。大部分校园是不允许入内进行派件的，这使得多数物流公司不得不在校外某个地点进行等待派件，一方面等待时间较长，成本大大提高；另一方面，不同类型的物流公司扎堆某一地点，现场比较混乱而且阻碍了交通。基于此，一部分高校允许快递进入校内指定区域，还有一部分高校完成了与物流公司的衔接，如中国人民大学以"智能快递柜"为载体率先实现了校内快递派送的集中统一管理；还有一部分高校已经与物流公司形成了密切合作，如京东在校园设立自提点，西安欧亚学院联合快递企业设立校内"阿里小邮局"等。校园模式实现"摆摊"派送向"超市"式自取是未来的发展方向。

"自提"模式的出现很好地解决了当前出现的问题，但面临的最大问题是自提点的管理以及消费者观念、行为习惯的改变，消费者尚未从"等快递"向"取快递"进行转变，同时不同的"自提点"也出现了不同的问题，但不可否认未来的效果是可期的。

四　总结

电子商务企业对物流服务的要求不断提高，使得双方的合作更加稳定。尽管我国电子商务和物流业近年来的快速发展是有目共睹的，但不可否认两个行业都尚未成熟，都处于大变革和大发展的关键时期，需要共同促进，共同提高。

电商自建物流还是采用第三方物流将是未来5～10年内不断探讨的话题。一方面随着大型电商企业自建物流的发展成熟，成本摊薄，在未来会出现一个拐点，即低于第三方物流企业。另一方面，随着整个社会物流的进步和发展，第三方物流成本也将大幅下降，服务、效率等方面也会令人满意。因此，两者从竞争到融合再到第四方物流是未来的发展方向。从社会角度来看，第三方和第四方物流是社会专业化的结果，将会推动社会的发展。从电商企业来讲，企业规模小时采取外包模式，等企业规模变大时自建物流，最终企业将实现自建物流向社会开放，走向社会化服务。

　　未来几年，社会化分工会在物流领域逐步显现，将会出现越来越多的"落地配"式区域性配送企业。一方面，干线运输已经发展得非常成熟，无论是服务时间、质量还是成本都已无大的提升空间，使区域性配送企业成为未来竞争的核心。另一方面，第四方物流以及供应链的发展，使区域性配送企业纳入供应链中，成为关键一环。同时，现在大多数电商企业拥有自己的仓库甚至能完成干线运输，只需要最后的配送。因此，"落地配"企业是未来的发展方向。这些企业没有全国性的网络，只负责某个地区或区域的"最后一百米"配送。因其范围小、专业性和敏捷性，将会对大型全国性物流企业构成强有力的竞争威胁。

　　虽然物流可能不是电商企业取得成功的唯一因素，但它确实是电商供应链上的关键环节，也将是未来电商竞争的分水岭。电商企业是否自建物流不重要，如何整合社会资源，通过错位竞争促进电商和物流并行发展才是业内新的关注点。无论是电商企业，还是物流企业，都应共同应对电商物流发展中出现的问题，创新模式，加强合作，只有这样才能促进电商物流的发展。

参考文献

[1] 中国物流与采购联合会，www. chinawuliu. com. cn。

[2] 国家邮政局，www. spb. gov. cn。

[3] 《2012 年度中国网络零售市场数据监测报告》，中国电子商务研究中心发布。

[4] 孙开钊：《解读物流"国八条"推动物流业健康发展》，《经济研究参考》2011 年第 54 期。

附录

2012 年分省规模以上快递服务企业业务量和业务收入情况

地 区	快递业务量累计（万件）	同比增长（%）	快递收入累计（万元）	同比增长（%）
北 京	48073.7	42.8	762737.0	21.9
天 津	6364.0	24.0	144376.7	13.6
河 北	12469.1	44.0	214740.6	32.3
山 西	2805.3	33.7	54284.2	17.0
内蒙古	2440.0	22.3	58718.6	29.5
辽 宁	7757.4	24.9	179310.6	18.5
吉 林	3854.4	45.6	80722.5	27.9
黑龙江	3623.5	18.2	81909.5	14.6
上 海	59905.3	46.4	1828629.3	50.1
江 苏	63870.5	65.9	1034124.0	45.9
浙 江	81986.8	65.1	1197342.6	41.7
安 徽	9731.4	46.8	145715.8	30.1
福 建	25593.8	62.4	420985.5	33.0
江 西	5472.6	47.3	84144.3	26.3
山 东	24731.8	34.1	419168.3	24.9
河 南	12503.4	49.2	192209.6	36.8
湖 北	11629.8	40.4	183033.8	33.0
湖 南	10022.7	58.0	164752.9	43.3
广 东	133770.5	76.7	2456278.2	50.5
广 西	4395.1	25.7	87490.9	20.5
海 南	1123.6	17.8	23230.1	15.2
重 庆	5497.9	35.1	103426.5	34.6
四 川	12814.4	25.5	225753.7	26.9
贵 州	1801.0	17.4	40386.8	10.4
云 南	3774.4	24.1	85357.5	21.2
西 藏	320.1	12.6	12989.2	10.6
陕 西	5085.0	29.0	101893.6	21.7
甘 肃	1470.3	29.5	35255.3	27.1
青 海	286.7	17.3	9844.1	13.0
宁 夏	2967.8	337.1	52709.0	249.7
新 疆	2406.0	25.3	71803.8	24.4

B.5
中国电子商务信用服务市场发展研究

田 侃*

摘 要:

在电子商务交易活动中，由于互联网本身的开放性和虚拟性，加之电子商务的特殊性，使得电子商务交易活动面临着诸多不确定性和风险，信用缺失问题已经成为制约电子商务发展的主要瓶颈。由此，发展电子商务信用服务业，完善电子商务信用服务市场，既能减少交易中的信息不对称，又能降低交易的风险和成本，极大地推动了电子商务的健康发展。本文分析了电子商务信用服务业快速发展的现状及其存在的主要问题，提出了有针对性的建议，无论对行业自身发展还是对我国电子商务市场的完善都具有重要的意义。

关键词:

电子商务　信用服务　风险管理　信用环境

中国消费者协会发布的《2012 年全国消协组织受理投诉情况分析》显示，2012 年"互联网服务"投诉量从 2011 年的 20654 件上升为 21037 件，增幅为 1.85%；从投诉总量来看，次于"生活、社会服务""销售服务""电信服务"，位列"服务大类"投诉量

---

* 田侃，中国社会科学院财经战略研究院副研究员，经济学博士，信用研究中心副主任兼秘书长，主要研究方向为信用理论与信用风险管理、金融理论与政策、现代服务业理论与政策等。

排名第 4 位。近年来，伴随着电子商务交易活动的快速发展，以
B2B、B2C 为核心的网络购物模式对当代人的消费观念的冲击越来
越大，电子商务这一新型商务活动模式已经深入我们生活的方方面
面，但信用体系的不健全已经严重制约了电子商务的健康发展。因
此，发展电子商务信用服务业，探讨相关理论、技术和政策，不断
完善电子商务信用服务市场，对推动电子商务信用体系的建设具有
重大现实意义。

一　电子商务信用服务体系及其特征

（一）电子商务信用体系的概念

电子商务信用主要指电子商务交易中由买方、卖方和电商平台
提供方、第三方物流、工商、税务、银行、公安及其他构成的多方
之间互动的信用关系，每个参与者都承担着相关的信用责任。电子
商务信用体系主要指用于收集、处理、查证电子商务参与者的信用
状况，以及由国家、地方或行业管理部门建立的监督、管理与保障
有关成员信用活动而发展的一系列机制与行为规范等。从信用主体
上划分，可分为政府信用、企业信用和个人信用。从内容上划分，
可分为公平授信制度、信用风险防范制度、信用评估制度、信用调
查制度、信息披露制度和失信惩戒制度等。

（二）电子商务信用体系的特征

电子商务信用体系是随着电子商务的崛起而逐步从传统信用体
系中演进而来的，它源于传统信用体系，传统信用体系的基本模式
和原则大都仍然适用，但又因其所处的虚拟环境而具有自身特点，

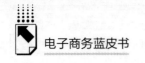

主要包括以下两点。

1. 全球性特点

电子商务构建了一个虚拟的全球性市场，具有跨越任何国界、任何地域的，全球化的天然特性。它以其特有的方式打破了以往企业、个人的时空界限，它的优势不仅在于它的方便快捷，更在于它能使交易双方打破时空的限制，与任何国家或地区的客户进行交易。因此，电子商务活动具有明显的全球性特征。

根据电子商务的全球性特征，构建和发展电子商务信用体系必须跨越时空的限制，顺应全球化发展趋势，为电子商务市场中所有符合条件的活动主体按照需求提供信用服务。这就要求，首先在国内保持信用机构的管理模式和业务活动机制的统一，打破条块分割和部门垄断，实现信用信息资源共享，保证信用信息快速、高效地流动；其次，加强与国际信用行业的规范接轨，结合我国实际，借鉴国际信用评级机构的经验，探讨制定全球范围的电子商务信用评级标准和再评级标准，增大我国电子商务信用全球性的国际话语权。

2. 网络技术特点

电子商务是在互联网这个电子平台上从事的各种商务活动，随之而生的电子商务中的信用服务活动也必然在信息技术构筑的互联网这个电子平台上进行。它与一般的信用服务的差异主要表现在电子商务环境下，对企业或个人信用信息的收集、查询、使用和认证将更多地通过互联网方式来实现，相关的信用信息主要以电子数据为载体。比如，电子商务认证中心提供的数字证书、数字签名和数字时间戳等电商信用供给都是为保证电子商务活动顺利进行而提供的信用产品。网络及其技术手段在保障电子商务信用服务的安全性、稳定性方面起着重要的作用。这就要求电子商务信用服务必须遵守网络技术上的规范和要求，如果当事人不遵守网络协议的技术标准或电子认证的技术规范，将不允许其在电子商务活动中进行信用信息的收集、查询、保存和使用。由此，电子商务信用体系要充分借助网络高科技手段，不断加强网上安全认证技术的开发，建立基于统一格式和智能化的数据系统。

二　我国电子商务信用服务业的发展现状

（一）社会认知度不断提升

近年来，在商务部等部委及地方政府的积极推动下，相关电子商务信用服务机构通过自身的努力，开展了诸如举办电子商务信用服务研讨会、电子商务信用服务产品推介、电子商务信用评级标准的制定、信用评级结果的宣传及电子商务诚信联盟开展的其他系列活动等，在电子商务活动中形成了较强的信用氛围，信用观念、信用意识、规制意识得到大幅度增强，电子商务信用服务的社会认知度得到不断提升。主要表现为相当多的电子商务企业主动争取信用服务中介机构为其进行信用评级、信用认证、电子认证等。例如，国富泰公司在电子商务信用建设中探索并创新的商务信用服务模式已经得到了市场认可，该公司已成为电子商务领域最有影响力的信用服务机构。其提供的"BCP 信用认证"已在诸多行业中得到了广泛的应用，主流电子商务网站基本都加入了"BCP 信用认证"服务，包括"京美团网""赶集网"等主流团购网站均已完成"BCP 信用认证"。

（二）多层次的电子商务信用服务体系初步形成

从服务供给来看，电子商务信用服务机构已逐渐从提供信用评分、信用评价、信用认证等初级信用服务产品，向提供多层次、分类别、多样化的信用服务产品转变，电子商务信用服务业的产业化进程不断加快，发展规模日益扩大。目前，我国电子商务信用服务业的市场竞争主体已经基本形成了官办机构、民营企业、中外合资企业共同发展的格局。日益发展成熟的官办电子商务信用服务机构主要有中国信用认证平台、中国商务信用平台、中国电子商务协会数字服务中心、中国互联网信用评价中心、"信星计划"等。此外，一批日渐壮大的民营和中外合资企业也蓬勃发展，如北京至诚互联网信用管理有限公司、鹏元征信有限公司、深圳一达通企业服务有限公司等。现阶段，我国多层次的电子商务信用服务体系初步形成。

（三）服务领域和服务内容逐步呈现多元化趋势

电子商务信用服务业的业务主要包括交易双方的信用评价，第三方信用服务机构的信用评级报告或评估等级，代收款信用担保服务，诚信保障基金，电子商务认证中心提供的数字证书、数字签名和数字时间戳等六个方面。虽然我国电子商务信用服务产品还存在服务内容比较单一、标准不统一、企业缺乏品牌战略意识等问题，不能满足日益发展的电子商务对于信用服务产品多样性、差异性的要求。但是，近年来我国电子商务信用服务机构的服务功能不断增强，服务领域和服务内容逐步呈现多元化趋势。除了提供传统的代收款信用担保服务、信用评级、信用评价、数字证书、数字签名、诚信保障基金、信用查询、资金监管等信用产品外，已经开始涉足实地认证、商品溯源、电子凭证托管、可信物流、手机移动订单等特色增值服务。

案例：阿里巴巴推出实名认证、实地认证和数据认证服务

2011 年 9 月中旬，阿里巴巴推出中国站用户身份实名认证，即验证用户主体的真实身份。继实名认证之后，12 月 21 日阿里巴巴联手中国邮政和第三方认证机构中国诚信信用管理有限公司实现战略性合作，推出实地认证服务。实地认证服务中，由中国邮政全国各地网点的工作人员到提出申请认证的公司收取营业执照、企业认证联系人身份证、税务、工商登记证、产品相关证书等材料，并对企业经营场所、生产车间、机器设备、仓库产品等信息进行拍摄取证，最后由中国诚信信用管理有限公司认证。2012 年 8 月，阿里巴巴国际站与旗下的深圳一达通公司正式推出数据认证服务，企业会员经海关、税务验证的数据将自动生成。通过第三方服务平台的客观数据，可为平台上的海外买家提供更多有效信息，提升国内企业的接单能力。

（四）综合型服务机构大量涌现

随着电子商务规模的快速增长，从事电子商务信用服务的机构也不断增加。当前，全国从事支付服务的第三方支付机构有 437 家，按照央行《非金融机构支付服务管理办法》规定，已取得第三方支付牌照的有 197 家；在工业和信息化部备案的电子认证服务机构有 32 家；从事网站信用认证的机构有 10 多家。此外，还有多家传统的信用评级机构将业务扩展至电子商务信用评估，以及一些网站内部的信用评价和评级服务等。

在电子商务信用服务机构数量扩张的同时，还涌现出一批规模大、实力强的综合性服务机构。在第三方支付领域，支付宝、财付通、银联在线、快钱和汇付天下五家机构占据市场份额的 90% 左右；在电子商务信用认证领域，以国泰富、"信星计划"、中国互联网协会信用评价中心、中国电子商务诚信评价中心（ECTRUST）、中国互联网络信息中心（CNNIC）"可信网站"认证、中国电子商务协会数字服务中心等为代表。其中，国泰富的中国商务信用平台（BCP），包括"苏宁易购"、宏图三胞、铭万网、途牛旅游网等知名电商企业在内的 72716 家企业通过了 BCP 信用认证，614705 家企业通过了 BCP 实名认证，共有 142 家全国性的商会协会参与信用评价工作，已评选出 A 级以上企业 7000 余家。而且 BCP 信用中心的数据库覆盖了我国境内注册的 90% 以上的商贸流通企业与电子商务网站，企业总数已超过 1000 万家。该数据库对企业经营实体进行有效捆绑，企业、消费者随时随地可以有效查询和跟踪。①此外，"信星计划"拥有 1400 万名企业会员，行业网站用户 400 余家。② 2011 年底上线的广东国际电子商务信用服务平台，计划总投资 2 亿元，建成后可以提供全程电子商务信用服务，从电子商务企业信用评估、网商信用认证到支付、物流、安全等各个电子商务环节。

（五）服务社会经济发展的能力不断增强

通过为行业网站、地方门户类网站用户提供行业信用系统标准服务，解决了网站中企业会员的信用问题，减少了电子商务交易活动中的信息不对称问题；通过为团购网、商城类等营利性网站提供网络产品认证服务，解决了产品真实性的问题，大大提高了网站的交易量；通过为非营利性网站提供网站预评级服务，动态展示信用透明度以及企业荣誉资质信息，使得网站的回头客越来越多；通过提供网上支付、银行卡收单、预付卡等第三方支付业务，较好地解决了长期困扰电子商务的诚信、物流、资金流等问题，保证了电子

---

① 《强化第三方信用服务机构作用 促信用体系建设》，http://www.bcpcn.com。
② 数据来源：http://www.51honest.org。

商务交易成功；通过为企业进行国别信用认证，净化了中国商务内外对接的市场与环境，树立了外商对中国制造、投资中国的信心，进而促进了中国经济健康、可持续发展。一些发达国家的实践也证明，第三方信用评价及信用监督工作能有效遏制诈骗现象的发生，资格审查可防止不法商家、网站混入市场，通过信用评价也能让消费者在交易前对交易对象的履约能力及交易风险有清晰的了解，极大地降低被骗概率。①

案例：第三方信用机构（BCP）助力商务信用体系建设②

一些发达国家的实践也证明，第三方信用评价及信用监督工作能有效遏制诈骗现象的发生；从消费者角度，也更相信与交易方没有利益往来的第三方审查评价。BCP 信用投诉中心的数据显示，经过第三方的 BCP 信用认证的网站投诉量在过去的 6 个月下降到原来的 1/3，而解决满意度率近 100%。调查显示，65% 的消费者优先选择有第三方认证监督的网站购物。网站看似被第三方机构监管，其实是对消费者的一种透明宣传。

总之，借助于电子商务信用中介机构的服务，由第三方评级机构对电商企业、网店商家进行监管，可以根据消费者反馈及时做出信用等级调整，有助于电商信用公正化、公开化及实时性、动态性，为消费者以及企业提供全面的诚信保护，确保信用评级结果的权威性、真实性，引导企业和民众对电子商务诚信的高度认同，并对相关行为规范达成共识，从而改善电子商务信用环境，营造和谐

---

① 《强化第三方信用服务机构作用 促信用体系建设》，http：//www. bcpcn. com。
② http：//gftai. bcpcn. com/articles/47/36752. html.

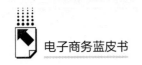
的电子商务信用的社会氛围，推动我国电子商务的健康发展，促进了经济社会领域的深刻变革。

三 我国电子商务信用服务业发展的有利条件

（一）政府政策的支持为电子商务信用服务业提供了良好的发展环境

为加快电子商务市场的信用建设，商务部于 2011 年 12 月出台了《关于"十二五"电子商务信用体系建设的指导意见》，提出力争到 2015 年，电子商务信用法规基本健全，电子商务信用环境明显改善，建成覆盖全国的电子商务信用信息基础数据库；鼓励符合条件的第三方信用服务机构、电子商务平台企业，按照独立、公正、客观的原则，开发利用合同履约等信用信息资源，对电子商务经营主体开展商务信用评估，为交易当事人提供信用服务。

为推动电子认证服务发展，工业和信息化部于 2011 年 11 月发布了《电子认证服务业"十二五"发展规划》，提出到"十二五"末期，形成覆盖全国的网络身份认证服务体系，基本形成可靠的电子签名认证体系，并在数据电文可靠性认证服务模式探索方面取得积极进展，电子认证服务市场规模突破 80 亿元。

这些政策文件的出台为电子商务信用服务业的发展提供了良好的外部环境条件。

（二）电子商务的蓬勃兴起为电子商务信用服务业提供了巨大的发展空间

根据工业和信息化部发布的《电子商务"十二五"发展规

划》，到 2015 年，电子商务交易额将突破 18 万亿元。其中，企业间电子商务交易规模超过 15 万亿元。麦肯锡预计，我国网民人数有望从现在的 4.2 亿增至 2015 年的 7.5 亿[①]。此外，当前我国的电子商务产业发展也正经历一场巨变，从阿里巴巴的香港退市，到最近在电子商务领域发生的诸多问题表明该行业正面临重新洗牌。电子商务行业开始从信息发布走向全流程的安全交易转型。所有这些，都为电子商务信用服务业的发展提供了非常好的契机，创造了巨大的发展空间。

（三）电子商务新的服务模式将引领电子商务信用服务业步入新的发展阶段

大规模、个性化的消费需求，持续升级的消费结构，以及传统电子商务领域日趋激烈的竞争，将推动电子商务模式的创新。云计算、物联网、移动互联网等新一代信息技术的发展也将催生电子商务新的技术架构和新的服务模式。这将进一步加快电子认证、在线支付、物流配送等关键商务支撑体系的发展，增强电子商务信用服务业发展的内在动力，提升电子商务信用服务业发展的广度和深度，带动电子商务信用服务产业步入新的发展阶段。

四 我国电子商务信用服务业发展存在的主要问题

（一）电子商务信用服务缺乏规划与监管

随着电子商务市场信用需求的增加，政府机构、金融监管机构、行业自律组织、民营企业、外资（合资）企业等都在一定程

---

① 麦肯锡：《解读中国数字消费者》，http：//www.aliresearch.com/？q - view - id - 72616.html。

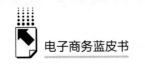

度上为电子商务信用服务市场提供供给，从业机构的数量在短时期内呈现大规模的增长。但我国缺乏指导电子商务信用服务行业健康发展的行业整体规划，而且市场监管也严重不足，监管体系远远滞后于实际需求，既缺乏明确的监管体系和机构，也缺乏统一的市场准入标准和责任追究机制。

近年来，京东、淘宝、当当、苏宁等电商平台都曾卷入恶意敲诈风波之中。如恶意订单、职业差评师、发票投诉师等网购业中的不法活动，以及网络购物评价后引发的"秽物包裹""寿衣门"到所谓的"专业改差评师""中差评生效滞后"等事件。据了解，职业差评师的作案过程为：寻找目标卖家，然后使用新注册的小号拍下商品，待货物收到后全部给予差评，由此向卖家敲诈钱财，达到目的后修改差评。职业差评师把作案对象锁定为有差评的、信用特别低或者特别高的、价格高的、不包物流快递的店家等。

这些网购业中的恶势力发起的敲诈行为不断冲击着网购行业的良性发展，极大地破坏了行业的生态环境，严重影响了正常的电商交易秩序和网络信用体系，不仅损害了消费者权益，也给网络购物市场带来了严重的负面影响，亟须监管出招整治。

正是由于政策法规、行业监管及从业标准的缺失，导致信用服务机构整体素质良莠不齐，从业机构恶性竞争，各自为战。大多数信用服务机构规模小，业务领域单一，缺乏市场竞争力。

案例：淘宝交易规则漏洞催生差评职业化①

诚信问题是电商发展初期的大忌，为解决此问题，淘宝创立了一整套堪称严苛的消费者保护制度，信用评价机制就是其中之一。

---

① 资料来源：http://finance.sina.com.cn/leadership/20120802/133512740601.shtml。

电商建立信用评价体系，本意是建立一个保障买家、卖家和电商三方面权益的手段和平台，却未曾想沦为恶意报复和获取利益的工具。2012年7月2日，淘宝网（微博）对外宣布：目前已圈定一份300多人的恶意差评师重点打击对象名单。这是淘宝网首次主动出击对早已引起公愤的"职业差评师"进行大规模打击，近来，由淘宝交易规则漏洞所催生的差评职业化，已经严重影响了淘宝的声誉。大批卖家深受其害，差评职业化已经严重影响电商的规则甚至未来的发展。

（二）电子商务信用服务产品有待进一步完善

电子商务信用服务产品标准体系的建立和完善，可以提高电子商务信用服务产品的质量和市场竞争力，有利于电子商务信用服务企业树立企业品牌和形成规范的市场竞争秩序。[1]

我国电子商务信用服务机构基本建立了相对于个人、企业和网站信用服务产品的标准体系，但仍然存在不少问题。表现在如下几个方面。

在对网站进行信用评级方面，虽然一些电子商务信用服务机构初步制定了电子商务信用产品标准，如中国国际电子商务中心制定了《电子商务信用认证规则》，该规则规定了购物网站的信用评估标准（指标）及评价结果。此外，中国电子商务协会制定了《企业信用等级评价实施办法》，该办法规定了电子商务企业的信用评级程序、评价内容、等级设置。但是，这些信用服务评估标准和规范尚不成熟，仅局限在某些领域或某些机构内部，加之

---

[1]　潘忠发：《我国电子商务信用服务产品问题的研究》，《企业家天地》2010年第10期。

国家缺乏统一规范的行业评级和服务标准，导致评级结果缺乏社会性和客观公正性。

在电子认证服务领域，由于没有制定统一的规范，没有形成标准化的机制，使得认证结果不能共享，各家认证机构彼此独立，成为彼此互不相连的"信任孤岛"。企业也面临多重认证，成本支出叠加，进而影响电子认证服务的进一步发展。

交易双方信用评价的使用范围仅限于网站内部的会员之间，由于没有统一的评价标准，使得评价带有很大的市场随意性，可信度和权威性大打折扣。同时，认证流程容易受到商业利益驱动，最近发生的"淘宝事件"就充分暴露了这一缺陷。

案例：信用认证机构有待统一[①]

记者在几家大型电子商务平台页面中看到，不少企业同时申请了"itrust"网信认证、"BCP"电子商务信用认证、"可信网站"认证等多种电子商务信用认证机构的认证证书。

某团购企业负责人颇为无奈地表示，企业本身很重视自身信用的建设，也知道消费者看重这些认证信息，总觉得这些"认证"是保障的体现。但目前国内的"信用认证"机构鱼龙混杂，数量繁多，行业内有时对此"颇为反感"。

"我的公司有时一天会接到很多电话，希望我们可以加入某某认证，并且交多少钱的保证金或者手续费。"该企业负责人认为，国家出台政策监管电子商务行业、呼吁建立信用体系是好事，但这些认证机构应该本着为消费者和企业提供服务的原则，而不是在企业身上"揩油"。

---

① 资料来源：http://ec.iresearch.cn/17/20120222/163902.shtml。

"一方面认证机构应该足够权威，另一方面我们希望它可以本着公益的定位去运作。"

（三）电子商务信用服务机构存在管理风险

随着电子商务信用服务供给机构数量的增加，由于这些信用服务机构规模小、服务产品单一，加之自身掌握的信息技术优势不强，不可能建立电子商务信用风险管理的组织体系、决策体系、评价体系，在快速发展过程中难免暴露出其存在的管理风险。主要表现为缺乏信用风险管理与内部控制体系，更谈不上建立一套具有电子商务信用风险预警、监测、转移和防范风险功能的网络系统。由于没有建立电子商务客户的信用风险识别管理系统，因此，不能做好电子商务客户的信用风险内部评级工作，不能实行电子商务信用风险的量化分析与控制，不能降低电子商务参与企业信用风险管理的成本，也就不能把握电子商务信用风险管理的时效性和准确性。

如一些网站未经信用认证却在其网站标识经过了诚信认证。据报道，自营团购网站"团秀网"在其网站页面声称获得了"互联网协会 A 级信用""360 可信网站""中国电子商务诚信企业"等多项认证，但记者在中国互联网信用评价中心却并未搜到其认证信息。第三方支付服务商"支付宝"被曝出"新型骗局"，"骗子"以"支付宝账户监管"名义盗取用户信息，包括支付宝登录密码、支付密码、数字证书等全部账户信息。这些都是电子商务信用服务机构管理风险的现实体现。

（四）电子商务信用服务业务缺乏竞争力

当前，我国电子商务信用服务机构之间同质化竞争比较严重，业务的技术含量和服务含量依然偏低。对于市场和客户的需求考虑得不够充分，有时只是围绕自己的需要考虑。自主研发能力的薄弱引发市场中的创新多样性不足的问题。对于某一类信用服务需求或某一类客户群体，信用服务产品供给过剩，另外一些领域则存在信用服务供给不足。消费者投诉主要集中在商品质量与描述不符、产品以次充好、不提供发票、无故取消或增加订单、售后服务不及时且无法保障、发货速度慢、退货换货难、团购规则或服务随意变更等一系列问题。

（五）电子商务信用服务行业内部发展不平衡

目前，电子商务信用认证、信用评级、信用查询、信用评价、第三方支付发展非常迅速，但电子认证发展相对滞后。据统计，2012 年底中国网络购物用户规模达到 2.73 亿人，而截至 2011 年底，中国有效的数字证书总量才 3100 万个，这样的用户规模与有效的数字证书之间存在着巨大的差距。此外，实地认证、商品溯源、可信物流、电子凭证托管、手机移动订单等特色增值服务产品处于起步阶段。

（六）部分电子商务信用服务机构自身诚信建设遭质疑

对于部分电子商务信用服务机构来说，"诚信"被排在利益之后。在商业利益的驱动之下，部分从业人员不惜里应外合，协助作假。一旦发生问题，相关企业内部又缺乏内控机制，不能尽快、合理地解决问题，任由类似问题不断复制重演，或者干脆就是管理者"故意忽略"，造成行业潜规则，忘记了对客户、市场与社会的责任，最终影响整个行业的信誉。

这在第三方支付领域表现得最为显著。由于我国第三方支付机构发展尚不成熟，采用各种违规经营手段来抢占市场份额、提高赢利能力，已成为行业潜规则。多数机构不同程度地存在异地收单、套用商户 MCC 码、"一柜多机"、乱用商户名称等人民银行明令禁止的行为；存在将线下交易通过互联网支付渠道转给商业银行作为线上交易处理，或者以所谓的创新名义，将传统的消费交易混淆为转账交易，通过不同渠道的价格差异进行套利的行为；存在跨境交易中通过分设境内和境外账户，采用对冲换汇方式，绕开银行换汇环节，逃避外汇监管的行为；存在突破牌照范围，将线上预付费卡变相挪至线下使用等多种违规行为①。

五　促进我国电子商务信用服务业发展的对策建议

（一）加强市场监管，优化政府服务

电子商务信用服务业在我国发展的时间还不长，它是一个"外部性"极强的行业。因此，必须加强政府对该行业的监管，并优化政府服务。监管目的是为了保证电子商务信用服务市场的有效竞争，鼓励创新电子商务业务模式，促进整个行业健康、有序地发展。建议重点开展以下工作。

一是完善电子商务信用服务业的法律法规及配套政策。建立健全电子商务信用管理制度，为电商交易提供刚性的信用规则。制定电子商务信用经营主体、交易行为和交易信息管理规范，以及信用保护实施细则和失信惩戒制度等。建立诚信档案，健全完善信用服务许可制度，遏制交易商和服务商的不良行为和不法行为，确保诚信经营；对失信企业和个人，要建立不良信用记录报告制度。强化对信用服务机构的资质要求，建立并完善信用服务机构的备案制度

---

① 赵宇梓：《关于进一步加强对第三方支付机构监管的几点意见》，http：//news. china. com. cn/2012lianghui。

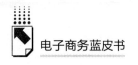

和年度自查制度。

二是加强电子商务信用服务业市场监管，逐步完善电子商务信用服务业市场监管体系。要转变政府职能，实现从"管控"向"服务"与"监管"相结合转变，进一步强化服务意识，提高服务水平。注重开展经常性监管，监管部门要逐步从"办市场"向"管市场"转变，进一步强化监督管理职能，依法、有效地指导、监督、规范电子商务信用服务机构及其活动。

三是积极开展电子商务信用服务的国家标准制定工作。围绕电子商务市场主体信息、网络市场信息及网络交易过程等，建立并完善相关标准规范体系，特别是要加快制定引导行业健康发展的行业标准、从业人员标准。通过扶持第三方机构按照独立、客观、公正的原则，对电子商务交易平台与经营主体开展信用评级和认证服务，着力提高信用服务产品的规范性，提高电子商务在市场主体、市场信息和交易过程中的可信度，从而培育形成电子商务交易的可信环境，并以此为契机推进跨部门、跨行业和跨地区的电子商务信用信息系统的互联互通。

（二）加快建立国家商务信用数据库

建立统一的商务信用数据库，形成覆盖全国的商务信用记录。

一是构建有效的信用信息采集与处理体系，保证商务信用信息合法、透明和可持续。降低数据采集成本，发挥网络技术优势，规范信息采集程序；建立市场化的数据采集渠道，通过信息付费、信息交换等方式采集、开发政府部门和业务机构拥有的政府、企业、个人资信数据；探索建立信用数据的自动采集和合法更新机制。

二是完善专业信用数据加工处理系统。建立政府部门间信息共享与合作利用机制，对所有数据资源进行规范加工，统一管理，保证使用安全。鼓励符合条件的第三方信用服务机构、电子商务平台企业，按照独立、公正的原则，开发加工商务信用信息资源。通过互联网技术手段实现企业信用信息的实时共享与实时查询，进而实现对企业信用的动态管理。

三是用制度保障数据库的健康运营。从标准、法规、用途、权限等方面规范数据使用，可以视用途不同，实行部分数据无偿提供，部分数据有偿提供。扩展商务信用数据的利用渠道，创新政府利用信用数据进行企业分类，银行利用信用数据进行贷款评估，商协会利用信用数据开展企业支持，合作伙伴利用信用数据加强风险控制，媒体利用信用数据引导大众消费等。

四是建立商务信用信息披露机制。通过法律规范界定信用信息的合法公开与合理使用范围，合理处理信用信息的披露与保密之间的矛盾，实现信用资源共享、完善信用信息数据库管理。

（三）大力推动业务创新和服务模式创新

加强产业体系建设，提高电子商务信用服务机构的专业化水平和自主创新能力。引导电子商务信用服务机构完善服务项目结构，积极发展电子商务信用咨询、资讯、法律、安全技术、人力资源等专业服务的中高端服务项目，侧重客户导向，提供"专、精、深"的服务产品，增加服务的技术含量和附加价值。

鼓励并推动电子商务信用服务机构创新服务模式。服务模式创新应该以现代服务为核心，以客户需求为导向，以产业链内核心企业资源为依托，实现整个产业链的业务协同。发展电子认证服务机制，创新电子认证模式，扩大电子认证在信用服务中的应用推广。通过为客户提供全过程、全方位、立体化的专业服务，推动电子商务信用服务业的健康发展。

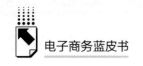

推进网络金融的创新与制度建设。制定和完善网络金融业的发展战略规划，对现行金融电子化系统进行更新和改造，发展方便、快捷、安全的在线支付服务，积极推进金融信息技术标准体系和应用。

（四）发挥关键技术在电子商务信用服务发展中的保障作用

电子商务具有全球性和网络性的特点。因此，电子商务中的信用服务活动也必然要满足全球化、电子化和信息化的要求，构建包含信用信息基础服务平台、信息收集与评价以及信用信息的发布等不同层次的技术系统。该技术体系主要包括数字签名、数据加密、数字证书等相关网络安全技术和海量信息数据挖掘技术、综合信用信息平台等，都是影响电子商务信用服务产业发展的关键技术环节。因此，要加大对电子商务信用管理基础性研究和关键共性技术的开发；鼓励科研院所、技术服务机构和电子商务企业开展针对电子商务信用信息采集和信息保护的关键技术研发和应用示范推广；推动企业、高等院校、科研机构、中介组织、投融资机构等各界社会力量建立电子商务信用服务业产业联盟和产业促进机构，共同参与电子商务信用服务业科技创新和产业发展。

（五）强化电子商务信用服务机构自身信用建设

企业信用的好坏，不仅关系到企业自身的兴衰存亡，而且关系到一个行业的形象和信誉。电子商务信用服务业的发展，必须要有诚信的企业、诚信的市场。为此，电子商务信用服务机构首先要确立诚实守信的经营理念，并把这一理念融入企业活动的每一环节。其次，要不断完善经营活动中的信用制度、内控制度，规范经营行为，努力抵制各种损害社会利益、扰乱市场秩序的失信行为甚至违法行为。再次，构建企业内部守信环境，培养员工的信用消费观念，让守信成为员工的自觉行动和习惯，不断积累员工的信用消费记录。最后，加快电子商务信用服务行业协会建设，充分发挥行业组织在开拓市场、技术服务、行业自律、沟通企业及联系政府等方面的作用，逐步形成自律性的行业规范和商业准则；引导电子商务信用服务机构诚信经营，完善自律机制，维护良好的社会中介秩序。

（六）高度重视人才培养和引进

电子商务信用服务业的快速发展离不开专业人才，重视和培养专业人才是一个行业兴旺发达的根本保证。人力资本是技术创新与进步的重要源泉，是技术扩散与应用的必要条件和基础。因此，必须加强电子商务信用服务业人才培养和人员培训工作。要拓宽人才培养途径，全方位、多层次、多渠道快速培养和引进电子商务信用服务业所需的各类人才。可针对现有电子商务信用服务业从业人员的素质和特点，依托行业协会等机构开展多层次、多形式、多目标的岗位职业培训，或委托开设相关专业的高等院校进行专业理论培训，提高从业人员的职业道德素养、专业理论水平、诚信服务意识和实际操作能力。制定电子商务信用服务业从业人员统一职业资格，积极推行从业资格认证，不断提升电子商务信用服务业从业人员的专业水平。同时，要加强电子商务信用服务业执法队伍建设，提高执法人员的素质和执法水平。

参考文献

[1] 田侃：《我国电子商务信用服务发展研究》，载荆林波、梁春晓主编《中国电子商务服务业发展报告 No.1》，社会科学文献出版社，

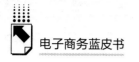
2011。

[2]《强化第三方信用服务机构作用促信用体系建设》，http：//www. bcpcn. com。

[3] 麦肯锡：《解读中国数字消费者》，http：//www. aliresearch. com/？q – view – id – 72616. html。

[4] 潘忠发：《我国电子商务信用服务产品问题的研究》，《企业家天地》2010 年第 10 期。

[5] 赵宇梓：《关于进一步加强对第三方支付机构监管的几点意见》，http：//news. china. com. cn/2012lianghui。

[6] 陈登立：《我国商务信用服务业的现状与发展》，http：//www. bcpcn. com。

[7] 刘怡：《信用服务产业的基本内涵及其在市场经济中的作用浅析》，《现代经济信息》2009 年第 9 期。

[8] 李佳师：《电子认证任重道远　以体验为抓手加速应用突围》，《中国电子报》2012 年 10 月 23 日。

[9] 张颖洁：《网购评价体系需要诚信来把关》，《通信信息》2012 年 6 月 7 日。

[10] 陶力：《团秀网超过半月未发货被指诈骗》，http：//www. nbd. com. cn/articles/2012 – 10 –24/690143. html。

[11]《电子商务“放水养鱼”时代终结》，《北京商报》2012 年 2 月 22 日。

[12]《淘宝交易规则漏洞催生差评职业化》，http：//finance. sina. com. cn/leadership/20120802/133512740601. shtml。

[13]《第三方信用机构（BCP）助力商务信用体系建设》，http：//gftai. bcpcn. com/articles/47/36752. html。

B.6

中国电子商务金融服务业发展状况

汪 川[*]

摘 要：

在当前信息技术变革和金融创新加速的环境下，我国电子商务金融服务业的发展可谓日新月异。近年来，在电子商务服务业的带动下，以网银支付、第三方支付和移动支付为代表的电子支付手段日趋丰富，其规模发展也呈现出突飞猛进的发展态势，其业务范围从最初的网络购物渗透到网上转账、网络缴费、网上还款、网上保险等多个领域。其中，网络银行和卡支付在我国电子支付交易量中占压倒性优势，但随着第三方支付和移动支付的蓬勃发展，我国的电子支付市场呈现出多种支付方式齐头并进和互相融合的发展态势。未来，随着互联网、云计算、电子邮件、短信息、SNS 以及 SD 卡和 U 盘等固态存储技术的发展，虚拟化与数字化产品和服务必将成为信息时代电子商务金融服务业的发展趋势。

关键词：

电子商务 金融服务 电子支付

---

* 汪川，经济学博士，金融学博士后，现为中国社会科学院财经战略研究院助理研究员。主要研究方向包括宏观经济学、金融学等。在《经济学动态》《世界经济》《宏观经济研究》等核心刊物发表论文 10 余篇，主持和参与国家社科基金、博士后科研基金、国家软科学基金等多项课题研究。

在互联网时代，信息技术的飞速变革和金融创新的日益加速正在改变着传统的金融服务业。近年来，在电子商务业的带动下，我国的电子商务金融服务业的发展可谓日新月异。可以说，只要有网络的存在，我们就可以在任何时间、任何地点享受与电子商务相关的金融服务。从广义上来看，电子商务的金融服务业在内容上涵盖了网络银行、网络证券、网络保险、网络理财、电子支付等相关金融服务业；从狭义上来看，电子商务的金融服务业是指围绕电子商务而产生的部分金融业务，目前主要体现为电子商务支付手段的电子化，即电子支付①。本文采用狭义上的电子商务金融服务业的概念，主要阐述电子支付行业的发展及其在电子商务领域中的应用。

一　电子支付

根据《中国电子商务服务业发展报告 No.1》中的定义，电子支付是指利用计算机和互联网等电子终端，直接或间接地向银行等金融机构发出付款指令，实现货币支付与资金转移的行为，具体包括卡支付、电话支付、网上支付和移动支付等方式。近年来，随着电子银行的兴起和微电子技术的发展，电子支付工具品种不断丰富，从最初的银行卡支付的单一支付工具发展到银行卡、数字现金和电子支票等工具。未来，在移动互联技术日趋成熟的环境下，手机支付等移动支付方式将越来越多地在电子商务中使用。

从自身发展历程来看，电子支付行业具有以下三个特点。

第一，电子支付工具不断创新。从全球来看，电子支付技术正处于前所未有的变革当中，智能手机、生物识别、电子现金等支付

---

① 具体分类见陈进《网络金融服务》，清华大学出版社，2011，第3~6页。

手段的出现都对未来人类社会的支付方式产生了重要影响。随着电子支付技术的飞速发展，未来社会的支付方式不仅将更为快捷方便，还更能节约支付成本。

第二，电子支付技术日趋专业化。在电子通信技术的高、精、尖发展趋势下，电子支付技术越来越呈现出高技术、高投入和高风险的行业特征，电子支付技术不仅需要大量的前期投入，还面临很强的技术变化的不确定性。因此，在电子支付技术规模化和国际化的大趋势下，我们应该引导国内电子支付技术快速健康发展，力争建立起电子支付的国际品牌。

第三，电子支付产业的发展关乎经济全局。电子支付克服了传统支付方式传输时间长、中间环节多、效率低下和差错率高等方面的缺陷，还大大提高了支付效率。现代化的网络通信技术还可以使客户随时随地地通过 ATM、互联网以及智能手机等方式办理跨地区乃至跨国界的金融支付服务。就目前来看，电子支付产业已经广泛渗透到了传统商业、电信业、旅游业等多个国民经济部门，在降低交易成本、提高经济运转速度和提升经济增长质量方面发挥了重要作用，可以说，电子支付技术的发展加快了经济的运行速度。除此之外，现有的电子支付技术还能够把消费者的需求等信息更加快速有效地反馈给生产企业，帮助企业改善产品结构和种类，合理安排生产，提高生产效率。从这个意义上讲，电子支付产业的发展关乎经济全局，能够为整个经济的快速健康发展提供保障。

在我国，以借记卡为代表的银行卡支付使用范围最为广泛，而现在电子支付技术的发展也正是从银行卡开始发展而来的。早在20世纪90年代末，招商银行就推出了"一卡通"的电子银行卡服务。其后，国内主要商业银行也都将网络银行视为一项新的业务领域，并纷纷开发了各自的网络银行业务。2003年，中国银联的成立成功地解决了多银行接口集成的问题，银联利用其地方跨行的网络向商家提供多种银行卡在线支付接口；消费者可以以个人电脑作为终端，通过网页输入银行卡账号和密码即可方便地实现在线支付。随着网上银行业务的不断拓展，各大银行的网上缴费、移动银行和网上交易业务也逐渐发展起来，而多种形式的电子支付方式的出现也加快了电子商业企业的发展。

2010 年以来，我国电子支付领域呈现出突飞猛进的发展态势，其业务范围从最初的网络购物渗透到网上转账、网络缴费、网上还款、网上保险等多个领域。从电子支付交易量规模来看，2011 年度我国电子支付的交易额为 824.6 万亿元，较 2010 年度增长了 48.4%，虽然低于 2007～2010 年的 54% 的平均增长率，但仍然保持了快速的增长态势（见图 1）。由此可见，电子支付行业发展的驱动力比较充足，预计在 2013 年之后，我国电子支付行业的增长率仍然将保持在 30% 以上的比较高的水平上。

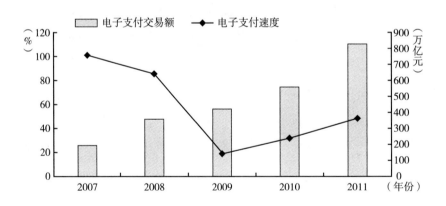

图 1　2007 年以来我国电子支付行业的交易额和增长率

资料来源：赛迪顾问《中国电子支付市场研究分析》，2011。

从结构来看，目前国内的电子支付市场主要由三部分构成：一是以银行为代表的网银支付，二是如支付宝、财付通、百付宝、快钱等第三方支付平台的支付方式，三是电信运营商和商业银行联合的移动支付方式。就目前来看，网络银行和卡支付在我国电子支付交易量中占压倒性优势，但随着第三方支付和移动支付的蓬勃发展，我国的电子支付市场呈现出多种支付方式齐头并进和互相融合的发展态势。

二 网络银行支付

网络银行支付是我国电子支付的主流方式。按照网上支付工具的不同，网络银行支付目前有网络银行卡支付系统、数字现金支付系统和电子支票支付等形式。

第一，网络银行卡支付系统。银行卡的网上支付是个人用户上网支付的主要模式，目前，国内商业银行均开通了支持信用卡和借记卡的网络银行支付。网络银行卡支付的流程一般先由个人用户在电子商务企业购买商品并选择信用卡或借记卡网上付款，随后，个人客户进入相关银行的网站并输入网银密码，最终完成支付。

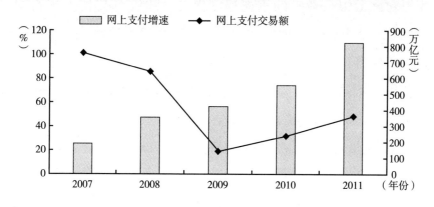

图2 2007～2011年中国网上银行交易额及增长

资料来源：艾瑞咨询《中国网上银行年度监测报告》，2011。

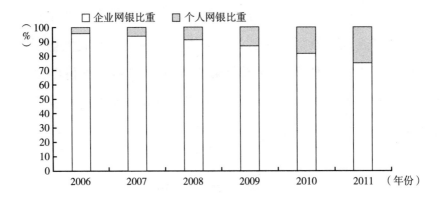

图3　2006年以来我国企业网银和个人网银的交易量比重

资料来源：艾瑞咨询《中国网上银行年度监测报告》，2011。

随着信息技术的发展，我国网上银行的使用率和活跃度得到进一步普及。图2显示，自2007年以来，我国网银的交易额始终呈现快速增长的发展态势，虽然受2008年全球金融危机的影响，2008年和2009年网银交易增速出现下滑；但2010年以来，全球金融危机的影响基本已经消退，网上支付的增速保持恢复性趋势。从2011年度的交易额来看，随着网上银行支付应用范围的拓展和各大银行对网上银行业务的重视程度提升，2011年度网上银行交易额达到821.9万亿元，较之2010年度有48.3%的增长率，增长态势进一步回升。

值得注意的是，近年来个人网银的发展速度突飞猛进。图3显示，从交易量的构成来看，虽然企业依旧是网上银行业务的主体，但其在交易量中的占比不断下滑，至2011年其交易量占比为75.2%；而个人网银交易额占比呈逐年提升态势，2011年度交易量占比已经比2006年度增长了20个百分点，成为网银交易额增长的重要动力。

从网络银行的支付工具来看，借记卡和信用卡的使用都呈现快速增长的态势。值得注意的是，目前，随着信用卡业务在国内的迅速发展，一些银行推出了兼具借贷功能的"借贷合一卡"，以方便个人用户使用。"借贷合一卡"把传统的借记卡和信用卡的功能合二为一，其消费账户的功能与传统的信用卡相同，可以进行信用透支；而储蓄账户则与借记卡的服务类似，除了储蓄外还有理财的功能。这样，"借贷合一卡"几乎实现了所有的个人金融服务功能，中国银行推出的"长城借贷合一卡"和光大银行推出的"阳光存贷合一卡"都属于此类。

第二，数字现金支付系统和电子票据支付系统。数字现金支付和电子支票支付系统更适合企业用户使用。数字现金是把现金数值转换成一系列的加密序列，用以表示现实中各种金额的币值，其存储方式主要采用预付卡和其他电子形式的数据文件。相比数字现金，电子票据支付主要是通过专用网络进行传输，需要配套的专用网络、设备以及规范化的协议保障，且收发双方均需在银行开设账户。

目前，国内广泛应用的电子商业汇票系统就属于电子票据支付系统。2009 年 11 月，中国人民银行宣布首个全国性跨行电子商业汇票系统正式投入运营，共有 11 家全国性商业银行、2 家地方性商业银行、3 家农村金融机构以及 4 家财务公司首批接入了电子商务汇票系统。该系统依托网络和计算机技术接受、登记并转发电子商业汇票的数据电文，提供与电子商业汇票货币给付、资金清算行为相关的服务，并提供纸质商业汇票登记查询和报价服务。总的来说，电子商业汇票系统的建立实现了以数据电文代替纸质票据，以电子签名代替实体签章，有效控制了伪造票据业务带来的欺诈风险。更重要的是，电子商业汇票以数据电文的形式实现了出票、流转、兑付等票据业务过程的电子化，票据交易效率得到了极大提

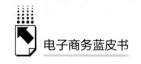

高，有助于提高商业银行的流动性，降低企业短期融资成本，推动解决中小企业"融资难"的问题。

三　第三方支付

在电子支付的多种支付方式当中，第三方支付等新兴支付方式发展迅速，已经成为目前我国电子支付领域中不可忽视的生力军。

所谓第三方支付，是指具有一定实力和信誉保证的独立机构，采用与各大银行签约的方式，基于互联网提供网上和线下支付渠道，完成从用户到商户的在线货币支付、资金清算、查询统计等系列过程的一种支付交易方式[①]。第三方支付体系主要由消费者、电子商户、第三方支付平台以及认证机构和商业银行所构成。其中，第三方支付平台是指不直接从事具体的电子商务活动，而是面向电子商务企业提供电子商务基础支撑和应用服务的交易支付平台。

相比普通的电子支付方式，第三方支付平台提供一系列的应用接口程序，将多种银行卡支付方式整合到一个界面上，负责交易结算中与银行的对接。因此，消费者和商家不需要在不同的银行开设不同的账户，这样可以帮助消费者降低网上购物的成本，帮助商家降低运营成本。不仅如此，较普通网银支付的认证程序复杂、手续繁多等不便，在第三方支付方式中，商家和客户之间的交涉由第三方来完成，这使得网上交易变得更加简单快捷，还可以帮助银行节省网络开发费用，为银行带来潜在利润。此外，第三方支付平台本身往往依附于大型的门户网站，且以与之合作的商业银行信用为依

---

① 参见黄健青、陈进《网络金融》，机械工业出版社，2011。

托，因此，第三方支付平台能够较好地突破网上交易中的信用问题，有助于推动电子商务的良性发展。最后，第三方支付平台能够提供增值服务，帮助商家网站解决实时交易和交易系统分析，提供方便快捷的退款和停止交易服务。

在业务流程上，消费者首先通过浏览电子商户的网页，选定商品并与商家约定好价格，完成订单信息。其后，消费者把订单需要支付的信息传递给第三方支付平台，第三方支付平台将消费者的支付信息按照选择银行的支付网关的技术要求传递到相关银行。在收到信息后，银行进行账户的授权，并将授权信息传递回第三方支付平台和消费者。最终，第三方支付平台将支付结果通知商家，并授权卖家发货，而银行按照第三方支付平台清算信息定期进行结算。

2010 年以来，我国的第三方支付模式逐渐成熟，并已广泛应用在电子商务结算中。图 4 显示，2007 年以来，我国第三方支付的交易额逐年增长，至 2011 年第三方支付市场的交易额为 2.65 万亿元。从增速来看，我国第三方支付的市场增速呈现不断下滑的趋势，2011 年的增长率为 67.7%，大大低于 2007 年以来 127.8% 的平均增速。究其原因，第三方支付增速下降的原因可以归结于在新兴支付方式迅速增长的压力下，各大商业银行纷纷加强了其网上业务的投入，从而在一定程度上消除了网上银行与第三方支付在支付便捷性和安全性上的差距。随着相关管理机构对于第三方支付的规范化管理规避了市场当中的不正当交易现象，整体行业发展更趋向稳定和合理，未来，我国的第三方支付市场仍将处于飞速发展的阶段。

就目前来看，我国的第三方支付可以通过多种方式实现，包括常见的网上支付、电话支付、线下付款和他人代付等方式。其

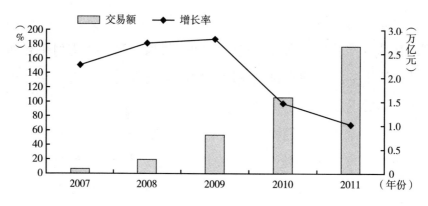

图4　2007年以来我国第三方支付市场交易与增速

资料来源：艾瑞咨询《中国互联网支付行业年度监测报告》，2011。

中，网上支付是第三方支付的最主要的支付方式；同时，由于中国消费者的消费习惯，货到付款也在第三方支付模式中占有较大的支付份额。当当网、卓越网以及京东商城均支持货到付款服务。为了增加竞争力，阿里巴巴集团的支付宝也在2009年开通了货到付款功能。

当前，我国的第三方支付运作模式主要可以分为两类：一是独立的第三方支付平台，其采用独立的第三方支付网关模式；二是依托电子商务网站而存在的非独立的第三方支付平台。目前，我国的第三方支付产品主要有支付宝、Paypal、财付通、快钱、百付宝、网易宝、汇付天下等，其中支付宝和Paypal的用户数量最大。

第一，独立的第三方支付平台。独立的第三方支付平台是指完全独立于电子商务网站，由第三方投资机构为网上签约商户提供围绕订单和支付等多种增值服务的共享平台。这类平台提供支付产品和支付系统解决方案，平台前端提供各种支付方法供网上商户和消费者选择，平台后端连着众多的银行，对支付进行支持。国内具有代表性的独立的第三方支付平台包括银联、首信易、快钱和 Yeepay 等。独立的第三方支付平台由支付平台负责与银行间的账户进行清算，同时提供商户的订单管理及账户查询功能等增值服务。

第二，非独立的第三方支付平台。非独立的第三方支付平台是指网上交易平台同商业银行建立合作关系，凭借其公司的实力和信誉承担买卖双方中间担保的第三方支付平台。非独立的第三方支付平台主要利用自身的电子商务平台和中介担保支付平台来吸引商家开展经营业务，国内电子支付中广为使用的支付宝、财付通和云网支付等都属于非独立的第三方支付平台。

值得注意的是，近年来，以阿里巴巴集团为代表的非独立第三方支付平台已经把其赢利模式从传统的支付业务拓展到信贷业务。早在 2007 年，阿里巴巴集团就陆续与中国建设银行、中国工商银行等银行合作，在 B2B 的商业模式中，引入银行中小企业信贷业务，并借助其旗下的淘宝和支付宝会员的网络信用和网上交易情况，对其进行信用评价，然后将优质的商户推荐给商业银行，银行为其提供短期流动资金的信用贷款（详见专题 1）。

表 1 对独立的第三方支付平台与非独立的第三方支付平台的特点进行了比较。可以看出，独立的第三方支付平台虽然在客户范围上更为广泛，但陷于缺乏完善的信用评级体系及其业务范围单一的缺点。相比之下，非独立的第三方支付平台在盈利模式和风险控制上有着明显的优势。图 5 中两者的规模结构也印证了上述观点：以支付宝、财付通为代表的非独立第三方支付平台占据了市场 67.2% 的交易份额；而快钱、银联、易宝为代表的独立第三方机构大力向行业客户推广支付解决方案，交易份额为 32.8%。

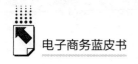

表1　独立与非独立的第三方支付平台的比较

项　　目	独立的第三方支付	非独立的第三方支付
客户群体	面向 B2B、B2C、C2C 市场,客户为中小型商户或者有结算需求的政企单位	面向 B2C 和 C2C 市场,客户为个人或中小型商户
盈利模式	根据客户不同的规模和特点提供不同的产品,收取不同的服务费	预计未来将收取店铺费和交易服务费
风险控制	没有完善的信用评价体系,抵御信用风险的能力较弱	拥有自己的客户资源,承担中介担保职能,按照交易记录建立信用评价体系
发展空间	增值业务有待开发,运作模式易被模仿	支付宝等支付方式已经形成了巨大的市场

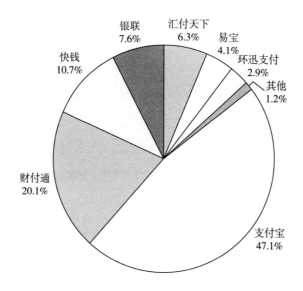

图5　2011年我国第三方支付的市场份额

资料来源:赛迪顾问《中国电子支付市场研究分析》,2011。

专题1　阿里巴巴集团的网络信贷

网络信贷是指发行主体与投资主体借助于网络这一特殊的信息技术平台,互相寻找并配置金融资产的过程。在网络信贷的融资模式当中，第三方电子商务平台融资模式已悄然兴起，成为未来我国电子商务企业获得信贷支持的重要渠道。所谓第三方电子商务平台融资是指第三方电子商务平台与银行合作，基于对行业供应链的深刻理解和对市场风险的准确判断，通过对物流中的货权动态监管实现银行贷款风险的控制，从而简化针对作为贷款主体的电子商务企业的审查，实现第三方电子商务平台与银行合作为平台的会员企业提供贷款，以满足电子商务企业的资金需求。

第三方平台由于拥有广泛的中小企业客户群，相比较银行直接对企业的评估，第三方平台可以根据企业以往的交易状况和行业内的信誉度对其进行评估，降低了银行贷款的风险系数。第三方平台还可以向银行直接提供需要贷款的客户资料，或向银行提供相关行业的市场分析、价格走势信息，为银行对贷款方的产品货物评估提供背景数据，从而更好地解决银行贷款的不对称信息问题。此外，第三方平台还可以承担网络贷款的功能，使整个贷款过程可在网上直接完成，提高了贷款的速度。就目前来看，电子商务网络融资的具体形式有网络联保贷款、供应链贷款、纯信用贷款以及订单融资等方式。

中小企业网络融资已经成为阿里巴巴集团近年来一直致力推动的业务重点。在阿里巴巴电子商务平台上，买家支付与商户收款之间会有一个期限，在这个过程中，贸易量较大的卖家会面临巨大的流动资金压力，其流动资金的融资需求强烈，需要得到银行资金的支持。而对银行来说，如何在信用贷款中锁定风险是其关键所在。

从 2007 年开始，阿里巴巴集团就陆续与中国建设银行、中国工商银行等银行合作，在 B2B 的商业模式中，引入银行中小企业信贷业务，并借助其旗下的淘宝和支付宝会员的网络信用和网上交易情况，对其进行信用评价，然后将优质的商户推荐给商业银行，

银行为其提供短期流动资金的信用贷款。

在运作模式上，阿里巴巴集团通过网络联保来解决卖家资金缺口和银行风险锁定之间的矛盾，它通过网上卖家之间自愿组成联保联盟，在联盟之间互保。同时，鉴于对客户的资信审核难和监控难是中小企业融资难的重要原因，阿里巴巴集团还借助电子支付系统的信用评价体系和对商户贸易流的监控来发现风险，进一步一次降低银行的风险。不仅如此，阿里巴巴集团旗下的支付宝还与商业银行共建"风险池"，当风险在某个百分点以下时，由商业银行和支付宝对等承担风险；但若风险大于一定比例，由支付宝承担超出的部分。除了网络联保贷款，阿里巴巴集团还对淘宝的客户引入了小额卖单质押贷款，在这种新型贷款模式下，只要卖家当前拥有卖家已发货的订单，就可以申请贷款，且无需抵押（见表2）。

表 2　阿里巴巴集团的中小企业网络融资

产品	银行	企业类型
网络联保	中国建设银行、中国工商银行等	公司(企业),有字号的个体经营户
担保贷款	中国工商银行	阿里巴巴诚信通会员或中国供应商会员
抵押贷款	中国建设银行、中国工商银行等	阿里巴巴诚信通会员或中国供应商会员
纯信用贷款	中国工商银行	公司(企业),有字号的个体经营户
订单融资	中国建设银行	公司(企业),浙江省内有组织机构代码证的个体经营户

四　移动支付

在无线通信的信息科技的带动下，电子支付技术越来越多地呈现出一种移动互联的趋势，而未来，移动支付技术无疑是一次正在酝酿着的支付技术的革命。

移动互联网将是未来十年企业争夺的焦点，其产业价值将比桌面互联网大十倍，且已到了爆发增长的临界点。Google、阿里巴巴、腾讯、百度等传统互联网企业及周边产业开始纷纷转战移动互联网市场。曾经与台式机密不可分的计算机系统正越来越多地被用于移动终端设备上，或是把数据发给移动用户的"云"服务上。根据艾瑞的估算，2011年中国移动互联网市场规模为393.1亿元，增长率为97.5%，与桌面互联网的差距正在不断减小；2011年中国移动互联网用户数达到3.6亿，预计其数量将于2015年左右超过桌面互联网用户数（见图6）。

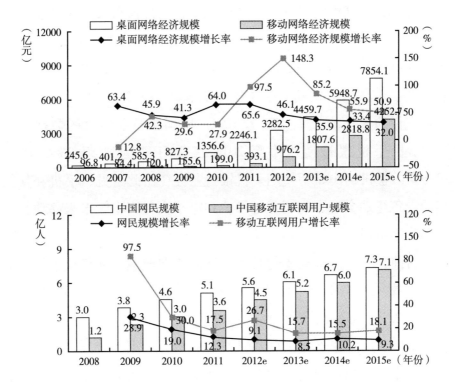

图6　2006～2015年中国桌面和移动互联网经济规模和用户规模

注：e为预测值。

资料来源：艾瑞咨询《中国移动支付行业研究报告》，2011。

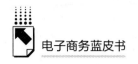

IDC 数据显示，2011 年全球智能手机出货量首次超过 PC 出货量，规模达到 4.91 亿台，PC 出货量 3.53 亿台。2012 年第一季度，全球智能手机的出货量比去年同期增长 42.5%。其他的数据表明，全球的智能手机，截至 2012 年第一季度，已占全球手机总数（含传统的功能手机及智能手机）的 38%。随着千元智能手机的推出，智能手机的渗透率在稳步提升，预计到 2015 年底，全球智能手机的普及率有望达到 70% 以上，五年之后，更有可能达到 90% 以上。中国 2012 年手机市场的总出货量超过 2.8 亿台，智能手机出货量将在 2013 年首次超过功能手机，智能手机达到 70% 的普及率可能需要 5 年。

移动互联网络的迅速发展和智能手机的广泛普及为移动支付技术的使用提供了良好的先期准备。从全球范围来看，2011 年全年移动支付交易额达到 64.3 亿元，较 2010 年增长 112.9%，整体行业已经步入高速增长期。就中国来看，2009~2011 年三年间中国移动支付的平均增长率达到 72.2%。中国银行业协会的数据也显示，我国手机银行使用率至 2011 年 2 月已达到 52.2%，还有 29.6% 的手机网民希望使用手机银行业务。由此可见，手机和其他移动设备终端会越来越明显地渗透到电子支付当中，未来移动支付的趋势不可阻挡。

目前，我国的移动支付技术正逐渐走向成熟。从移动支付的交易额来看，2011 年全年移动支付交易额达到 64.3 亿元，较 2010 年增长 112.9%，远高于 2009~2011 年三年间 72.2% 的平均增速（见图 7）。这意味着我国的移动支付行业已整体步入高速增长期，预计未来增速仍将保持三位数的高速增长。从业务种类来看，当前国内的移动支付业务已经发展得较为全面，可包括手机代缴业务、手机钱包、手机银行和手机信用平台等业务。

第一，手机代缴业务。手机代缴费是指用户所缴纳的费用在移

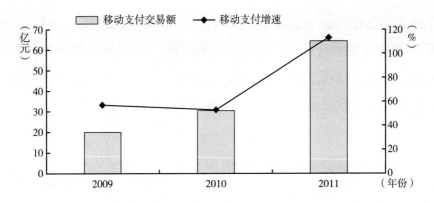

图7 2009～2011年中国移动支付交易额及增速

资料来源：艾瑞咨询《中国移动支付行业研究报告》，2011。

动通信费用的账单中统一计算，其特点是代收费的额度较小且支付额度固定，如个人用户的 E-mail 邮箱代收服务费业务。

第二，手机钱包。手机钱包是一项综合了各种功能的支付类业务，它以银行卡账户为资金支持，手机为交易工具，用户可以对绑定的账户进行操作，从而进行购物消费、转账、账户余额查询。以中国移动的手机钱包业务为例，中国移动的手机钱包业务是与银联联合推出的，将客户的手机号码与银联标识的借记卡进行绑定，通过手机短信等操作方式随时随地地进行花费充值和代缴、手机彩票网上商城购物和支付以及银行卡余额查询等业务。

第三，手机银行业务。手机银行业务就是通过移动通信网络将客户手机连接至银行，实现通过手机界面直接完成各种金融业务的服务系统。手机银行是由商业银行联合移动运营商推出的，仅由移动运营商为银行提供通信渠道，而并不存在合资关系。相比之下，手机钱包是由移动运营商与商业银行合资推出，以规避金融政策的风险。从这个意义上讲，手机钱包的功能仅仅是支付，特别适用于小额支付，其使用不能直接针对银行原有账户，还需要建立一个额

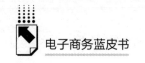

外的移动支付账户；而手机银行则可以视作无线连接的银行服务，不仅可以用来进行支付，还可以完成转账、股票和外汇交易以及其他银行服务。另外，更直观地看，手机银行往往需要将现有的 SIM 卡更换为特定的 STK 卡，而手机钱包则不需要换卡。

五　未来的电子支付手段

总的来看，储蓄卡和信用卡等银行卡在我国目前的支付产品体系中具有举足轻重的地位，但目前以银行卡为载体所设计的信用卡已经不能适应电子商务时代的在线支付需求了，需要根据电子商务、移动银行与便捷支付等业务要求结合新的信息科技对其进行革命性设计。同时，随着互联网、云计算、电子邮件、短信息、SNS 以及 SD 卡和 U 盘等固态存储技术的发展，信息的存储与传播技术取得了革命性的进展，未来，虚拟化与数字化产品和服务必然成为信息时代电子支付的基本构成要素。

在银行卡支付方面，国外的银行卡已经开始普遍使用芯片卡，预计今后 5 年我国银行卡也将逐步由磁条卡向芯片卡迁移。微型芯片还可以植入手表、钥匙、衣服和首饰等，它使用的是射频识别（RFID）识别技术。更进一步看，以实物形态存在的芯片只是身份识别的一种方式，正在发展中的身份识别方式还包括指纹、声音等生物识别方式，以及虚拟银行卡、虚拟货币（如 QQ 币）等。

以信用卡为例，根据信用卡的交易规则，在信用卡的交易中必须提供卡号、姓名、卡片有效期、VVC 认证码和卡片品牌五种参数的信息。因此，通过变动其中一种或几种参数及其组合来提高在线交易的安全性在理论上存在可行性，同时也满足了客户自定义个性化产品的需求。具体来说，允许客户自定义信用卡的有效期、额度（在所持实体信用卡的额度范围内）、银行卡品牌，甚至信用卡号码（银行可自主使用的号段内），也就实现了让客户根据使用场景的风险系数、交易要求、金额大小和交易频率等设定不同的信用卡安全参数，从而满足客户个性化要求的目的。此外，基于标准信用卡开发的虚拟信用卡账户具有国际通行、受理范围广等特点，为后续开发预留了广阔的空间。例如，未来可将客户的个性化虚拟信用卡写入合作电信运营商的 USIM 卡实现手机支付等，可以在 POS 机终端直接输入个性化虚拟账户和密码进行支付结算等。从商业银行"虚拟化、便捷化和个性化"的产品创新方向来看，自定义信用卡虚拟账户可以在满足客户个性化需求的同时，显著提高产品的安全性和便捷性，从而大幅提升银行产品在网上支付领域的市场竞争力。

在移动支付方面，目前，手机在实现公交、停车和购物等方面的支付已有广泛的应用。未来，手机支付将主要使用 NFC（Near Field Communication，近场通信）技术，这是一种近距离（10 厘米内）非接触式识别技术，它由 RFID 演变而来，传输范围比 RFID 小。此外，二维码支付也将成为移动支付的重要手段，像 Square 这样的移动支付终端的使用将手机变成了移动的 POS 机。表 3 是全球零售支付业市场规模预测。

表 3　全球零售支付业市场规模预测

单位：十亿美元，%

项　目	2004 年	2015 年	年复合成长率
芯片卡	6.0	52.0	22
非接触式卡	1.5	26.9	30
手机支付	11.7	85.0	20
生物特征支付	1.2	9.5	20
信用卡	40.0	73.8	6
借记卡	40.5	138.1	12

资料来源：IBM 大中华金融服务事业部。

专题2 交通银行手机银行着力打造"便捷生活"

无卡取现：以交通银行 iPhone 客户端版本为例。选择手机取现后，在出现的界面选择预约取款标签。在预约码方框输入一个四位数字后，立刻就收到了交行以短信形式发过来的一条动态验证码。输入准备提现的金额和动态验证码后，点击预约按钮会弹出预约成功的提示。随后到交行任意一台 ATM 机上选择"手机预约取现"，输入之前登记的预约信息，便完成了无卡取款。

无卡消费：客户登录手机银行，预约一定的消费限额，并设置预约码，消费结账时，只需在商户 POS 机上输入手机号、预约码以及银行卡的消费密码，便可实现无卡消费。无卡消费正在北京、上海、河南的部分商户试点，未来将与银联在无卡消费领域全面合作，在全国范围内展开无卡消费服务、无卡理财、无卡特约商户等一系列无卡服务。

交行手机银行还推出手机号转账功能，客户只需输入手机号就能实现汇款。同时，还支持在线选座方式购买全国近百家星级院线电影票，在线购买机票、彩票，提供手机地图查询、手机充值、金融资讯等非传统金融服务。

自助发卡业务：未来客户向自助发卡机插入身份证、电子手写签名、ATM 机自动拍照、登记指纹，几个简单的操作后，就能从自助发卡机中拿到一张交行借记卡，全程仅需五六分钟。

六　电子商务金融服务业发展对传统金融业的影响

（一）电子商务金融服务业为传统的金融业带来了新一轮的发展机遇

首先，第三方支付模式的发展为传统金融业的发展提供了难得的商机。在目前的支付模式下，第三方支付平台虽然异军突起，但其资金划拨和结算清算业务最终都需要通过商业银行完成，并且在可预见的未来，商业银行仍将保持在电子支付领域中的核心地位。因此，第三方支付业务的发展不仅不会在根本上改变电子支付领域的格局，反而会在很大程度上带动商业银行结算量、发卡量及电子银行业务的迅猛增长。例如，第三方支付企业在获得牌照后，将按照央行的规定在商业银行开立备付金专用存款账户，这就为商业银行拓展备付金存管业务，并借此扩大同第三方支付企业的合作带来了良好的机遇。

其次，移动支付技术的成长将扩大传统金融业的客户基础。未来，移动支付将成为电子支付的重要方式；而传统金融企业作为金融市场的重要参与方，拥有广阔的产品创新空间。以商业银行为例，移动支付技术的发展使得商业银行可以通过加强与电信运营商的战略合作，借此实现双方客户资源的相互渗透，拓展客户群体。此外，在移动支付技术的支持下，传统的商业银行可以充分利用手机银行能够随时随地交易的特点，大力推广转账汇款、缴费付款、消费支付等业务。

最后，网络融资的出现为传统金融业注入了新的动力。在金融业与网络信息技术相互融合的今天，网络信贷已经逐渐成为未来金融创新的发展方向。从信息经济学的角度来看，信贷市场信息不对称使得信贷市场普遍存在着信贷配给问题，而中小企业更会因为赢利能力和风险水平的不匹配而不能获得信贷支持。虽然直接融资和风险投资的发展部分地满足了中小企业融资的需要，但信息不对称问题仍然存在。在这种情况下，通过加强与电子商务平台在网络融资服务方面的合作，商业银行等传统金融业可以利用电子商务平台掌握企业需求和信用状况的信息优势以及网络渠道便于远程操作和

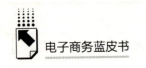

批量处理的成本优势，实行更灵活和更高效的信贷审批流程，满足中小企业的融资需求。

（二）电子商务金融服务业在为传统金融业带来发展机遇的同时，商业银行等传统金融机构更面临着转型挑战

近些年，以第三方支付为代表的互联网新势力和积极发展手机支付的电信运营商，侵入了银行等传统金融机构的核心业务。它们凭借技术和商业模式的创新蚕食着本属于商业银行的领域，对银行传统经营模式的冲击是颠覆性的。

首先，第三方支付模式对商业银行等传统金融机构已经构成潜在威胁。自 2011 年 5 月以来，我国已有 101 家非金融企业获得第三方支付牌照。经营的业务范围包括基金直销、保险、银行卡收单和物流等领域，牌照的发放将激发数十倍以上潜在的市场规模，整个行业将步入"十年黄金发展期"。据艾瑞咨询统计，2011 年我国第三方网上支付交易规模达到 2.2 万亿，同比增长 118%。

其次，电信运营商正着力进军移动支付领域。近些年，在即时通信、社交网站等互联网新型通信工具的冲击下，电信运营商一直在转型，目前正通过话费账户、手机钱包等着力进军移动支付领域，中国移动、中国联通和中国电信均已成立支付公司。

最后，商业银行面临银行卡组织的挑战。银联及 VISA、Master 等国际卡组织从传统单纯的支付转接与清算服务，开始逐渐拓展至综合金融服务领域，与银行金融服务领域的交叉融合和竞争愈发明显。以银联为例，相对于银行，银联在跨行服务领域的优势明显，可提供服务的客户范围可覆盖上百家银行的客户。在支付业务领域，银联无卡支付等在线支付服务类似于快捷支付，对银行自有网上支付业务发展及客户关系的维系带来极大威胁。在互联网、移动互联网和数字电视网络等各类电子渠道，银联不断创新，已实现并快速完善在移动金融、远程支付、现场支付、商户拓展接入、商户收单、多渠道融合等各业务领域的服务，而以上种种，无一不在抢占银行现有业务，以及未来在电子渠道的发展空间。

这些新涌现的竞争对手使得银行等传统金融机构的传统业务受到全面冲击。新的竞争对手在强化其核心竞争力的同时，不断丰富服务手段，从各自专长的网络购物、手机支付、供应链服务、资金清算等领域向传统属于银行交易服务范畴的业务全面渗透。在整合自身业务数据资源的基础上，它们积极开放应用平台，梳理上、下游资源，凭借其平台能力和良好的客户体验，快速聚拢客户资源，跟踪和分析客户的交易行为，从而进一步挖掘掌握客户金融需求，逐步打造一站式金融服务平台，将业务延伸至融资、结算等领域，从而打破传统金融领域仅有银行控制的局面。例如，阿里巴巴等企业将资金流、信息流和物流集于一身，一旦将来摇身一变成为网络银行，那么凭借其掌握的大量客户数据和以客户体验为中心的出色的创新能力，将会成为银行强劲的竞争对手。而银行方面，如果不能通过在线交易环节与客户交互，将逐渐沦为交易后台，将面临流失核心客户信息的风险，从而远离客户，金融中介的角色被边缘化。伴随着日新月异的信息技术，我国商业银行等传统金融机构也面临着日趋激烈的竞争环境。未来，商业银行等传统的金融机构需要突破传统思维，改造传统业务模式，以适应电子商务金融服务业的发展要求。

参考文献

[1] 埃文斯、斯默兰：《银行卡时代：消费支付的数字化革命》，中国

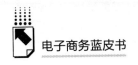

金融出版社，2006。

［2］陈进：《网络金融服务》，清华大学出版社，2011。

［3］何光辉、杨咸月：《手机银行模式与监管：金融包容与中国的战略转移》，《财贸经济》2011年第4期。

［4］黄健青、陈进：《网络金融》，机械工业出版社，2011。

［5］〔英〕亨利·英格勒、詹姆斯·艾森格：《银行业的未来》，中国金融出版社，2006。

［6］荆林波、梁春晓主编《中国电子商务服务业发展报告 No.1》，社会科学文献出版社，2011。

［7］〔英〕克里斯·斯金纳：《全球化时代——银行业的未来》，经济科学出版社，2010。

［8］李琪、彭晖等：《金融电子商务》，高等教育出版社，2004。

［9］徐捷：《建设国际一流电子银行理论与实践》，中国金融出版社，2011。

B.7
中国电子商务咨询服务业发展状况

黄 浩*

摘 要：

　　随着电子商务的快速发展，越来越多的传统企业和互联网企业开始涉及电子商务的业务。在这个过程中，实施电子商务项目的企业迫切需要专业的咨询服务为它们提供指导，电子商务咨询服务业应运而生。本文深入分析了电子商务咨询服务业对我国当前经济转型的促进作用，以及目前中国电子商务咨询服务业的市场结构、存在的主要问题，并提出了具有针对性的促进我国电子商务咨询服务业发展的政策建议。

关键词：

　　电子商务　咨询服务业　经济转型

　　21 世纪初，国内企业在互联网大环境的渗透下，越来越多地开始关注和应用电子商务，尤其在 2005～2011 年，电子商务呈现急速增长的发展态势。随着更多的企业进驻互联网，企业在电子商务项目建设的过程中面临的问题也越来越多，如电子商务网站有流量无销量、有点击无业绩；电子商务系统投入大而效果不明显等。面对电子商务的巨大机遇，多数企业感觉进退两难，如果不做，肯

---

* 黄浩，中国社会科学院财经院副教授，研究方向为电子商务。

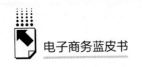

定落后于同行；如果做，不知如何提高企业自身的 ROI（Return on Investment，投资回报率）。

面对如此的窘境，迫切需要专业的咨询服务为实施电子商务项目的企业提供指导，电子商务咨询服务业应运而生。电子商务咨询服务业通过对企业电子商务项目进行整合思考与重新定位，指出企业电子商务项目建设中存在的问题，提出针对性极强的电子商务咨询方案，推动企业电子商务的良性发展。

一　电子商务咨询服务业与经济转型

2007 年，国家发改委和国务院信息办联合颁发的《电子商务发展"十一五"规划》首次正式提出电子商务服务业的概念，电子商务服务业以计算机网络为基础工具，以营造商务环境、促进商务活动为基本功能，是传统商务服务在计算机网络技术条件下的创新和转型，是基于网络的新兴商务服务形态[1]。目前，电子商务服务业正成为新的经济增长点，推动经济社会活动向集约化、高效率、高效益、可持续方向发展。作为电子商务服务业的重要组成部分，电子商务咨询服务业的产生是社会进步、经济发展和社会分工专业化的结果，其具有智力要素密集度更高、产出附加值更高、资源消耗更少、环境污染更少等现代服务业的鲜明特点，是按照新的经济增长方式建立起来的资源节约型、环境友好型及可持续发展的行业。

经济转型指资源配置和经济发展方式的转变，包括经济发展模式、要素、路径等的转变。随着信息技术的快速发展，世界经济将转向以商务电子化为代表的新经济，新经济与传统经济的融

---

[1]　国家发改委、国务院信息办：《电子商务发展"十一五"规划》，2007。

合是经济转型最快和最佳的选择。高新技术、商务电子技术与传统产业相结合，将带动人才流、技术流、资金流的流动，有利于市场资源的优化整合，促进传统产业的升级换代，最终推动经济的成功转型。

（一）经济转型对电子商务咨询服务业的强烈需求

目前，国内经济转型的根本任务是产业结构调整，而产业结构调整的重中之重是加速发展现代服务业。现代服务业是以现代科学技术，特别是网络和信息技术为主要支撑，建立在新的商业模式、服务流程、管理方式基础上的技术和知识密集型服务产业。电子商务服务业是现代服务业的重要产业，而电子商务咨询服务业作为电子商务服务业的"牵引指导"行业，经济转型势必刺激各类实体对咨询业务的强烈需求，催生电子商务咨询服务业的跟进发展。

1. 发展电子商务咨询服务业是转变经济增长方式的必然选择

2010年我国创造了全球9.5%的GDP和全球10.4%的贸易出口，消耗了全球30%的钢铁、40%的水泥和17%的石油[①]。前期工业化发展带来的资源、能源消耗问题和影响正不断凸显。转变经济发展方式，改造提升传统产业，创新发展新兴产业，已经成为国内经济可持续发展的必经之路。电子商务服务业本身具备增长潜力大、拉动能力强、资源耗费少及环境污染小等新兴产业的特点，而电子商务咨询服务业更是典型的"知识聚集型"行业，其通过为各类实体的电子商务项目提供咨询服务，帮助提升竞争力，为社会创造更大价值。因此，发展电子商务咨询服务业是转变经济增长方式，促进经济转型的必然选择。

---

① *World Development Indicators*，2010，3.

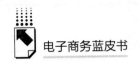

2. 发展电子商务咨询服务业是优化经济结构、实现产业均衡发展的现实需求

近年来，世界各国服务业产值比重迅速上升。2008年，国内第三产业的比重仅为40.1%，2009年、2010年分别增加到40.5%、43.0%，但仍低于2008年69.1%的世界平均水平，也低于低收入国家的45.6%（见表1）。

表1 世界不同收入水平国家 GDP 的三次产业构成

单位：%

国家类型	中国			低收入	中低收入	中等收入	中高收入	高收入	世界平均
年份	2010	2009	2008	2008	2008	2008	2008	2008	2008
第一产业（农业）	10.2	10.9	11.3	23.9	10.4	9.1	6.3	1.8	3.4
第二产业（工业）	46.8	48.6	48.6	30.5	34.0	33.7	33.9	25.8	27.5
第三产业（服务业）	43.0	40.5	40.1	45.6	55.6	57.2	59.8	72.4	69.1

资料来源：国家统计局《"十一五"经济社会发展成就系列报告》，2011。

国家《"十二五"规划纲要》明确指出，把推进现代服务业大发展作为产业结构优化升级的战略重点，拓展新领域，发展新业态，培育新热点，不断提高服务业比重和水平。电子商务咨询服务业通过现代信息技术和商务手段，能够为第一、第二、第三产业的升级与改造提供技术和管理的综合性服务，能将现代服务业这块"短板"做长、做强，提高服务业比重，成为培养新的经济增长点、均衡三次产业发展的有效手段。

3. 发展电子商务咨询服务业是经济发展高端化、实现良性循环的重要举措

国内服务业正在尝试由传统到现代、由低端向高端的华丽转型。沿着高端化轨迹发展的电子商务服务业能够为第一、第二产业的发展提供强大支撑，使第一、第二、第三产业之间有机融合、相互促进，进入产业良性发展的循环状态。在电子商务服务业中，电子商务咨询服务业更注重运用现代化的技术手段、先进的管理方法和商业模式提供高附加值的服务，其直接面向电子商务的交易活动，通过提供业务管理和信息技术的高端咨询服务，能够极大地促进现代服务业的内部结构优化，推动经济向高端方向发展。

（二）电子商务咨询服务业对经济转型的促进作用

目前，国内经济转型的实质是用现代科技改造传统产业，发展高新技术产业，提高经济发展中的高科技含量。电子商务服务业是基于信息技术、网络技术的现代服务业，电子商务咨询服务业为电子商务提供服务的同时也为传统产业提升改造提供服务支持，其高端咨询服务的实施能够有效地降低社会经营成本、提高社会生产效率以及优化社会资源配置，对于改造与整合传统产业结构、提升产业竞争力、促进经济转型具有非常重要的意义。

1. 电子商务咨询服务业力促经济转型的关键产业

现代服务业是经济转型的关键产业。中央已明确指出，现代服务业是扩大内需、培育新的经济增长点的重要领域，要求把加快发展现代服务业作为转变发展方式、调整经济结构的战略举措。电子商务咨询服务业通过对企业商务化的需求分析与研究，利用现代信息技术手段和集成化、专业性的技术资源优势，以较少的资源、较快的速度、较高的质量帮助企业进行技术和管理的升级与改造，利用电子商务的无地域、跨时空、低成本等优势与特征，克服现代服务业在发展中的资金、技术等问题。另外，电子商务咨询服务业能够促进现代服务业行业分工协作的细化，有利于现代服务业的知识

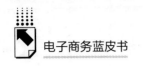

传播与扩散, 对于促进现代服务业的素质提升具有极其重要的意义。

2. 电子商务咨询服务业力促经济转型的必由之路

要素结构调整是经济转型的必由之路。与粗放型经济增长方式相比, 集约型经济增长方式主要依靠生产要素的优化组合, 通过提高要素质量和使用效率实现经济增长, 是一种消耗低、质量高, 投入少、产出多, 效益好、污染小的经济增长方式。电子商务咨询服务业以提供电子商务咨询服务为基础, 以企业管理和技术改造为重点, 不仅可以提高企业的经济效益, 而且有利于节约资源, 提高生产要素的质量和使用效率, 实现经济的可持续发展。

3. 电子商务咨询服务业力促经济转型的重要基础

企业结构调整是经济转型的重要基础。企业结构调整的关键在于利用技术创新提升企业的竞争力, 而企业技术创新成败的关键在于技术咨询服务的成功运用。作为电子商务咨询服务的提供者, 电子商务咨询服务业能够帮助企业有效地规划电子商务项目, 减小项目建设风险、保证项目顺利实施、培养电子商务人才, 最终实现企业经营战略和电子商务战略的一致性。针对企业电子商务的需求, 电子商务咨询服务业可以开展从项目前期、中期到后期的全程咨询服务, 为企业规划、设计和实施电子商务项目提供全面周到的保障, 对于规范企业的管理水平、提升企业的竞争能力有着非常重要的作用。

二 电子商务咨询服务业的服务内容

电子商务咨询属于管理咨询领域按行业分类的下属分支, 主要指电子商务咨询机构针对已经建设或即将建设电子商务项目的用户方，进行的关于网站建设、电子商务系统开发、网络营销、互联网模式等方面的咨询工作。

电子商务咨询包括三个阶段：用户诊断、方案设计和辅助实施。用户诊断指通过需求调研，客观、系统地剖析用户方电子商务项目的运行现状，揭示电子商务项目建设中存在的问题及产生问题的根源，提出解决问题的思路性建议。方案设计指在用户方电子商务项目现状诊断的基础上，设计系统的、具体的电子商务解决方案并进行规划。辅助实施是组织用户方人员熟悉、消化电子商务咨询方案，辅助用户方模拟实施电子商务解决方案，根据实施结果对方案进行必要的调整。

在企业电子商务项目建设过程中引入电子商务咨询，是提高电子商务项目成功率、降低系统建设风险的有效途径。通常，企业电子商务项目建设是一个复杂的系统工程，项目投资往往较大，一旦失败，将给企业造成巨大的经济损失。通过引入电子商务咨询，企业可以借助具备专业知识、能力及经验的电子商务咨询机构对电子商务项目进行充分、系统的规划，降低实施成本，规避建设风险。

（一）电子商务咨询服务的内容

电子商务咨询服务是由具有电子商务专业知识和电子商务应用经验丰富的咨询机构（咨询专家）提供的一种顾问服务，旨在帮助企业辨识和解决电子商务项目中的管理问题和技术问题，推荐切实可行的电子商务解决方案，改进和优化企业电子商务的应用。

电子商务咨询服务主要包括以下四个方面的内容。

1. 电子商务战略咨询服务

电子商务战略咨询服务指咨询机构根据企业的电子商务项目需求，运用电子商务和战略管理的理论、知识和自身的咨询经验，应

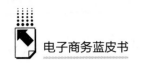
用必要的技能和方法，在对企业内部资源、能力以及外部环境进行深入分析的基础上，提供电子商务战略制定、改善、实施和培训的咨询服务。

一方面，电子商务战略咨询服务可以协助企业分析行业动态和面临的挑战，制定有效的电子商务应对策略；另一方面，电子商务战略咨询服务也可以协助企业制定有效的电子商务战略，并将业务目标和技术结合起来。

2. 电子商务技术咨询服务

电子商务技术咨询服务指咨询机构根据企业对电子商务项目使用技术的要求，利用自身的优势提供电子商务技术选用的建议和解决方案。

电子商务技术的咨询服务主要包括：电子商务网站建设（域名注册、主机托管、网站选型、网页设计、网站功能设计等）；电子商务应用系统建设（平台选型、系统需求分析、系统功能设计等）；电子商务安全技术咨询；电子商务支付技术咨询等。

3. 电子商务营销咨询服务

电子商务营销咨询服务指咨询机构根据企业的电子商务营销需求，分析企业面临的市场营销环境，提供电子商务营销活动或方案的咨询服务。

电子商务营销服务需要运用一种或多种电子商务的营销手段和方法实现，常用方法包括：搜索引擎注册、关键词搜索、网络广告、交换链接、信息发布、整合营销、邮件列表、许可 E-mail 营销、个性化营销、会员制营销、病毒性营销等。因此，电子商务营销咨询服务指导企业如何有效地运用电子商务营销服务方法。

4. 电子商务管理咨询服务

电子商务管理咨询服务指咨询机构为帮助企业实现电子商务的

战略目标，协助企业对电子商务项目管理、商业及其创新活动进行计划、组织、领导和控制的过程服务。

电子商务管理包括与从事电子商务项目相关的人、财、物、时间、信息、技术、环境、客户等要素组成的信息流、资金流、物流的资源管理，因此，电子商务管理咨询服务主要围绕电子商务经营战略、电子商务资源管理、电子商务信息流管理、电子商务物流管理、电子商务资金流管理等方面开展服务。

（二）电子商务咨询服务业的服务流程

电子商务咨询服务业是基于电子商务成功应用的需求而产生的，以克服电子商务项目建设中的战略、技术、营销和管理风险为目的，专门从事电子商务专业信息提供、整理和分析的产业。电子商务咨询服务业行业活动围绕企业电子商务项目的咨询服务展开，其服务流程如图1所示。

在整个电子商务咨询服务业的服务流程中，从最初的项目需求确认、提交电子商务项目咨询建议书、组建项目团队等，到中期的问题分析、提交咨询诊断报告、设计电子商务咨询方案等，到后期的项目实施、指导评价、跟踪服务等，充分体现了整个行业电子商务咨询服务的特点。

电子商务咨询服务业是一个知识、技术含量较高的行业，其利用电子商务的专业知识、技术对企业电子商务项目的信息、数据进行综合加工，输出高附加价值的电子商务项目咨询方案，旨在帮助企业解决电子商务项目规划与建设中遇到的问题，引导企业更好地完成项目。因此，电子商务咨询服务业提供的是知识服务型产品，其核心是人力资本，具有知识密集型和智力性的行业特点。

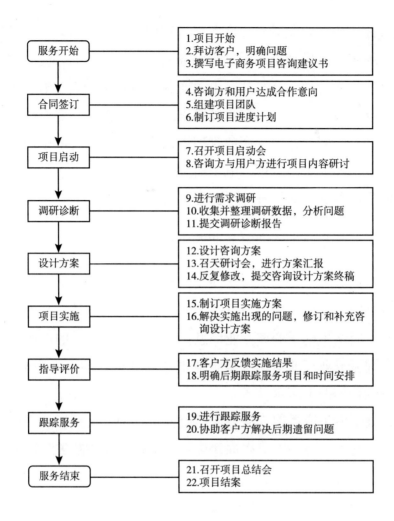

图1 电子商务咨询服务业的服务流程

三 电子商务咨询服务业的发展现状与问题分析

(一)电子商务咨询服务业的发展现状

国外电子商务咨询服务业进入快速发展和转型时期,一些传统的管理咨询公司如麦肯锡和波士顿等在电子商务咨询服务领域的业务比重逐年增加。早在 2000 年电子商务的大潮来临之时，麦肯锡公司率先成立了电子商务业务中心——@麦肯锡，积极开展电子商务项目的咨询工作。2003 年，麦肯锡完成了 1000 多个电子商务咨询项目，比 2000 年增长近 3 倍。2005 年，麦肯锡在北京成立了一个专门为客户提供电子商务咨询服务的电子创意中心——麦肯锡加速器。2007 年，麦肯锡的电子商务咨询服务已占国内咨询服务的 25%。时至今日，麦肯锡全球 6000 名咨询人员中 1/3 从事电子商务咨询服务，业务范围涵盖电子商务项目的创意设计、需求分析、战略咨询等。

近年来，国内电子商务市场一直保持着高速增长的势头。面对电子商务带来的巨大商机，国内企业纷纷开展电子商务拓展业务空间、提升竞争能力。但由于电子商务项目的特殊性和复杂性，迫切需要专门从事电子商务咨询服务的机构。目前，赛迪、易观和艾瑞是国内三家规模较大的电子商务咨询机构。赛迪顾问股份有限公司构建了专业化、全方位的咨询业务体系，主要业务涉及电子商务、电子政务和企业战略咨询，定期提供电子商务的研究报告、专项咨询和在线数据服务，已经成为国内电子商务咨询服务业的领先者。易观国际是国内互联网信息产品、服务及解决方案提供商，其麾下的北京易观亚太科技有限公司致力于提供包括培训、规划、建设和运营的电子商务解决方案。艾瑞咨询是在电子商务、网络媒体、网络游戏、无线增值等新经济领域提供咨询服务的专业研究机构，不仅为互联网企业提供从提升网络运营竞争力到优化商业模式提高收入规模等方面的研究咨询服务，同时也为传统企业如何运用互联网进行网络营销、品牌建设等提供完整的解决方案。

除了上述规模较大的电子商务咨询机构，近年来，国内电子商务咨询服务业市场还涌现出一批优秀的中小型电子商务咨询机构。

2005 年成立的启洋科技是为企业电子商务提供专家级网络营销顾问咨询的服务商，其率先提出将网站的回应率、转化率和投资回报率结合在一起。目前，公司服务客户已超过 300 多家，包括三星、索尼、前程无忧、中国万网、李宁等。2007 年成立的易思博主要致力于为客户提供电子商务平台、订单、仓储、物流、呼叫中心、支付等电子商务咨询方案，其成功案例包括腾讯网、深圳书城、百丽优购网、中国邮政等。2009 年成立的网策咨询主要为传统企业开拓网购市场提供经营策略咨询，其服务客户包括海尔集团、戴尔电脑、宝洁中国等大型企业。2010 年成立的启购时代电子商务（北京）有限公司主要为企业提供电子商务战略咨询服务，客户主要分布在汽车配件（中驰汽配）、厨房用品、装修建材等行业。表 2 是对国内电子商务咨询服务业市场结构的分析。

表 2　中国电子商务咨询服务业市场结构分析

电子商务咨询服务业细分市场	电子商务战略咨询	电子商务技术咨询	电子商务营销咨询	电子商务管理咨询
代表性企业/机构	赛迪、易观、艾瑞	易观、艾瑞、易思博	新华信、启洋科技	北大纵横、网策咨询、上海伟雅
主要咨询服务类型	电子商务发展的战略制订、实施等方面的咨询	电子商务系统规划、网站建设、安全技术等方面的咨询	各种网络营销方法运用的咨询	电子商务经营策略、资源管理等方面的咨询
特点	侧重于电子商务战略规划的分析	侧重于电子商务技术的运用分析	侧重于网络营销手段的分析	侧重于电子商务经营策略的分析

下面，利用 SWOT 分析法透视目前国内电子商务咨询机构的优势、劣势，面临的机会和潜在的威胁（见表 3）。

表3　国内电子商务咨询机构的 SWOT 分析

优势（S）	劣势（W）
1. 低廉的人力成本 2. 熟悉国内企业和市场 3. 与客户沟通顺畅 4. 广泛的人际网络和社会网络	1. 没有品牌优势 2. 缺乏优秀的咨询顾问 3. 规模较小，难以吸引优秀的人才 4. 知识积累较少，竞争能力较弱 5. 缺乏理性分析工具 6. 缺少创新能力
机会（O）	威胁（T）
1. 快速增长的市场 2. 逐渐成熟的客户 3. 国外咨询机构的咨询服务费用较高 4. 国内经济和文化形成的壁垒	1. 咨询服务市场的规范程度较低，服务质量较差 2. 崇洋心理 3. 国外咨询机构着力推行本地化战略

（二）电子商务咨询服务业存在的问题

1. 电子商务咨询服务业的认可程度较弱

国内企业在实施电子商务项目时，多数直接由电子商务系统集成商开发建设，往往忽略电子商务咨询机构的重要作用。究其原因，一是电子商务项目涉及广泛，部分企业往往把电子商务与传统的管理信息系统混为一谈，单纯地将其看为一个信息化项目，忽视了其实施的管理变革因素；二是电子商务咨询服务业缺乏必要的宣传，导致企业对电子商务咨询服务业知之甚少，没有充分认识到电子商务咨询机构在电子商务项目实施中的重要作用。同时，由于国内电子商务咨询服务业起步较晚，多数电子商务咨询机构没有明晰的业务定位和细分的客户群体，造成服务规范度较低、服务质量较差，严重影响了企业的市场认可度。

2. 电子商务咨询服务业的服务水平较低

目前，国内电子商务咨询机构数量不少，但服务质量较低。

究其原因，主要在于：首先，电子商务咨询服务业的行业规范程度不高；作为新兴的管理咨询业种类，电子商务咨询服务业通常归科技咨询业协会管辖。但科技咨询业协会往往侧重于技术，在电子商务咨询机构和电子商务咨询顾问的行业资格认定方面缺乏经验，致使国内电子商务咨询服务业规范性较差。其次，电子商务咨询服务业缺乏统一的发展和运作模式；国内电子商务咨询机构都是自行摸索发展模式，行业内缺乏统一的项目执行规则，难以实现对电子商务项目整体性和准确性的把握，无法满足用户方对电子商务的多层次需求，造成服务水平较低的现象。最后，电子商务咨询人才匮乏，电子商务咨询顾问要从基本素质和实践经验两个方面充实提高才能胜任咨询工作。在基本素质方面，要求电子商务咨询顾问具备管理和信息化的双重知识背景，而在实践能力方面，要求电子商务咨询顾问具有企业信息化、电子商务项目建设的经验，具备较强的调研能力、思维能力、沟通能力、学习能力和组织管理能力。从国内电子商务咨询机构现有人员的组成情况看，电子商务咨询顾问普遍缺乏实践经验，制约了电子商务咨询服务业服务水平的提高。

3. 电子商务咨询服务业的市场机制健全程度不够

电子商务咨询服务业的市场机制分为供求机制、价格机制、竞争机制与风险机制。目前，国内电子商务咨询服务业的市场机制还不够健全，主要表现在以下几个方面。首先，电子商务咨询服务业的市场处于供不应求的状态。在日趋激烈的市场竞争中，企业纷纷开展电子商务项目获取竞争优势。由于电子商务项目的复杂性，企业要求在项目规划或实施中得到更加专业、更加细致的咨询服务，但受限于国内电子商务咨询机构的服务能力，其服务远远不能满足客户方多样化和个性化的需求。其次，电子商务咨询服务业的价格制定缺乏规范指导。通常，国外电子商务咨询机构参照多年的项目实施经验报价，价格相对合理。纵观国内电子商务咨询机构的市场报价，一个明显的特点是价格参差不齐，有时为了抢夺市场甚至大打价格战，其价格制定的合理性值得商榷。再次，电子商务咨询服务业市场的无序竞争现象明显；多家电子商务咨询机构出具项目建议书争夺同一个客户的现象十分普遍，各家机构运用各种公关策略达到接单目的，导致咨询服务前端混乱。最后，电子商务咨询服务业的项目风险防范机制不够成熟。通常，电子商务项目投资额度大，涉及范围广，项目实施具有较大的风险，因此，迫切需要建立统一的风险防范机制。但目前大多数电子商务咨询机构还没有一套行之有效的项目风险防范机制，造成整个电子商务咨询服务业的风险机制严重滞后。

四　电子商务咨询服务业的发展对策

电子商务咨询服务业在国内刚刚起步，行业发展面临诸多问题。首先，从国家层面看，规范电子商务咨询服务业经营行为的法律法规还是一片空白；缺乏保护和引导电子商务咨询服务业发展的行业规划、行业发展政策和市场准入标准；没有专门的管理机构扶持、培育、规范电子商务咨询服务业的发展。其次，从行业层面看，电子商务咨询服务业的组织协调体系尚未建立，缺乏权威性的行业管理组织，造成电子商务咨询服务业缺乏统一和标准的运营规则。最后，从企业层面看，电子商务咨询机构人才匮乏，专业化程度低，在电子商务咨询能力上存在一定的局限性，造成了市场空间的狭窄。因此，要实现国内电子商务咨询服务业的健康和快速发展，需要国家、行业和电子商务咨询机构三方的共同努力。

（一）国家政策的大力支持

目前，国家主要通过颁布各种政策法规指导各个行业的发展。针对电子商务咨询服务业的现状，国家可以通过制定下述政策推进电子商务咨询服务业的有序发展。

1. 制定电子商务咨询服务业的法律法规

商务部发布的《电子商务"十二五"发展指导意见》明确提出[1]，到2015年我国电子商务法规标准体系基本形成。电子商务咨询服务业相关法律法规的具体内容应包括：电子商务咨询机构和咨询人员的资格认证；电子商务咨询机构和咨询行业协会的职责、权利和义务；电子商务咨询产品的产权保护；电子商务咨询市场的管理，包括保护公平竞争、反不正当竞争、强化市场管理、涉外咨询等问题。健全的电子商务法律体系可以为电子商务咨询服务业市场化、产业化营造健康的发展环境。

2. 制定电子商务教育的相关政策

在教育政策方面，国家可以鼓励各类高校在工商管理、信息管理等相关专业开设咨询理论与实务、电子商务系统规划与设计等课程，培养复合型人才，解决电子商务咨询机构人才短缺的问题。同时，鼓励电子商务咨询机构与知名高校联合，充分依托高等院校深厚的理论根基，紧跟电子商务发展的时代步伐，快速提升服务水平。

3. 制定资金支持、税收减免的相关政策

国内电子商务咨询机构普遍规模较小、资金有限，国家可以考虑制定相关的优惠政策，鼓励各银行等金融机构向电子商务咨询机

---

① 商务部：《电子商务"十二五"发展指导意见》，2011。

构提供贷款和风险基金，为其扩大规模、增强实力添砖加瓦。同时，在税收政策方面，应给予电子商务咨询机构一定的税务减免，增加行业整体利润，提升竞争能力。

（二）行业协会的规范协调

针对国内电子商务咨询服务业的现状，需要筹建专门的电子商务咨询服务业行业协会（以下简称电子商务咨询协会）。电子商务咨询协会介于政府机构和电子商务咨询机构之间，负责制定行业规范、维护行业秩序，为电子商务咨询服务业的发展营造良好的市场环境，促进电子商务咨询服务业不断进步。电子商务咨询协会可以通过下述举措推进电子商务咨询服务业的规范发展。

1. 实施电子商务咨询机构信誉评价机制

目前，国内电子商务咨询机构提供的服务质量参差不齐，对电子商务咨询服务业的发展造成了极大的负面影响，可以考虑建立电子商务咨询机构信誉评价机制，采用科学的方法对电子商务咨询机构的业绩、知名度、咨询能力、业务水平以及职业道德等方面做出客观、公正的评估。电子商务咨询协会可以采取用户方调查、专家评议相结合的方式确保信誉评价的权威性。

2. 履行电子商务咨询顾问的资格认证制度

相比传统的管理咨询项目，电子商务咨询项目难度更大，其提供的"知识型产品或服务"需要具有高水平的电子商务咨询顾问。作为一种专业的认证制度，电子商务咨询顾问资格认证制度可以为电子商务咨询顾问提供专业性的水平证明，有助于提高电子商务咨询服务业的社会地位。对于欲从事电子商务咨询服务的咨询机构，电子商务咨询协会应强化对其电子商务咨询顾问的认证考核，提高其业务水平。

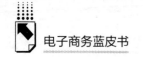

3. 指导及规范电子商务咨询机构的服务价格和市场行为

通常，电子商务项目内容涉及较广，功能相对复杂，咨询服务价格较高。目前，价格是选择电子商务咨询机构的主要因素之一。为了争夺客户，一些电子商务咨询机构不惜采取压低报价、虚夸实力等恶意市场行为。作为电子商务咨询服务业的直接指导机构，电子商务咨询协会应制定行业服务规范，监督和监管电子商务咨询机构的服务报价。对于定价偏低、有打价格战嫌疑，甚至采取恶意市场竞争行为的电子商务咨询机构，可以令其限期整改，否则申请吊销其营业执照，起到整顿电子商务咨询服务市场秩序的作用。

（三）咨询机构的能力提升

电子商务咨询机构是电子商务咨询服务业的主体。要保证国内电子商务咨询服务业的快速高效发展，提升电子商务咨询机构的能力是重中之重。电子商务咨询机构可以从下述方面提升服务水平。

1. 调整经营理念，强调以服务客户为中心

高质量的服务是电子商务咨询机构的生命线。建立以服务客户为中心的经营模式，意味着电子商务咨询机构能够"想客户之所想，急客户之所急"，真正树立全方位服务的经营理念。本着以客户为中心的原则，解决客户的问题是电子商务咨询机构的职责。在电子商务项目实施中，电子商务咨询机构应立足于服务客户的角度，通过与客户的沟通不断细化、明晰客户的真正需求，不仅要设计满足客户需求的咨询方案，而且要解决客户在项目实施中遇到的种种问题。咨询方案仅仅是为客户提供了咨询服务的平台，成功实施才是与客户合作成功的标志。

2. 准确进行市场定位，打造自身品牌优势

各家电子商务咨询机构业务重点不同，服务对象不同，因此，

准确的市场定位非常重要，其代表了电子商务咨询机构提供的产品定位。电子商务咨询服务内容涵盖广泛，咨询机构应结合自身优势重点凸显在某一领域的专业性，如易观国际致力于提供电子商务的战略咨询服务；斯玛特则主要提供电子商务的技术咨询和营销咨询服务。只有进行准确的市场定位，电子商务咨询机构才能建立在此领域的专业形象，树立自身的品牌优势，得到广大客户的依赖和认可。

3. 强化项目执行能力，提高项目执行效率

执行力一直是困扰电子商务咨询机构的主要问题。要么是好的方案，企业执行不到位；要么是方案本身有问题，企业根本无法执行。因此，要求电子商务咨询方案应有针对性、时效性和可衡量性。针对性指咨询方案依据企业的实际需求"量身定做"，按照固定模式照搬的方案是没有竞争力的。时效性，即可操作性，指咨询方案一定要做到简洁明了、通俗易懂，这样才有利于企业执行。可衡量性指咨询方案的效果与企业期望实现的现实或潜在的效益挂钩，具有可衡量性。同时，引入项目管理机制，在电子商务项目实施过程中层层把关，提高项目的执行效率。

4. 营造以人为本的核心竞争力

电子商务的市场环境变幻莫测，电子商务咨询机构必须营造其核心竞争力。创造核心竞争力的先决条件是拥有一支素质高，知识结构、年龄层次搭配合理的优秀人才队伍。首先，创建学习型组织。电子商务咨询服务对咨询顾问的整体要求较高，企业通过创建学习型组织，持续提高咨询顾问的学习能力，才能跟上电子商务快速发展的步伐，同时，建立多样化的员工培训机制，为咨询顾问提供多层次、个性化的培训，增强咨询顾问的实践操作

能力。其次，加强团队合作。一个咨询顾问的力量是有限的，团队合作可以形成咨询顾问的知识互补。麦肯锡之所以长期占据咨询行业的龙头地位，靠的并不是一两位知名的咨询顾问，而是其全球一体化的资源共享。最后，电子商务咨询机构应将提高咨询顾问的业务能力作为管理的目标，通过能力发现机制、使用机制以及开发机制，刺激咨询顾问的创造性劳动，营造以人为本的核心竞争力。

5. 重视咨询理论研究，培养持续创新能力

多数电子商务咨询机构是参考国外的咨询理论为客户提供咨询服务的，自身没有进行理论研究和创新。市场每时每刻都在发生变化，面对变化，只有创新才能使企业充分发挥能力。因此，电子商务咨询机构不仅要创造性地学习国外著名咨询企业的理论和工作程序，吸取其经验，还应结合国内市场环境的现状以及企业自身的特点，逐步形成一套符合国内现状的咨询理论和方法。电子商务咨询机构需不断地拓宽视野，在项目运作中进行不同程度的创新，推进国内电子商务咨询服务业的发展。

参考文献

[1] 阿里研究中心：《2010 年度网商发展研究报告》。
[2] 阿里研究中心：《中国中小企业电子商务发展报告（2009）》。
[3] 许立帆：《中国管理咨询业现状及发展探析》，《江苏商论》2006 年第 4 期。
[4] 周绍辉：《管理信息化咨询服务的研究》，电子科技大学硕士学位论文，2005。
[5] 黄仁浩：《论我国信息咨询服务业发展不足的原因与对策》，《情报

理论与实践》，2004 年第 1 期。

[6] 周镭、孙海长：《企业信息化咨询通病及对策研究》，《中国管理信息化》2007 年第 6 期。

[7] 贺海毅、吴祖光：《中国管理咨询业发展研究观点综述》，《经济研究导刊》2009 年第 18 期。

B.8
中国电子商务教育培训
服务业发展状况

程凌超*

摘　要：

本文对日渐形成产业规模的电子商务教育培训服务业进行了深入研究，描述了电子商务教育培训服务业的市场现状，探讨了电子商务人才培养路径和实践所面临的主要问题。电子商务教育培训服务业培养人才不能满足实际行业发展对相应人才的需求，学校教育内容与企业岗位需求不相匹配。本文依据相关教育培训理论，结合电子商务发展特点和电子商务教育培训业现存的突出矛盾，尝试给出电子商务教育服务业发展模式，即通过多种方式进行校企联合办学。一方面使学校的教育更加贴近企业的需求，提高教育的针对性和实用性；另一方面使企业的培训植根于学校的教学体系，解决人才缺口和适岗问题。最后给出电子商务教育培训服务业未来的发展趋势。

关键词：

教育　培训　人才培养　发展模式

---

* 程凌超，中国社会科学院 MBA，师从中国社会科学院金融研究所副所长殷剑峰和中国社会科学院财经战略研究院副院长荆林波，曾先后就职于多家世界 500 强企业，长期从事市场及培训相关工作，对企业市场运作、业务运营管理、人才培养体系搭建等方面有着一定的理论水平和丰富的实践经验。现任百度公司高级营销顾问，并将长期从事互联网领域教育培训工作理论和实践研究。

1994 年我国接入国际互联网。作为互联网产业最重要、发展最健康的分支，电子商务自 1997 年起在我国起步发展。初期，处于启蒙阶段的电子商务企业，以模仿国外电子商务的商业模式、技术手段为主要特征，随着介入者的不断增多，个人网商成长迅速，在模仿国外模式之余，开始了自主创新，如支付宝的货到付款方式等。电子商务企业越做越大，开始了平台扩张，并逐渐形成产业规模，此时电子商务服务业逐渐壮大并成型。而作为电子商务服务业中重要的一块，电子商务相关从业人员的培养日渐成为电子商务后续发展的重要基础和力量源泉，与之对应的电子商务教育培训服务业的发展也日益受到行业关注。

2012 年 7 月 19 日，由中国电子商务中心编制的国内首份电子商务人才报告发布。根据其中发布的《2012 中国电子商务人才状况调查报告》，未来 5 年，中国 3000 多万家中小企业，将有半数尝试发展电子商务，人才需求更加趋紧，届时，中国电子商务企业直接从业人员将达到 265 万人。报告同时显示，81.82% 的企业存在电子商务从业人员招聘压力，59.09% 的企业预计在一年内会有大规模招聘。这其中，又以电子商务运营人才、技术性人才需求最大，推广销售人才、供应链管理人才次之。而从 2000 年来，教育部已经批准了 339 所本科高校和 650 多所高职高专设置电子商务专业，每年大约有 8 万名毕业生。电子商务未来 10 年将来有超过 1 万亿元的投资，由此引来的人才缺口将达到 200 万人。电子商务人才的教育培养与企业未来随着行业的繁荣发展对电子商务人才的需求之间存在着巨大的缺口。

同时，为全面贯彻落实《国务院办公厅加快电子商务发展的若干意见》的有关精神，加强电子商务的教育培训和理论研究，高等院校要进一步完善电子商务相关学科建设，培养适应电子商

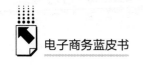

务发展需要的各类专业技术人才和复合型人才，加强电子商务理论研究；改造和完善现有教育培训机构，多渠道强化电子商务继续教育和在职培训，提高各行业不同层次人员的电子商务应用能力。

针对以上现状，研究如何加快发展电子商务教育培训服务业，探讨分析电子商务人才培养路径和实践，对于提升我国电子商务服务水平，助力现代服务业的发展都具有非常重要的作用。

一 电子商务教育培训服务业概述

（一）教育培训相关理论概述

教育是培养新生一代准备从事社会生活的整个过程，主要指学校对适龄儿童、少年、青年进行培养的过程。广义上讲，凡是增进人们的知识和技能、影响人们思想品德的活动，都是教育。狭义的教育，主要指学校教育，其含义是教育者根据一定社会（或阶级）的要求，有目的、有计划、有组织地对受教育者的身心施加影响，把他们培养成为一定社会（或阶级）所需要的人的活动。通常所说的教育，都是指校园教育，具有通用的区域标准或国家标准教材，有指定的教师，进行课堂口授讲述，辅之以板书和作业，结合测验、抽查考试、期中和期末考试，加上升学考试，再进入职业生涯。

《中国教育大辞典》对培训的定义是："培训，培养训练。指在职、在业人员的专门训练或短期再教育。"美国经济学家 G. S. 贝克尔在 1961 年提出了"培训"（Training）一词，意为人们为获得技能或改进就业者的生产能力而进行的投资。对比培训和教育的定义，可以看出，培训是教育的一种特殊形式，为广义的教育所包含，同时又区别于传统的学校教育。培训泛指组织对员工的一切培养、训练活动，往往表现为通过教学或实际操作等方法，使员工的知识、技能、态度和行为有所改进，使其按照组织的要求，较好地完成本职工作，达成企业预定的绩效目标。

普通的教育，只能够提供一些基本的专业知识和层次很低的技能。而面临规模化的企业发展，必须进行多次技能培训，才能使员工逐步达到企业不断发展的要求。所以，组织为了提高劳动生产率和个人对职业的满足程度，直接有效地为组织生产经营服务，不断采取各种方法，对组织的各类人员进行教育培训投资活动。教育培训以常规的学历教育为基础，是学历教育在实际工作过程中对工人素质提高的延展。迈克尔·波特（1990）指出，"教育和培训是一个国家竞争优势的决定性因素"。教育培训毫无疑问对个人大有裨益，还会对团队整体起到提升带动作用。尤其在中国，这种外部性可能更大。David N. Weil 认为："给一个人更多的教育培训，不仅可以提高他自己的产出，也可以提高他周围人的产出。"

表1　教育与培训的区别

项目	教育	培训
对象	以青少年为主	以成年人为主
目标	综合素质的提高	单一技能的养成
方式	老师讲授	讲授、讨论、演练、案例等
内容	侧重知识和态度	侧重技能
时效	长期性	短期性
实施主体	学校为主	企业、社会机构为主

(二)电子商务教育培训服务业的含义

围绕电子商务产业链开展的教育培训服务活动就是电子商务教育培训服务业。基于上述对教育培训概念的解读,可以将电子商务教育培训服务业界定在两个方面:一是与电子商务专业相关的学历教育,二是与电子商务相关的各种培训和继续教育,以及电子商务知识的普及和提高等。

表2 电子商务教育培训服务及相关含义

名词	解释
电子商务	网络化的新型经济活动,即基于互联网、广播电视网和电信网络等电子信息网络的生产、流通和消费活动,以实现整个商务过程的电子化、数字化和网络化,而不仅仅是基于互联网的新型交易或流通方式
电子商务服务	为基于网络的交易服务、业务外包服务及信息技术系统外包服务。其中,交易服务主要包括基于网络的采购、销售及相关的认证、支付、征信等服务;业务外包服务包括基于网络的产品设计、生产制造、物流、经营管理等外包服务;信息技术系统外包服务主要包括基于网络的设备租用、数据托管、信息处理、应用系统、技术咨询等外包服务
电子商务教育培训服务	围绕电子商务产业链开展的教育培训服务活动:一是与电子商务专业相关的学历教育,二是与电子商务相关的各种培训和继续教育以及电子商务知识的普及和提高等

注:电子商务、电子商务服务的含义转引自中国 B2B 研究中心编写的《1997～2009:中国电子商务十二年调查报告》。

以电子商务 B2C 模式举例,电子商务 B2C 产业链条结构图(见图1),将教育培训服务业贯穿电子商务的各个环节:①生产环节是基础和开始,即图1中产品制造商部分,通过相应的电子商务教育培训服务,使生产者明白电子商务是商业经济的未来发展方向,企业应用电子商务技术转换经营方式成为必然趋势;②营销环节是电子商务的实施,即图1中供应商/代理商和电子商务 B2C 厂商部分，通过教育培训，提升电子商务的服务水平；③消费环节是电子商务的实现环节，教育培训使消费者了解和掌握如何运用电子商务方便快捷、安全高效地购买商品。

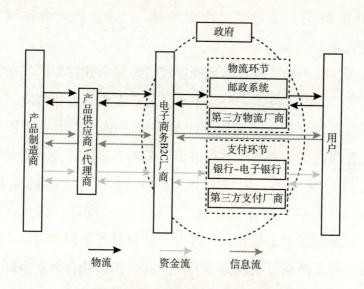

图 1　中国电子商务 B2C 产业链结构

（三）电子商务教育培训服务业的作用

开展电子商务教育培训的作用主要表现在以下三个方面。

首先，培养促进电子商务发展的适用人才。任何产业的发展都离不开丰富的人力资源作为依托。飞速发展的信息技术革命引发了生产力、生产关系和生产方式的变革，从而形成新的商业文明范式。在这一背景下，加快发展电子商务教育培训产业培养适用人才，是促进我国信息技术和电子商务不断升级发展的根本基础。

其次，通过电子商务教育培训可以提升劳动力素质扩大社会就业。约翰·卡尔文说过，"所有的人被创造出来，并使他们自己忙于劳动"。通过电子商务教育培训，既可以培养信息技术专业的人才，又可以培养信息网络使用人才，从而可以提升劳动力素质，扩大社会就业途径。比如近年来网络购物的兴起，不少人经过相应的电子商务培训学习后通过网上开店的方式成为网商，截至 2010 年 11 月，通过淘宝网实现 167 万人直接就业和约 600 万人间接就业。

最后，电子商务教育培训助推经济发展方式转变。当前，我国正在转变经济发展方式，并将电子信息产业列为新兴战略产业。开展电子商务教育培训与我国要求促进经济增长"由主要依靠增加物质资源消耗向主要依靠科技进步、劳动者素质提高、管理创新转变"是内在统一的。由联合国秘书长潘基文提出的绿色新政（Green New Deal）理念包括两个方面，一是发展环保产业，保护生态；二是创造大量就业。通过电子商务教育培训，可以不断延伸电子商务产业链条，实现低碳发展，同时扩大社会就业空间，助推经济发展方式转变。

（四）电子商务教育培训服务业环境分析（PEST）

政治环境（Political Factors）。在我国，党和国家一直高度重视人才培训工作。我国自 1995 年以来，虽然先后颁布了《中华人民共和国教育法》《中华人民共和国职业教育法》《中华人民共和国民办教育促进法》等法律，初步建立起了"市场引导培训、培训促进就业"的职业教育与培训机制，但在对教育培训市场的监管方面仍然有待加强。目前国内电子商务教育培训市场就急需加强统一管理和规范。另外，国家及地方政府对电子商务发展的高度重视也为电子商务培训服务业提供了良好的发展环境。

工业与信息化部 2012 年 3 月发布的《电子商务"十二五"发展规划》提出，要加快电子商务人才培养，积极引导有条件的高等院校，加强电子商务学科专业建设和人才培养，为电子商务发展提供更多的高素质的专门人才。鼓励职业教育和社会培训机构发展多层次教育和培训体系，加快培养既懂商务，又具备信息化技能的电子商务应用人才；积极开展面向企业高级管理人员的电子商务培训；鼓励有条件的地区营造良好的创业环境，吸引并帮助具有国际视野的创新创业型人才成长。

经济环境（Economic Factors）。当前，扩大内需、促进消费升级、转变经济发展方式已经成为我国经济发展的必然战略选择。加快转变经济发展方式，一方面要求改变以土地和资本为驱动的经济发展方式，转向以创新和智力为动力的经济发展方式；另一方面，要加大产业结构调整力度，着力发展高新技术产业，促进产业结构向高级化和合理化迈进。《中共中央关于制定国民经济和社会发展第十二个五年规划的建议》提出，"要加快形成消费、投资、出口协调拉动经济增长新局面"。消费首次排在了拉动经济的"三驾马车"首位。而电子商务可以带动网络基础服务、仓储物流配送、支付渠道、网络营销、网络广告等延伸行业或互联网其他领域，并催生专职网店卖家、网店装修师、"网模"等一大批新兴职业。电子商务这一网络经济的主力军，正成为拉动消费推进经济发展的"助推器"。

近年来，我国在线交易额呈快速上升趋势，价格优势使得网购市场借势金融危机反而得到了快速发展。中国电子商务研究中心发布的《2010年度中国电子商务市场数据监测报告》显示，2010年中国电子商务市场交易额已达4.5万亿元，同比增长22%。其中，B2B电子商务交易额达到3.8万亿元，网上零售市场交易规模达5131亿元。依托于电子商务的教育培训服务业由此拥有了广阔的发展空间，进而可以在我国转变经济发展方式和拉动内需方面发挥

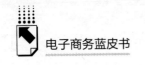

积极的作用。

社会文化环境（Social-Cultural Factors）。在我国经济持续快速发展的背景下，随着互联网的不断普及，网上零售的政策环境的成熟、基础设施建设的完备、技术水平应用范围日益扩大、服务产业链的完善等，社会大众对电子商务的接受度不断提升，除原有的互联网电子商务厂商外，越来越多的企业主转战网上零售这片"蓝海"，传统行业厂商互联网化趋势日趋明显，积极进行企业电子商务的全线布局，从而推动了我国电子商务市场的蓬勃发展。

技术环境（Technological Factors）。电子商务是以信息技术为主要内容的现代科学技术在商业领域的综合运用。发展电子商务教育培训服务业同样必须充分运用现代信息技术提升教育培训质量和效果。这主要表现在两个方面：一是在电子商务教育培训过程中需要构建技能实践平台，如电子商务网络实验室、远程教育、电子商务企业实训基地等；二是电子商务教育培训内容融合了电子商务产业链中涉及的软件技术、网络技术以及交易支付技术等。

（五）电子商务教育培训服务业的实施主体和主要方式

目前，在我国从事电子商务教育培训的机构主要有三类：一是政府相关部门及高校举办的电子商务教育培训，如全国高等教育自学考试委员会开设的电子商务专业自学考试，教育部组织的远程网络教学试点中包括"电子商务"等；二是各电子商务企业自办的专业培训，如阿里巴巴的阿里学院、淘宝网的淘宝大学、敦煌网的义乌商学院等；三是其他社会培训机构开展的电子商务培训，如中美龙遨国际电子商务培训中心、学易网等。

企业培训又分为四类：一是公开课；二是企业内训；三是企业咨询；四是企业网络培训。所谓公开课，指的是讲师或培训机构针对全社会组织的，开放报名的培训课程；企业内训，指的是企业邀请培训讲师到企业中来，开展针对性调研，最后进行分阶段的内部培训；企业咨询就是单科目解决问题。这点和内训很像，但是如果企业需要内训的话，企业一般知道自己的问题。如果企业需要咨询的话，就会让高手来帮助企业，找出企业的不足以及需要改进的地方。也就是说，如果一家企业需要通过咨询来完善自己，事实上，它也不太清楚自己的问题出在哪里。通常意义上的、有组织的、正规的培训往往要进行培训需求分析，在此基础上制定详细周密的培训计划，然后依照计划开发专业实战的培训课程，组织实施培训，最后进行培训效果评估。我们可以将这类培训称为制度性培训（Systematic Training），它有正式的需求分析和严密的培训计划，有系统的的培训内容、培训组织和培训效果评估。相对于制度性培训，非制度性培训（Non–systematic Training）已在许多企业的实践中不知不觉地开展，这类培训的作用也日益凸显并引起人们的关注。

随着互联网的进一步发展，企业培训进入了网络时代，多种形式的互联网企业培训如火如荼地展开。网络企业培训具有不受时间、地域限制，投放资金少，培训效果优质等显著特点，受到越来越多企业的喜爱。

根据电子商务培训对象的不同，主要划分为三大类。一是针对决策层的培训，主要面向公司老板和高层人员，培训内容主要包括：树立电子商务营销理念，把握行业发展趋势，制定电商营销战略等；二是针对管理层的培训，主要面向公司管理层人员，培训内容主要包括：掌握电商营运机制，分享电商成功案例，提升基于电商业务的管理绩效等；三是一线操作层的培训，主要面向公司基层员工，培训内容主要包括：学习电商基本技术和工具，运用电商营销手段开展营销策略等。

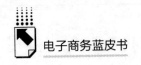

二 我国电子商务教育培训服务业遇到的主要问题

（一）电子商务教育培训服务业不能及时匹配电子商务行业人才发展速度

随着互联网的普遍应用，我国电子商务早已进入了发展快车道。但是，电子商务的高速发展将人才培养速度远远抛下，人才缺口和电子商务的诚信问题、物流问题一样，已经成为制约电子商务发展的重要因素，而且这一缺口仍有继续扩大的态势。

有数据显示，电子商务企业及其他企业电子商务部门80%以上面临招聘压力，表示人员稳定、基本能满足企业需求的仅占20%左右。与此同时，电子商务发展态势良好，吸引许多企业纷纷"触电"，使人才缺口继续扩大。

另外，我国电子商务许多指标尚未定型，为适应市场的瞬息万变，电子商务仍在不断创新。电子商务的知识结构中，理论体系尚未形成，现存知识技能全部来自实践的总结，必须在实践中不断更新。电子商务新技术、新模式不断涌现，旧理论也不断被新知识、新经验替代。这个过程中显现出巨大的创新型电子商务人才缺口。

（二）学校对电子商务专业人才的培养与企业实际需要存在差距

目前全国开办电子商务专业的院校达到1120所，在校生的规模超过30万人。其中无专业实践基地的院校占36.14%，近八成学生对实践安排表示一般或者不满意。而更有数据表示，我国电子商务专业学生的对口就业率仅仅达到20%，电子商务专业应届毕业生就业率远远低于全国大学生就业平均线。院校培养出的学生很难符合社会对高层次电子商务人才的需求标准，这种状况不容我们乐观。造成这种现象的根本原因在于高校在电子商务人才的教育和培养方面还存在不足，还有很大的提升空间。主要表现有：高校电子商务教育严重落后于企业发展实际，教学资源跟不上企业的实际需要。高校在从事电子商务教学中，缺乏大量具有企业电子商务实践经验的教师，同时缺乏相应的实验设备，缺少电子商务学生进行实习、实训的校内或校外基地。即使在具备实习条件的院校，实习也大都在虚拟环境中操作，学生在很大程度上不能切实感受现实中电子商务的应用。学生学习的理论知识和应用要求不符，毕业后的学生眼高手低，与企业电子商务人才需求严重脱节。课程设置不合理，现阶段我国电子商务专业教师大多由经济与计算机专业方向的人才组成，专业课程设置是经济与计算机专业知识的简单堆积和重组。如何把电子商务课程组织编撰好，学校如何做好学生、课程与社会企业需求的对接，是当前电子商务教育行业应该反思的一个重要问题。另外，院校缺少到位的就业指导说明，学生盲目地学习，对未来自己的就业方向一无所知，也就无从知晓应该掌握什么样的能力，获得哪些证书，才能让自己在未来的就业市场上更具有竞争优势。

另外，电子商务行业发展比较快，有很多急需人才（见图2），但是学校里学习的内容与企业实际需求存在脱节的情况。电子商务的知识结构中，理论体系尚未形成，现存知识技能全部来自实践的总结，并在实践中不断更新。电子商务新技术、新模式不断涌现，例如团购模式的发展、社会化电子商务、移动电子商务的尝试。传统的教育培训模式在电子商务人才培养中碰到很大问题，一是没有完善的理论体系可以教授，二是教授贴近实践知识结构的师资匮乏，导致传统教育体制教授的电子商务知识，与企业实践和需求严重脱节。

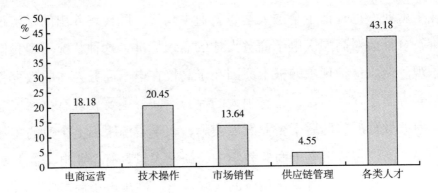

图2　2012 年电商企业最急需的人才

资料来源：中国电子商务研究中心。

（三）电子商务教育培训服务业市场混乱，相关政策、规范、法规滞后

电子商务教育培训服务业的发展需要依赖于完善的政策法规作为保障。近年来，我国的教育培训市场蓬勃发展，据德勤研究报告，2010 年中国教育培训市场总值接近万亿元规模。不过，由于长期以来缺乏相应的法规约束和管理监督，表面繁荣的教育培训市场难掩乱象：一些培训机构急功近利，虚假宣传；教育培训市场鱼龙混杂，良莠不齐；一些教育培训机构互挖墙脚，恶性竞争，携款逃跑事件时有发生，行业诚信度下降[①]。在教育培训市场的大环境下，电子商务教育培训服务业的发展急需完善的政策法规和有效的监督管理保驾护航。

（四）电子商务教育培训地区发展不平衡

我国城乡二元结构的经济特征及地区发展水平的差异在电子商

---

① 《教育培训市场繁荣之下难掩乱象》，《经济参考报》2010 年 9 月 3 日。

务教育培训行业中也典型存在。根据中国 B2B 研究中心调查统计显示，目前国内电子商务服务企业主要分布在"长三角"地区、"珠三角"地区一带以及北京等经济较为发达的省市。其中"长三角"地区占 33.52% 的份额，"珠三角"地区占 32.04%，北京占 8.86%，国内其他地方共占 25.58%。这正好诠释了我国电子商务行业的"六六定律"，即全国数千家行业网站，其中有六成在长江三角洲经济圈内，而该经济圈内的行业网站，又有近六成在浙江，其中又是以杭州为主，聚集了其中的六成以上，杭州也是公认的"中国电子商务之都"。可见，目前我国的电子商务服务企业多分布在经济较为发达的省市，且电子商务配套产业环境良好。经济的发达使这些地方网上购物、商户之间的网上交易和在线电子支付，以及各种商务、交易、金融、物流和相关的综合服务活动也较为活跃。由于我国电子商务服务业的发展水平在地区间存在较大差异，相应的，我国开设电子商务课程或专业的高等院校多分布在东南沿海以及北京地区，而中部、西部、东北地区非常少，有些地区的电子商务人才教育培训几乎为空白，这说明区域电子商务专业教育培训发展非常不平衡。

三　电子商务教育培训服务业发展模式初探

（一）依托企业电子商务人才岗位要求，鼓励学生在校期间考取职业资格认证证书

根据国内外电子商务实践的实践经验表明，企业对电子商务人才的需求大致分成四类：电子商务技术型人才、电子商务营销型人才、电子商务管理型人才和电子商务研究型人才。

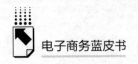
表2　电子商务服务业人才分类

人才类别	主要岗位	工作要求
技术型人才	网站开发员、网页设计、网站维护、企业 ERP 技术顾问等。这些都是目前人才市场上需求量最大的职位	能设计和开发网站,网页动画设计,进行网络数据库的维护、网站日常维护,熟悉网站推广技术,了解常用的网络营销手段,熟悉 CRM 和 ERP 操作等
营销型人才	网络营销人员、呼叫中心管理员、电子商务文员等,企业对这方面的人才需求也很大	熟练掌握并运用网络等手段进行网络营销,熟悉网络营销的技巧,有较强的沟通能力和文字功底,有网络营销策划能力
管理型人才	一般是企业的领导和管理人员,需要不断积累企业实践	既对计算机、网络和社会经济都有深刻的认识,又具备战略营销及项目管理能力
研究型人才	咨询培训机构咨询师、大学院校专家	从事电子商务理论和实践经验的总结和研究工作

资料来源:根据相关资料整理而成。

　　这就要求学校需要根据企业电子商务人才培养的需求,比较适合在学校教育(大专、本科、高职等)培养的是技术型人才和商务型人才。同时,为确保毕业生就业竞争力,专业定位还应该体现差异化和特色化。针对区域优势,将电子商务与某一个具体的特色行业或领域结合,如旅游电子商务、移动电子商务等。这样有针对性的差异化培养,更容易突出毕业生就业针对性和优势。另外,还需要加强师资队伍建设。优化教师队伍结构,将企业的中高层管理人员、具有实践经历的从业人员纳入教学队伍,聘请企业电子商务管理运作和开发人员作为兼职教师,来指导学生课程设计和毕业设计,推广来自企业生产科研第一线的技术,实现双师型教师队伍建设,补充学校在管理型人才培养方面的不足。

　　职业资格认证某种程度上有效弥补了传统学校教育的专业技能培养不足,鼓励学生参加相关电子商务师职业资格认证考试,并获取相关认证，无疑能够更加有效地达成企业电子商务人才需求与学校办学培养之间的差距，使电子商务毕业生更加符合企业的岗位需求。目前我国电子商务教育培训服务业提供的培训项目主要有两种形式：一种是由国家有关部门推行的职业资格认证项目，如"电子商务师"资格认证。电子商务职业共设四个等级，分别为电子商务员（国家职业资格四级）、助理电子商务师（国家职业资格三级）、电子商务师（国家职业资格二级）、高级电子商务师（国家职业资格一级）。鉴定合格者按照有关规定统一核发《中华人民共和国职业资格证书》，并实行统一编号登记管理和网上查询。另一种是由各类培训机构推出的电子商务实务培训项目。

（二）鼓励校企联合办学，优势互补，合作共赢

企业走进学校，学校与企业对接，企业、学校双方合作，建立电子商务实习、实训基地或实训实验室，实现"工学结合"或"商学结合"。校企共同制定专业培养计划和教学大纲，保持教学科研始终与地方经济和行业发展密切相关，形成良性循环。

学校与优秀的电子商务企业合作，共同建立实训教学项目，院校师生、企业均可获益，比如知名的淘宝公司针对院校推出"淘宝创业实训基地"项目，院校只需很小的投入就可以依托淘宝公司资源，免费提供规范实用的师资培训、教学大纲、授课计划和网络实训平台等资源，建立起电子商务专业实验室。针对优秀学生，淘宝公司还将其推荐给相关知名电商企业进行实习、就业。

可以将建立校外学生实训实习基地作为具体操作模式。校企优势互补、相互协作，实习基地设在企业内部，实习设备及产品由企业投资，实习按照企业模式运行，学生毕业后由企业负责录用。而电子商务理论课教学，设在校内进行，主要由本校老师完成；实训

课内容由企业实战人员完成，在企业内实施。教学组织实施理论课与实训课交替进行，比如，一学期设四周理论课、四周实训课，交替进行，这样有利于学生将理论知识与实践更好地结合，有利于对学生进行社会和学校的双重教育。近年来，校外实训实习基地的模式已经在全国部分院校成功实践运作，取得了一定成就，积攒了不少经验，并受到了学生家长和社会的广泛赞同和充分肯定。

另外，还可以与多家企业建立紧密的就业对接关系，签订学生实习合作协议，向院校学生提供更多的实习岗位和机会。一方面学校立体化了自身教育方式，向企业连续输送合格的电子商务应届毕业生；另一方面企业通过实习环节，加速应届毕业生的过渡期，使学生满足目标工作岗位的要求，实现校企双赢。

（三）尝试推进"创业型大学"，即"学－用"一体化教学模式

义乌工商学院经验介绍。义乌工商职业技术学院创业学院成立于2008年10月，2010年10月正式成为二级分院，主要管理对象包括电子商务创业班、创业学员班和各分院创业孵化基地。电子商务创业班从2009年9月开始招生，目前创业学院下设10个电子商务创业班，每班有学生30人，都配备了一间教室以及一间仓库。学生在教室上课并开展网上创业活动。创业学院每学期初在全院范围内招收创业优秀学生加入创业学员班，创业学院为这些同学开设提升企业家素质以及工商、税务知识普及的课程。创业园内为各个分院提供了创业孵化基地，其中不乏优秀的电子商务创业团队，以及以专业为导向的创业团队，创业学院承担各分院创业孵化基地的管理工作。

创业学院现有教师14人，其中，副高以上职称4人，讲师9人；学生386名，包括10个创业班的300位同学，以及学员班的

86 位同学。分院占地面积 8000 余平方米，是一个集教学、实训、销售、培训、仓储、快递为一体的综合性创业教育和实战平台。

义乌工商学院建立了一个以创业业绩为标准的学生考核体系，创业业绩自然成为评优评先的标准。不仅如此，学院还为学生提供各种创业服务。联系厂商，让快递公司在学校设立代理网点。创业基地在学校"雪峰楼"，按照规定，学校教室中本来没有网络设置，为方便学生网上接单，学校在"雪峰楼"每间教室的每个座位上拉起了网线，并 24 小时供电，"雪峰楼"的自修教室也成为学生们堆放货品的仓库。为给学生开网店提供便利，学院还执行了一套特殊制度，其他学院早上 8 点半上课，创业学院的学生到 9 点半才上课。考虑到学生们开办网店的需求，学校外聘教师讲摄影课，建立配备了专业器材的摄影基地，方便学生们为商品拍照。"伊能麻豆"是创业学院下属的一支模特队伍，团队内的所有模特均为校内学生。在拍摄费用方面，模特对学生店主的报价远远低于市场价格。

学校甚至规定，学生只要有合适的理由，就可以请假不上课。上课时间可以带着笔记本电脑，随时接单。创业学院的课程也是围绕开网店的需求来设置的，淘宝店的等级可以折算成创业学分，除了一些必修课，很多课程可以选择免修，用创业学分来替代。

几年的运行，义乌工商学院创造了许多引人关注的数字，在校生中有 60% 生活费自理，创业班首届毕业生人均月收入超过 1 万元，其中不少资产过百万元，顶尖的学生身家上千万元。据悉，创业班级的大二学生，人均月收入达到了 5000 元。

在义乌工商职业技术学院创建"创业型大学"的实践过程中，创业学院担负着探索、实践、引领和示范的特殊使命。在为全院创业师生提供平台支持的同时，将努力探索创业教育理论体系的完善

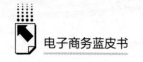
和创业课程体系的建设，积极推进和深化教学改革，探索批量生产大学生创业者的有效途径，力争使创业学院成为创业思想的实践基地、创业教育的改革基地和创业者的孵化基地。

（四）大力发展社会教育培训，打造品牌培养认证机构

企业，尤其是行业内领军知名企业，在发展自身业务的同时，不断地通过确立行业内规范、传递行业发展理念而长期确保其优势地位，人才的培养就是此项战略的重要组成内容。电子商务行业也不例外。行业内的领军企业阿里巴巴早在 2004 年便创立了阿里学院，学院秉承"把电子商务还给商人"的目标，全心致力于电子商务人才培养，立志服务千万网商及高校学子。帮助中小型企业和广大网商真正掌握并成功运用电子商务理念和使用电子商务平台，获得商业上的成功，提高企业的综合竞争力。其愿景是：成为世界电子商务培训第一品牌；要成为第一品牌，在于电子商贸培训。阿里学院一方面帮助社会、院校甚至不发达的西部培养了更多的专业电子商务人才，同时借助这一方式巩固了自身在行业的地位，让更多的年轻人了解认同了阿里巴巴，对阿里巴巴是个很好的口碑宣传。以下是对阿里学院运作的简要介绍。

1. 与工业园区合作，打造高端电商人才培养基地

2008 年，阿里巴巴联手苏州工业园区培训管理中心、国际科技园软件园培训中心，共同组建的高端人才培养基地正式挂牌成立，由此拉开了双方共同打造国际化、复合型电子商务人才库的序幕。同时，苏州国际科技园电子商务人才培训班正式开班。该人才培养基地，采用人才实训模式，目标直指就业和创业。这些人才的培训，与学校中电子商务专业的学习有很大不同。培养基地将成为真正意义上的电子商务人才孵化器。将企业的岗前培训完整地引入

教学过程中，从而实现大学生和就业岗位、用人单位的无缝对接，在入职前的强化培养中使其充分了解企业文化，在技术方面都达到企业"即来即用"的要求。

2. 携手院校，为西部培养电子商务外贸人才

阿里学院电子商务外贸人才培训网 2009 年已经覆盖了华东、华南两大经济圈，阿里学院（成都）电子商务外贸培训班是其在西部的第一家培训机构，同年已经联合西部 10 所相关专业人数较多、培养质量较好的高校组建了电子商务人才培养联盟，扩大了该方向的对口人才的优选范围和培养规模。

电子科技大学企业科技创新服务中心已和阿里学院从 B2B（企业对企业）、B2C 到淘宝大学 C2C（消费者对消费者）及其他知名电子商务企业进行人才培养深度战略合作。依托电子科技大学实施的高校人才实训基地工程，在电子商务领域展开电子商务人才培训、电子商务创业项目孵化、电子商务企业服务、电子商务产业孵化的一站式产学研服务。

3. 为电子商务人才的培养，推出阿里巴巴认证

本着立足企业，对接院校的出发点，建立双赢机制，一方面帮助院校学生学习先进且实用的电子商务技能，另一方面为企业快速培养电子商务实战型人才。阿里学院与全国各院校深入合作，广泛开展电子商务认证工作——阿里巴巴电子商务认证。该认证由培训、考试、认证三个部分组成，通过认证后，颁发符合电子商务应用标准的实战型电子商务证书。证书分为三类，即国际贸易应用专员证书、国内贸易应用专员证书和网上零售应用专员证书。

互联网时代，传统商业正经历着一场巨大变革。" 要么电子商务，要么无商可务" 在业界已形成共识。阿里巴巴认证的推出，无疑给校企合作开拓了新的运作思路，加速了符合企业实际需求的

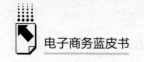

电子商务人才的培养，促进了电子商务专业实践教学的发展，并最终提升了电子商务专业学生的就业能力和水平。

四 我国电子商务教育培训服务业的发展趋势

电子商务将人类社会的种种活动信息都依托于网络并且以比特流的形式被更为方便地记录和交流。对于企业和个人而言，只有通过不断丰富的教育培训学习，才能在电子商务时代拥有美好的发展前景。

（一）电子商务教育培训主体更加多元化

电子商务企业实现电子商务需要具备三个条件：一是要有可应用的电子商务技术；二是要有会应用电子商务技术的人才；三是要有应用电子商务技术的客观环境。在这三个条件中人的因素是第一位的。应用电子商务技术的人才是企业实现电子商务的关键。为此，电子商务企业更加重视并培养适应自身发展的专业人才。比如，阿里巴巴的阿里学院、淘宝网的淘宝大学、敦煌网的义乌商学院都承担着为中小企业培养电子商务人才的任务。环球市场的环球学院，为制造商提供营销战略培训以及为外贸人才提供全方位的外贸培训。

目前，中国电子商务行业普遍缺乏具有经验的电子商务人才，尤其是中小企业在吸纳人才方面有很大的阻碍。电子商务的推广方式不同于中小企业原有的传统的模式，中小企业已经习惯了原有的传统的销售模式，在利用电子商务进行推广时需要改变原有的销售模式。目前像阿里巴巴、敦煌网、环球市场等电子商务运营商在帮助中小企业做好人才培养工作方面已经积极行动，其中敦煌网启动的"动力营行动"，在2010年培养和孵化了超过20万个外贸网商。

另外，电子商务企业依靠自身实力、战略需要搭建企业内部培训体系，让员工和企业不断在学习中成长，也是一种成长中的人才培养模式。

（二）大学与企业联盟将成为电子商务教育培训的重要发展方向

电子商务具有很强的知识性和技术性。美国的电子商务专业教育得到了大公司的积极赞助，共同建设电子商务学科，既有雄厚的资金支持，又具备了优越的实践环境。合作的公司涉及范围从当地公司到全球网络，包括 Cisco Systems、AT&T、IBM 等。通过联盟，学生可以得到机会接触处于新数字经济前沿的公司，并有机会在那里工作，从而积累丰富的电子商务经验。校企联盟也必将成为我国今后开展电子商务教育的重要发展方向。

（三）电子商务教育培训业开始强化合作，品牌连锁形式日益发展

随着新东方于 2006 年 9 月 7 日成为我国首家在美国上市的教育培训企业，越来越多的企业认识到，此前企业在教育培训市场的核心竞争力是价格和师资，但在雄厚的国际资本面前，这两点都显得不堪一击，只有通过上市、与风险投资机构合作等方式，才能在激烈的竞争面前永远成为领跑者。

正因为人们的需求和教育培训行业的上述特点，越来越多的企业正在积极进入这一行业，竞争亦越来越激烈，能够持续发展的教育培训机构，才是真正树立品牌、真正做到诚信、真正为广大学习者服务的机构。同时，要想做强做大，形成易复制的运营模式，就成为进行连锁经营的重中之重。当前，培训机构品牌化和连锁化已经成为众多企业生存与发展的一个重要战略。

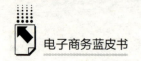

（四）电子商务企业的国际化推动电子商务教育培训国际化

电子商务教育培训服务业的国际化主要通过两个方面来体现：一是学习借鉴国外电子商务人才的培养模式。如美国著名的卡耐基梅隆大学在 1998 年创建电子商务学院，1999 年宣布设立世界上第一个电子商务硕士学位。该校的电子商务专业对经济管理和技术课程采取并重的态度，力图使毕业生能成为未来企业中电子商务应用方面合格的经理、规划人、分析家和编程人员。教学内容涵盖了所有的商务模式，有一套完整的教学计划，具体涉及电子化市场研究、电子目录、网站管理、自动化合同、安全电子交易、分布式贸易处理、订单执行、消费者满意度、数据合成及分析等。国外成功的电子商务人才培养模式将为我国电子商务教育培训的国际化视野提供借鉴。二是积极将电子商务教育培训企业引入国际资本市场，拓展电子商务的发展空间。近年来，国内众多的教育培训企业成功登录国外资本市场，2010 年，安博教育、学而思教育、学大教育等纷纷赴美国挂牌交易，中国教育培训企业在美国上市的已达 11 家。这些跨国上市的中国教育培训企业大部分都有电子商务培训业务。今后，随着我国法律法规的不断完善，包括电子商务教育培训企业在内的优质教育培训资源必将会在国内密切与资本市场的联姻。

参考文献

［1］杨艺、代春艳：《从学生就业反思高校电子商务专业人才培养》，《高教论坛》2007 年 6 月第 3 期。

［2］中国电子商务研究中心：《2012中国电子商务人才状况报告》，2012年7月19日。

［3］顾忠宝：《校企合作人才培养模式探讨》，《总裁》2009年第6期。

［4］李健、熊红红：《浅谈高校电子商务专业的人才培养模式》，《中国管理信息化》2010年第1期。

专题报告

Special Topics

B.9
电子商务服务业的商业模式研究

张雄辉*

摘 要：

　　商业模式研究的兴起很大一部分原因在于网络经济的迅猛发展。电子商务服务业的商业模式是电子商务服务型企业通过采用各种经营战略以实现企业价值、顾客价值为核心的一个动态系统。电子商务服务业是现代服务业的重要组成部分，也是电子商务发展的强劲助力。传统电子商务平台的商业模式主要有 B2B、B2C、C2C 三大类，以及在此基础上出现的 B2B2C 和 B2C2C 两种模式。随着电子商务发展的不断深化和广化，电子商务服务企业的商业模式也在不断创新，O2O、

---

* 张雄辉，女，经济学博士，中国社会科学院财经战略研究院在站博士后，厦门理工学院商学院讲师，主要从事国际贸易与经济发展方面的研究。

C2B、P2P 等新型商业模式应运而生。这些新型的商业模式虽然尚不完善，但它们代表着电子商务服务业商业模式未来的发展方向。

关键词：

　　电子商务服务业　　商业模式　　商业模式创新

一　电子商务服务业商业模式的内涵

（一）商业模式的内涵

早在 20 世纪 50 年代就有学者提出了"商业模式"的概念，但直到 20 世纪 90 年代才开始被广泛使用和传播。泰莫斯认为，商业模式是指一个完整的产品、服务和信息流体系，包括每一个参与者在其中起到的作用，以及每一个参与者的潜在利益和相应的收益来源和方式。琼玛格和南斯通在其著作《什么是管理》中对商业模式的定义为："商业模式就是指一个企业如何通过创造价值，为自己的客户和维持企业正常运转的所有参与者服务的一系列设想。它是一个企业赖以生存的模式和能够为企业带来收益的模式。"可见，商业模式是一种关于企业产品或服务流、资金流、信息流及其价值创造过程的运作机制。

商业模式研究的兴起很大一部分原因在于网络经济的迅猛发展。现代社会，一个企业是否能够实现长期持续发展，主要取决于其是否具有核心竞争力。而企业拥有良好的商业模式，正是确保其具有核心竞争力的坚实基础。商业模式是一个动态发展的系统，这

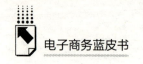
一系统保证了企业价值的实现，它由市场定位、业务系统、客户价值、赢利模式和持续发展机制五个基本要素构成，这五个要素之间相互联系，共同建成企业特有的商业模式结构，给企业战略与经营管理提供基础导向①。

（二）电子商务服务业的商业模式

一个行业的商业模式实质上就是其满足消费者需求的系统，这个系统组织和管理行业的方方面面，包括资金、人力资源、销售方式、信息传递渠道等因素，使企业能够提供给消费者旁人无法供给的产品或服务。

由此可见，电子商务服务业的商业模式就是指电子商务服务型企业为电子商务应用型企业提供电商平台、在线金融服务、电子商务数据服务、电子商务信用服务以及电子商务咨询服务等服务产品，并积极采用各种经营战略以实现企业价值和顾客价值的一个动态系统。也可以说，电子商务服务业商业模式是为了实现电子商务应用型企业顾客的价值最大化，整合电子商务服务企业的内外资源，通过最大化地满足客户需求、实现客户价值，使服务企业能够获得核心竞争力的运行系统。

商业模式研究的核心是研究企业如何通过产品或服务的增值活动来赢利。具体而言，企业需要在业务模块内发现产品或服务的客户商业价值，制定业务战略目标和发展方向，进行目标客户的定位与细分，然后通过运营模块的活动来制定营销战略，整合企业本身的核心关键能力和资源，建立相关战略合作伙伴关系，再造企业运作流程，从而实现价值发现、创造。最后在盈利模块中通过资本运

---

① 周辉、李慧、李光辉：《商业模式构成要素及价值分析》，《学术交流》2012 年第 7 期。

作，进行成本结构的分析，找到实现价值的营收方式，实现赢利的目的。

二 电子商务服务业的商业模式分析

（一）电子商务服务业的内涵

电子商务服务业是指伴随着电子商务的发展衍生出的专门为电子商务活动提供服务的新兴服务行业体系。目前，电子商务服务业主要包括电子商务平台服务业、电子商务代运营服务业、电子商务物流服务业、电子商务信用服务业、电子商务咨询服务业、电子商务教育培训服务业、电子商务数据基础服务业、电子商务金融服务业等[①]。

（二）电子商务服务业的商业模式

商业模式对从事电子商务服务业的公司来说是其成功实施电子商务的决定性因素。电子商务从产生发展至今，其商业模式主要有三大类，一是企业间的电子商务（B2B），二是企业与消费者之间的电子商务（B2C），三是消费者与消费者之间的电子商务（C2C）。电子商务服务业的商业模式基本上也是这三类。但由于服务业的特殊形式，就要求其电子商务的运营不可能与传统电子商务企业一致，因此像 B2B2C、B2C2C、O2O 这样的新型商业模式也在不断发展完善，体现了未来电子商务服务业商业模式的发展趋势。

[①] 荆林波、梁春晓主编《中国电子商务服务业发展报告 No.1》，社会科学文献出版社，2011，第3页。

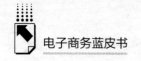

1. 企业间的 B2B 商业模式

电子商务服务业的 B2B（Business to Business）模式，主要是为从事电子商务的企业之间提供网络平台，以促成其完成商务交易。此种交易过程包括：发布供求信息及信息的搜索，初步订货及签订购销合同，价款支付及票据的签发、传递和接收，确定配送方案并监控配送过程等。B2B 电子商务平台首先广泛吸收免费会员，免费会员虽然不能直接为平台带来利润，但他们也是平台所需信息的免费提供者，大量免费会员使电子商务平台形成了网络效应，进一步提升了平台的内在价值。随着会员企业对网络平台认知的不断提高，越来越多的企业为了能够获得更多、更全面的服务就会成为收费的注册会员，这些注册企业所缴纳的会员费就是网络平台服务企业的直接收入。除此之外，平台还会为付费会员提供一定的增值服务，而帮助其在众多的同类产品中脱颖而出。针对注册会员的增值服务费用是 B2B 平台最主要的营业性收入之一。可见，电子商务服务业的 B2B 模式，主要是利用出租平台空间、收取相应的注册费和增值服务费来获得利润的一种模式，并不是直接从商品或服务的交易中获利的。典型的 B2B 电子商务服务业的企业有：Alibaba、Directindustry、TOXUE 外贸网、慧聪网、中国制造网、采道网、环球资源网等。这一类网站既不是拥有产品的企业，也不是经营商品的商家，它只提供一个平台，在网上将销售商和采购商汇集在一起，采购商可以在其网上查到销售商的有关信息和销售商品的有关信息。

虽然电子商务平台能够帮助企业规范业务流程，提高客户挖掘能力和客户服务质量，有效管理客户资源从而提高销售成功率，但是也存在着一些弊端，例如对中小企业来说，租用 B2B 电子商务平台会拉高企业成本，并且其收费不透明、平台服务人性化较差也将许多中小企业拒之门外。另外，B2B 电子商务平台很多生存周期短且平台管理者信用监管不健全。在如此多的负面影响下，很多中小企业特别是欠发达国家（地区）的中小企业对电子商务抱有谨慎和不信任的态度，进而限制了此类电子商务平台的发展。

2. 企业与消费者间的 B2C 商业模式

电子商务服务业的 B2C 商业模式，实际上就是通过网络为消费者提供一个全新的购物环境——网上商店。消费者可以通过 B2C 电子商务平台，实现网上购物、在线支付，零售商或企业收到订单后可以利用网络平台收取款项、安排物流。这样的模式节省了客户和企业的时间和空间，大大提高了交易效率。美国的亚马逊（Amazon. com）就是典型的电子商务服务业的 B2C 商业模式。这种商业模式的赢利方式，同 B2B 相似，主要是利用会员制，根据不同的方式及服务范围收取会员的会费是网站运营的主要收入来源。另外，网站会经常帮助会员企业利用网络平台，设计促销方案，吸引网上顾客，提高会员的点击率和访问量，以此来收取相应的服务费用。B2C 电子商务的付款方式是货到付款与网上支付相结合，而大多数企业的配送选择物流外包方式以节约运营成本。随着用户消费习惯的改变以及优秀企业示范效应的促进，网上购物的用户不断增长，甚至一些大型考试如公务员考试也开始实行 B2C 模式。

以 B2C 为商业模式运营的电子商务服务企业，需要至少满足消费者和销售商两个方面的需求。客户方面，要求电子商务服务企业提供相应电子目录，帮助用户搜索、发现需要的商品，并且能够进行同类产品比较，帮助消费者进行购买决策。在订单处理上，消费者要求网络平台能够提供简便、易操作的订购系统。这就要求电子商务服务企业能够提供相应的购物车、撤销和修改订单等功能，为消费者提供便利、安全的网络付款系统，并对订单状态进行跟踪。最后，提供商品评价功能，为后面的消费者提供参考，同时约束卖家的产品及服务质量。销售商方面，要求 B2C 电子商务服务平台能够进行商品信息发布以及发布和管理网络广告。同时，还要帮助销售商处理客户订单，建立与银行间的接口，并能够提供与物流配送系统相连接的接口。除此以外，还能够通过网站实现客户关系管理，帮助企业为消费者提供相应的售后服务等。

这种商业模式主要有两种类型，即综合商城型和导购引擎型。综合商城型的 B2C 模式与传统商城类似，网站平台稳定且拥有完善的支付信用体系，再加上电子平台的成本优势及无营业时间、地区限制等优势，能够吸引大量的消费者，从而吸收了巨大规模的商家。而导购引擎型的电子商务服务则不是在其电商平台直接销售产品，而是提供一种搜索引擎和优惠促销平台，通过这种网站链接过去的商品和服务经常会有优惠活动，如购物返现、联合购物返现等，这会吸引广大消费者不直接进入 B2C 商城购物，而是到这类导购引擎网站上搜索相关优惠、折扣信息，然后再进行消费。

虽然 B2C 电子商务平台提供给消费者种类更多、优惠更大的商品或服务，并且具有不受时间、空间限制等优点，但它也有一定的不足，如消费者对在 B2C 网站购物的体验感不强，在虚拟的商店中，感受不到欢快 Shopping 的氛围。而且，B2C 网站缺乏与顾客的互动性的交流。此外，B2C 网站本身的运行和监管较欠缺，虚假评价、乱刷信用卡的现象屡见不鲜，使得消费者在进行购物的同时不免多了一些担忧。

3. 销售者对消费者的 C2C 商业模式

电子商务服务业的 C2C（Consumer to Consumer）模式，即消费者对消费者的电子商务，主要指网络服务提供商利用计算机、网络和通信技术，提供有偿或无偿使用的电子商务平台和交易程序，允许交易双方（主要为个人用户）在其平台上独立开展以竞价、议价为主的在线交易模式。C2C 电子商务的构成要素包括交易的买卖双方和 C2C 电子商务平台提供商。这种模式的产生以 1988 年易趣的成立为标志，目前 C2C 模式的电子商务平台主要有 eBay 易趣、淘宝、拍拍等。

C2C 模式极好地展示了互联网的优势，将其不受时间、空间限制的优点发挥得淋漓尽致。在 C2C 电子商务平台上，购买商品数量巨大、不同时间、不同地方的买方和同样规模的卖方可以顺畅地进行交易。这在传统领域几乎是不可想象的。电子商务平台则负有对买卖双方的诚信进行监督和管理的职责，随着交易规模的不断扩大，电子商务平台还负责实现支付、物流等一系列程序，确保交易顺利进行。

4. 线上线下相融合的 O2O 商业模式

"你如果不知道 O2O，至少知道团购。但团购只是冰山一角，只是第一步。"著名学者李开复的这句评论，说的正是这种将现实商务与虚拟网络结合在一起，让网络成为线下交易前提的 O2O 模式。目前，不少业内人士认为 O2O 模式会给电子商务领域带来又一个高峰期"。

O2O 商业模式（Online to Offline）就是把线上的消费者带到现实的商店中去——在线支付购买线下的商品和服务，再到线下去享受服务。其核心就是通过优惠、提供信息和服务等方式，把线下商店的消息传达给线上网络用户，从而把他们带到现实的商店中去消费。这样就可以将网上、网下结合在一起，让网络成为线下交易的前台。这样线下服务就可以利用网络来招揽顾客，消费者可以通过互联网来筛选服务，并通过在线支付和结算，提高消费效率。

与传统电子商务的"网上市场 + 物流配送"模式不同，以团购网站为代表的 O2O 模式采用"网上市场 + 到店消费"模式，消费者在网上购买商品或服务并完成支付，能够获得比直接在店面消费优惠得多的折扣，利用相关消费凭证，然后到实体店消费。这种模式尤为适合必须到实体店消费的服务行业。同时，O2O 模式给消费者提供双重实惠，一方面是线上定购的方便快捷，另一方面是线下消费的实惠体验。同时，这种模式也颇受到实体商家的喜爱，一来可以保证客源；二来可以方便商家收集用户购买的数据，便于商家进行分析，从而准确地策划营销方案。

由此可见，O2O 商业模式的特点是把信息流、资金流放在线上进行，将支付模式和客流引导相结合，使得那些无法通过快递送达的服务产品得以应用电子商务。由于 O2O 电子商务平台与用户日常生活息息相关，并通过便捷、优惠、消费保障等服务，吸引大量高黏性用户；对商家有强大的推广作用及其可见的推广效果，容易吸引大量线下服务商家的加入。使得 O2O 电子商务平台能够获得数倍于 C2C、B2C 的现金流，同时拥有巨大的广告收入空间及形成规模后更多的赢利模式。

5. 企业到渠道再到顾客的 B2C2C 商业模式

B2C2C 商业模式，即 Business to Channel to Customers：企业—渠道—顾客。这种模式为企业提供网络直销渠道，网站老板同时作为消费者，直接从平台上进货，终端消费者购买后，不是由网站发货，而是由企业直接发货。对于网店来说，这种模式没有库存，货卖出后再付款给厂商，风险几乎为零。对于供货厂家来说，这是一个网上直销的平台，免去了传统供货渠道的烦琐，也扩大了企业的销售渠道和范围。

B2C2C 模式是将企业雄厚的启动资金和规模有机结合起来，

由源头的商家对产品和库存进行集中管理，电商平台进行高效的整合和物流工作，渠道上进行直接的销售和售后工作，这些专业的管理工作会使消费者更加放心地选择商品或服务。B2C2C模式还具备了厂家直销的特点，B2C2C模式中的第二个C是渠道，商家可以在地方进行实体店的代理，这使得B2C2C的市场一下子从网上虚拟店面拓展到了网下实体店面。实体代理又为消费者提供了多一层的保障，消费者可以通过加盟店的实体商店对所需产品进行最直接的了解，或进行退换货服务。B2C2C电子商务平台在商品、交易、服务、促销、物流、结算等方面为所有店主提供统一的管理和服务，这一点与传统C2C网店一切都让店主自己解决相比更具优势。另外，B2C2C电商平台较C2C平台将接受订单的途径扩大了很多倍，每一个加盟网店的店主既是最终消费者又是创新型B2C网站的销售经理。B2C2C模式比B2C电商平台货源稳定，商品和服务的质量有保证，还具有诚信、安全等方面的优势。B2C2C模式同时发扬C2C平台个人消费者的力量，把消费者变成销售者、渠道商以及广告商，通过消费者人际圈的力量推广产品和品牌。这非常有利于网购市场的规范发展。

6. 企业到企业再到消费者的B2B2C商业模式

B2B2C（Business to Business to Customer）商业模式，即企业—企业—消费者模式，第一个B是生产商，即成品、半成品、原材料的供应商，第二个B是电子商务网站平台，也可以叫作网络销售商，它是连接卖方与买方的商务平台，可为双方提供各种附加服务，C是客户，即最终消费者。

阿里巴巴B2B2C商业模式就是将针对企业领域的B2B平台和针对个人消费的C2C平台对接，如由淘宝卖家向中小企业大规模采购商品，再卖给国内消费者。B2B2C商业模式最大的特点就是

"复合"，它是对 B2B、B2C、C2C 三种模式的整合。以阿里巴巴 B2B2C 平台为例，其实质是阿里巴巴 B2B、淘宝 C2C 的战略升级产品，有助于将阿里巴巴打造成一个涵盖批发、零售、物流、支付、服务等开放式、全方位的电子商务生态链。阿里巴巴 B2B2C 的这种整合表现在：阿里巴巴 B2B 商务平台与淘宝平台彻底对接，具体来讲是由淘宝卖家向中小企业大规模采购商品，卖给国内消费者。电子商务专家表示，这一巧妙复合所形成的网络销售新渠道，有助于中小企业更好、更快地把产品销售到全国各地，从而打开内贸市场；同时由于网络销售成本低，最终可实现共赢的局面。

7. 电子商务代运营服务企业的商业模式

电子商务代运营服务业是指为企业提供网络广告、网络营销、网络策划等电子商务活动的一种服务行业，也就是帮助传统企业进行电子商务业务的运营活动。目前我国较常见的电子商务代运营模式是电子商务代运营商与产品厂商或经销商以及电子商务平台三方合作，当然，也有一些企业选择请代运营商帮其自建网络商城。电子商务代运营企业拥有专业的电子商务人才和技术，可以根据委托企业的业务情况、经营目标帮助其进行电子商务渠道规划、建立电子商务网站、产品上架、网络营销、仓储物流、客户服务以及财务结算等环节。这样可以大大降低传统企业特别是中小企业开展电子商务业务的门槛，能够有效降低其进行电子商务的成本和运营风险。

电子商务代运营企业的商务模式主要有"轻运营"和"重运营"两种。"轻运营"模式是指代运营公司只负责帮助产品商在网上开店，主要进行前端商品展示、网络广告、网络营销、获取订单等工作，对后端的仓储物流等概不负责。"轻运营"型的电商代运营企业可以解决其委托企业由于缺乏商务人才等问题而无法从事电子商务业务的问题，能够帮助其在电子商务运营方面提高效率、减少成本支出。也就是说，从事该模式的电子商务代运营企业就是凭借自己在电商领域的专业性，根据委托企业的实际情况选择适合的电商平台，并帮助其进行产品的宣传、销售和推广，同时还负责电商平台上的客户维护等工作。这种商业模式适合于刚起步的电子商务代运营公司，其操作、流程较为简单，资金投资方面要求较低。电商代运营公司主要依靠佣金生存，即电子商务业务的销售额越高，佣金越多。

而"重运营"模式指电商代运营公司掌控整个产品的销售和供应链，特别是仓储和物流环节。在这种模式中运营商存有委托企业的商品，这样一方面可以有效牵制品牌商，另一方面需要较大规模的投资，投资的回报期也较长。因此，这种模式适合较为成熟、实力较强的电子商务代运营商。通常，进行"重运营"模式的企业主要负责帮助其委托企业建立一个全新的电子商务平台，同时结合搜索引擎优化、便捷的产品导航以及完善的客户维护服务等手段吸引消费者到该电商平台购买商品。另外，代运营企业还要利用自身的技术优势帮助委托企业管理、跟踪订单，进行仓储、财务结算等方面的管理工作，随时与客户进行双向实时的数据交换，以增强委托企业自身的竞争力。当然，也有一些电商代运营企业需要帮助传统企业选择建设自己的企业官网商城，这样代运营商则需要为客户建立独立的电商平台，在系统建设、网络营销等方面的投入将更高。

在赢利模式上，目前电商代运营企业主要依靠佣金、服务费、流水倒扣等方式获利。就我国目前电商代运营业务情况来看，品牌商往往以销售量作为衡量代运营商能力强弱的主要标准。所以代运营商把销量作为自己赢利的唯一渠道，这就使得代运营企业一味追求销量，而忽视了品牌建设。在运营过程中，代运营商需要通过采取信息自动化处理技术、核心顾客的开发和维护、加快产品周转、业务流程重组优化、有效的逆向物流政策等技术和措施来实现成本管控。

三 电子商务服务业商业模式的发展趋势

电子商务服务业是现代服务业的重要组成部分，也是电子商务发展的强劲助力。目前，我国电子商务正进入一个密集创新和快速发展的新阶段。在这一阶段中，亟须创造一个能够为电子商务提供助力的且行之有效的服务体系以及商业经济环境。"十二五"时期将是电子商务及电子商务服务业产业飞速发展的时期，随着电子商务的进一步发展，电子商务服务业将更加成熟，并且开始逐步形成自身的生态体系。完善的商业模式及其创新，是电子商务服务型企业得以不断发展壮大的有力保证。随着电子商务的不断深化，电子商务服务业的商业模式创新也层出不穷。比较典型的如确立需求主导地位的 C2B 商业模式、服务于个人信贷的 P2P 商业模式以及电子商务导购模式等。

（一）需求主导的 C2B 商业模式

C2B 商业模式并不是 B2C 模式简单逆转，而是商品市场的主导权由卖方向买方转移的一种变革。C2B 商业模式就是要确立需求市场的主导地位，通过搭建需求电子商务平台，以需求为中心，用需求引导供给。企业依据在电商平台上的需求信息来生产并出售商品，从而获得相应的利润。2012 年底，天猫联合海尔发起网络定制液晶电视活动，然后根据定制结果安排生产，获得了 48 小时售出 1 万台液晶电视的佳绩，这个销售业绩如果在实体电器零售连锁店则至少需要半年的时间才能达到。

C2B 模式是有别于以往任何一种电子商务商业模式的新型商务模式。它是真正以需求为中心，通过提供需求平台让消费者提出自己需要的产品或服务，即消费者从选择商品或服务，变为商品或服务来找自己。C2B 商业模式要求电商平台要采集和分析其用户的数据，并对生产、配送、支付等环节进行价值链协同。所以，采取 C2B 商业模式的电商平台需要聚合消费者需求，改变传统的"会聚供应商"的购物中心模式，充分利用互联网的特点，把分散的消费者及其购买需求聚合起来，形成类似于集团采购的大订单。这样一方面能够最大化地满足消费者的需求，另一方面又能够使商品生产企业有的放矢，既实现了顾客价值最大化，也实现了公司利益最大化。

（二）P2P 网上小额借贷模式

P2P（Peer to Peer Lending）即网络借贷平台，是个人借贷与网络借贷相结合的金融服务网站。通过网络借贷平台，在整个借贷过程中，资料与资金、合同、手续等全部通过网络实现，它是随着互联网的发展和民间借贷的兴起而发展起来的一种新的金融模式，这也是未来电子商务金融服务的发展趋势。随着互联网技术的快速发展和普及，个人小额借贷逐渐由单一的线下模式，转变为线下线上并行，随之产生的就是 P2P 网络借贷平台，通过这样一个平台，可以缓解人们因为在不同年龄阶段收入不均匀而导致的消费力不平衡问题。

2010 年 10 月人人贷公司正式上线，2012 年上半年其交易额达到 1.3 亿元，月环比增长 20% 以上，平台坏账率在 0.4% 以下[①]。个人利用 P2P 信贷平台可以将自己的闲置资金（抑或出于投资目的）出借给资金短缺者。平台为借贷双方提供透明的信息，如平台整体的信贷风险、贷款比率和真实有效的利率水平等，以此来减少因信息不对称造成的分隔。网上小额借贷平台通过 B2B 等平台过往交易信用等级以及个人社会关系生成借贷方信用评估。电子商务信贷平台主要通过向投资人（即贷款人）收取 2%~4% 的费用来赢利。P2P 商业模式通过网上搭建小额借贷平台，不用抵押就能借款，方便快捷满足用户小额借贷需求，化解了借贷双方因信息不对称造成的借贷交易障碍。然而，由于相关法律不完备、信用评级容易造假等原因，坏账风险和政策风险将一直困扰这一模式，甚至会引发经济犯罪等问题。

（三）电子商务导购模式

电子商务导购网站是随着电子商务本身的发展而兴起的。比如蘑菇街就是帮助淘宝卖家推广商品并按照成交效果获得佣金的网站。任何借由蘑菇街网站进入淘宝等 B2B 电商平台的买家，在完成商品交易以后，卖家就要支付给蘑菇街相应的佣金。蘑菇街就如同商场里的导购员，其与一些社区网站相结合，能够迅速地将买家引导到相应的淘宝店面，同时收取 5% 左右的佣金。可是，这种电子商务平台由于过度地依赖电商巨头，很难做大做强。淘宝商家事业部社会化电商负责人李杰就曾表示，淘宝希望上游有 1 万个蘑菇街，即不希望少数网站做大。

正是因为导购网站遇到这样的困难，就使得其不得不另寻出

---

① 梁利峥：《8 大新兴商业模式》，《经理人》2012 年第 9 期。

路。电子商务导购模式的一种新形式应运而生，即场景导购。场景导购一改往昔单纯推荐商品的导购模式，把推荐的商品和顾客真实的使用场景结合起来，以此来激发用户的购买欲。比如拖拉网，不再是推荐一件衣服，一件单品，而是给你推荐一个搭配好的场景；再如，白鸦导购网模拟的逛街场景，虽然目前逛的因素体现得并不是很好，但肯定是电子商务场景型导购网站的一个发展方向。

四　总结

商业模式的不断创新是保证电子商务服务业飞速发展的前提条件，同时也是互联网企业提升自身价值和竞争力的重要战略举措。与技术创新和制度创新等相比，商业模式创新属战略管理领域的创新，挑战性、综合性较强，企业不但要重视技术、制度等因素的作用，更应站在商业模式创新的高度，整合各种创新要素并使之相互协同，才能取得良好效果。

电子商务服务业商业模式的创新是一个循序渐进的过程，在这个过程中要求企业在各个环节的创新应具有一定的前瞻性、重点性及可行性。要根据外部环境的变化尤其是产业演变趋势、企业资源状况及所服务的电子商务企业的类型进行创新，使现有业务与新业务有机结合、相互整合，以此来构建适合自身发展的新型商业模式，从而推动电子商务服务业商业模式不断向更高的形态发展。互联网是一个需求多元化、变化快的行业，用户对产品或服务的转换成本非常低，企业拥有较大用户规模的难度非常大。所以，新型的电子商务服务业的商业模式要以实现用户价值为宗旨，努力建立用户忠诚度，快速放大用户的"规模效应"，并利用新型商业模式的

独特性，积极构筑价值主张、产品或服务内容、业务流程、赢利方式、支付手段等抵御竞争者的进入壁垒。

参考文献

［1］ Casadesus-Masanell, Ramon, Zhu Feng. Business Model Innovation and Competitive Imitation：The Case of Sponsor-based Business Models. *Strategic Management Journal*. 2013, 34.

［2］ Osterwalder, A., Pigneur Y., Tucci C. L. Clarifying Business Models：Origins, Present, and Future of the Concept. Communications of the Association for Information Systems, 2005, 16.

［3］ Magutu, Peterson Obara, Mwangi, Michael, Nyaoga, Richard Bitange, Ondimu, Gladys Monchari, et al.. E-commerce Products and Services in the Banking Industry：The Adoption and Usage in Commercial Banks in Kenya. *Journal of Electronic Banking Systems*, 2011.

［4］ 方志远：《我国商业模式构成要素探析》，《中山大学学报（社会科学版)》2012 年第 3 期。

［5］ 谷永芬、孙艳萍：《加快我国电子商务服务产业发展问题研究》，《商业研究》2007 年第 2 期。

［6］ 韩廷进、钱志新：《B2B 电子商务平台商业模式的深度开发》，《江苏商论》2009 年第 4 期。

［7］ 荆林波、梁春晓主编《中国电子商务服务业发展报告 No.1》，社会科学文献出版社，2011。

［8］ 李志宇、陈燕方：《电子商务服务业产业结构及发展历程研究》，《生产力研究》2012 年第 11 期。

［9］ 梁利峥：《8 大新兴商业模式》，《经理人》2012 年第 9 期。

［10］ 罗小鹏、刘莉：《互联网企业发展过程中商业模式的演变——基于腾讯的案例研究》，《经济管理》2012 年第 2 期。

［11］ 明小波、彭岚：《电子商务服务业类型及其在西部电子商务发展中的地位》，《电子商务》2010 年第 12 期。

［12］彭岚、明小波：《成都电子商务服务业发展研究》，《科技管理研究》2011 年第 15 期。

［13］彭欣、喻光继：《中小企业电子商务服务模式的研究》，《中国管理信息化》2008 年第 19 期。

［14］沈青：《浙商电子商务企业商业模式创新研究——以阿里巴巴B2B 公司为例》，《江苏商论》2008 年第 11 期。

［15］吴娜娜、甄磊：《B2B2C 电子商务模式研究：以阿里巴巴为例》，《商场现代化》2010 年第 11 期。

［16］郑淑蓉：《关于中国电子商务服务商分析——基于产业链视角》，《经济问题》2007 年第 8 期。

［17］中国互联网信息中心：《中国互联网发展状况报告（2012 年 7月）》，2012。

［18］周辉、李慧、李光辉：《商业模式构成要素及价值分析》，《学术交流》2012 年第 7 期。

［19］周霞：《D2S：电子商务发展的未来商业模式》，《江苏商论》2010 年第 4 期。

B.10
中国电子商务示范基地建设现状与特点

黄 浩*

摘 要：

　　电子商务示范基地的建设能更好地发挥电子商务企业的集聚和辐射效应，促进电子商务在"十二五"及未来一段时期的健康、快速、协调发展。因此，示范基地的建设对于中国电子商务的发展具有非常重要的意义。本文分析了电子商务示范基地对于国家经济结构转型升级的促进作用，详细阐述了目前35个示范基地的地域分布和园区的基本情况，并指出了示范基地建设中存在的问题和误区，给出了促进电子商务示范基地建设的政策建议。

关键词：

　　电子商务　示范基地　现状　特点

　　当前，电子商务的战略性作用表现为对传统商务的重大变革，成为各国增强经济实力的战略选择。以各地电子商务示范基地为依托，大力发展地区电子商务，是我国应对国际金融危机冲击影响，保持经济平稳快速发展的重大历史机遇。面对国际"金融危机"的巨大冲击，以阿里巴巴、敦煌网、中国制造网等为代表的国内电

---

　　* 黄浩，中国社会科学院财经院副教授，研究方向：电子商务。

子商务实现逆势上扬。电子商务不仅成为经济发展的新亮点，而且带动了一大批传统产业转型升级，为经济发展方式提供了很好的转变契机。党的十八大提出转变经济发展方式，各地电子商务示范基地的建设在这个目标的实现过程中将发挥至关重要的作用。

一　电子商务示范基地与传统经济的转型升级

电子商务示范基地有利于整合产业资源，强化产业竞争力，促进传统产业转型升级。产业集群可将许多闲置要素有效地组织起来，实现规模经济和范围经济的结合，是一种区域内有效的资源组织方式。另外，电子商务的应用能够减少由组织规模扩大而引起的负面影响，并通过提供便利条件促进各类显性及隐性知识在集群内的溢出，进而增强产业集群的整体知识水平。通过电子商务示范基地实现企业信息共享能增强产业链上企业信息的透明度，并降低牛鞭效应的影响，从而实现集群企业资源与产能的优化配置。此外，电子商务所依赖的信息化途径，有助于隐性知识在企业内和企业间的传递和扩散。这种信息化的传播渠道，加快了各种新思想、新观念、新技术和新知识在集群内部通过正式和非正式渠道有效快速的传播，从而形成了集群知识的溢出效应。

电子商务作为一项重大技术变革必然引发集群企业管理方法和经营模式的转变，不仅增加了企业经营的复杂程度，也改变了集群内部企业之间原有的竞合关系。首先，电子商务被视作组织间业务联系的新渠道，能够促进集群内部的专业化分工，促进技术的转移和集群公共设施的共享，克服单个企业内部规模经济的劣势，强化集群优势。其次，电子商务一方面为单个企业带来了相对同业者的竞争优势，另一方面也加剧了集群内部的竞争，刺激了其他企业通

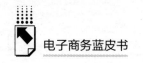

过各种主动或被动行为积极采取创新行动，建立自身的独特优势，进而大大强化了集群本身在市场竞争中的地位。

因此，电子商务示范基地作为地区电子商务产业的集群，在推动传统经济转型、升级方面将发挥重要作用。

（一）电子商务示范基地促进产业升级与经济结构调整

进入"十二五"时期，中国经济发展的重心转移到以调整和优化产业结构为主线，着力推进国家经济转型升级上来，明确提出要在"十二五"时期实现经济发展方式的根本转变。中国共产党的第十八次全国代表大会再次确认了"转型发展"的战略。创建电子商务示范基地，发展电子商务产业是中国实现产业结构优化、转变经济发展方式的重要渠道和载体。电子商务的发展，必将促进现代服务业的快速发展，进一步提升第三产业占地区经济的比重，优化地区三次产业结构，加快国家产业高级化的进程。

所谓经济转型升级，既包括产业之间的升级，如在整个产业结构中由第一产业占优势比重逐级向第二、第三产业占优势比重演进；也包括产业内的升级，从低附加值向高附加值升级，从高能耗高污染向低能耗低污染升级，从粗放型向集约型升级。目前，中国大部分地区传统产业占据经济总量相当大的比重，在追求低碳环保绿色发展的当今时期，利用现代信息技术和网络平台，对轻纺、服装、冶金、化工、造纸等传统产业进行升级换代，对于经济发展方式转变和结构调整，具有十分重要的意义。而电子商务示范园区的建立，其目的就是坚持以高端、高效、高新和品牌化为目标，致力于通过发展电子商务产业，推动传统产业的转型升级。

电子商务示范基地促进了传统交易模式的改变，使农业向现代生产加速转型，为工业发展提供动力之源，这也是现代服务业最重要的发展载体。促使三大产业发生革命性变化,已成为区域经济增长的主要推动力。另外,电子商务能够有效地推动经济结构优化,促进经济发展方式加快转变,形成协调、合理的产业结构。创建电子商务示范基地,可以在局部地区形成电子商务产业聚集优势和发展环境,推动电子商务在重点区域和特色领域的创新应用,全面提升电子商务服务与管理水平,增强电子商务企业的品牌效应与协同优势,促进产、学、研、用协作发展,从而形成示范效应,加快区域产业结构的转型与升级。

电子商务示范基地有利于产业发展深度融合,将促进区域经济的可持续化发展。电子商务与传统产业如商贸业的深度结合正在改变着企业生产经营的组织形态,电子商务将加速互联网及地区内的商贸业、文化旅游业、商务服务业、高新服务业等增值服务业与其他行业的融合,推动区域经济的产业结构调整和资源优化配置,带动区域整体经济快速发展。目前,越来越多的传统企业都已开始进军 B2C 电子商务领域,以更加灵活的方式进行管理和营销,快速应对市场变化。电子商务与金融保险、信息传输和高新服务业等知识技术密集、附加值高的高端服务业融合,也将推进现代服务业的发展,同时,有更多行业技术实现与电子商务的应用融合,也将会产生更多样化的服务内容,并对物流、金融、贸易等新经济业态具有促进和提升作用。

电子商务示范基地作为电子商务产业链基地,以转变发展方式和调整经济结构为主线,加强和提高了宏观调控的科学性和预见性,增强了针对性和灵活性,并综合考虑规避电子商务产业的盲目扩张和重复建设,引导资金、人才、技术等资源的聚集。应充分抓住国家产业结构调整的契机,结合区域优势,根据区域经济圈的产业布局,充分考虑周边区域的战略定位和竞争影响,开展错位竞争

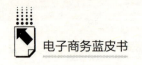

与优势互补，合理定位，促进电子商务形成规模庞大的经济体，并通过与实体经济的切实结合，完成综合化电子商务的立体布局。

总之，国家电子商务示范基地的建设可以充分发挥电子商务跨地域的服务辐射力优势，在增强城市和区域经济发展活力、聚合资源及推动区域协同发展的同时，促进经济实现跨域发展。

（二）电子商务示范基地促进市场体系的成熟和完善

国家电子商务示范基地有利于推进现代市场体系建设。电子商务以其降低交易成本、创新交易模式、优化产业结构、提升资源配置能力、推动经济增长方式转变、提高经济运行质量和效率等诸多优势给传统贸易方式带来严峻挑战，充分利用开展创建国家电子商务示范基地的有利契机，加速推进传统商贸服务业转型升级，通过鼓励商贸业态和交易模式的不断创新，加快内外贸一体化进程，积极引导制造业和服务业的有机结合，推动货物贸易与服务贸易协调发展，实现区域现代物流体系建设快速发展，带动内外贸发展方式转变；建立完善区域性行业资源调配机制，减少商品流通环节，提升资源配置效率，降低企业交易成本，提高区域经济运行质量。

良好的市场环境是推动市场主体间优势互补、经济互促、产业要素互动的现实需要，也是区域合作与经济发展的必然规律和客观要求。地方政府应该找准优化市场环境的切入点，解决市场环境中存在的突出问题，建设、完善社会诚信体系，强化市场监督管理措施，维护公平竞争，努力营造规范有序、公平公正的市场环境，保障市场经济健康发展。电子商务作为新兴的市场交易手段，是一种在虚拟化市场中进行的商品交易，需要在合理的市场运行机制、自律机制和运作标准的基础上，确保供需双方建立起良好的市场信用。同时，电子商务具有"来源可追溯、去向可查证、责任可追究"的特征，成为新时期实现市场有效监管和新商业文明建设的重要支撑。大力发展电子商务示范基地，有助于创造良好的市场信用环境，增强市场主体间的诚信度，并为政府部门加强市场监管提供了新的信息化手段，促进了市场环境的不断优化，为企业带来了更多的商机。

电子商务示范基地有利于促进新兴产业发展。电子商务作为集互联网技术、信息安全技术、物联网技术等高新技术为一体的综合技术应用系统，在我国已经取得长足发展。开展创建国家电子商务示范基地工作，应加快推进电子商务交易链物流配送、网络信息安全、第三方交易平台等资源优化整合进度，深化"三网融合""两化融合"在各地区的发展，壮大电子商务上下游服务产业发展实力，培育区域经济新的增长点。

此外，电子商务交易具有成本低、速度快、消耗少、节能减排、绿色低碳的特点。因此，电子商务基地的创建将有利于地区构建业态新颖、低碳环保、充满活力的全新现代市场体系。

（三）电子商务示范基地促进服务方式转型

电子商务示范基地是产业集群公共服务供应的重要模式。产业集群为促进中小微企业的发展，有必要为中小微企业提供相应的产业公共服务。而构建一个功能齐备、使用方便、成本可控的公共服务平台将是实现该目标的一个重要模式。产业集群公共服务平台是为了产业集群的发展，针对产业集群中企业在一定时期内的公共需求，通过组织整合、集成优化各类资源，提供可共享共用的基础设施、设备和信息资源共享的各类渠道，以期为产业集群企业的公共需求提供统一的辅助解决方案，达到减少重复投入、提高资源效率、加强信息共享的目的。电子商务因其交易虚拟化、交易成本低、交易效率高、交易的协同

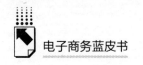

性和集成性等特点，是为产业集群企业提供优质产业集群公共服务的重要模式。

电子商务示范基地对公共服务模式创新具有促进作用。但是，电子商务发展的过程中也出现了一些问题，如物流发展滞后、支付瓶颈、网络诚信问题、安全问题、地区间的数字化发展不平衡、缺乏统一的行业标准以及法律不健全等。这些问题需要国际组织、政府、企业和专家们开拓思路、共同探讨，通过模式创新为电子商务发展找到新动力。电子商务示范基地正是为解决这些难题而设立的"实验室"。电子商务示范基地一定会为解决问题积累经验，探索出一条适合的路子来。

电子商务示范基地有利于开创以服务企业为主体的电子商务产学研合作机制，促进产学研成果转化，培育新兴服务业。电子商务示范基地以重大科技成果研发为载体，围绕支柱产业和新兴服务业，完善吸引电子商务研发机构和实施创新的优惠政策，鼓励引导企业与科研院所加大研发投入，提高电子商务自主知识产权开发能力；加快电子商务模式创新、技术创新、管理创新和服务创新，健全电子商务产学研协调机制，构建企业与高校、科研院所、中介机构的技术创新联盟；通过电子商务基地建设，参与区域乃至国际电子商务技术交流与创新合作，加快产业化进程。

电子商务示范基地有利于创立国家电子商务公共服务新模式，为制定国家电子商务公共服务标准和政策提供有益的示范与借鉴。创建示范基地，通过典型引导、示范带动，对有效促进项目集中布局、平台集群发展、资源节约利用、功能整合运作，加快推动行业电子商务平台运营整体水平的提升将发挥重要作用。与此同时，基地建成后势必在全国各大经济区产生积极影响和示范效应，将有力推动各个地区电子商务公共服务事业，促进国内电子商务公共服务模式创新和构建新兴服务业态，为电子商务公共服务产业政策提供有益的示范与借鉴。

（四）电子商务示范基地促进内需和流通体制转型

当前中央经济会议的一系列要求的重点主要是经济结构调整，分别体现在：加大消费对经济的拉动作用；加大技术创新对经济的拉动作用；加大现代服务业对经济的拉动作用。而电子商务示范基地本身恰恰是创立新兴服务业的重要支撑载体，它有利于使电子商务逐步成为调结构、转方式、稳外需、扩消费的重要手段，推动区域经济可持续健康发展。

电子商务示范基地对区域经济内总供给和总需求的影响主要表现在：首先，电子商务示范基地建设促使企业的综合成本降低，效率提高，范围扩大。由于成本的降低，企业愿意进行大规模的采购以扩大生产，提高供给水平。其次，电子商务激发消费者的消费热情，从而增加某个特定的价格水平上的总需求。最后，当电子商务在区域内普遍应用的时候，会刺激大规模的市场销售。因此，电子商务示范基地最终会通过供给和需求两个方面促进整个区域内的经济增长。

扩大内需是我国经济发展的长期战略方针和基本立足点，也是促进经济均衡发展的根本途径和内在要求。当前的消费市场，既存在着农村消费增速加快、大中型企业销售较好等积极变化，也存在着流通和交易不畅、消费率偏低等问题。现阶段，扩大消费长效机制的重要途径之一便是大力改善消费品流通和交易环境，积极推动消费品领域物流配送、电子商务等现代交易方式和组织形式的快速发展，支撑新兴消费领域的发展。电子商务示范基地鼓励电子商务运营商创新营销模式，扩大交易平台的辐射范围，并在业态创新、

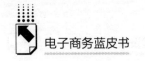

物流革新、价值链拓展等领域不断取得新的突破，促进实体经济与虚拟经济的相互结合。

创建电子商务基地，发展电子商务产业，是商业经营模式和商品流通体系的深刻变革。新的交易方式、结算方式和现代物流分拨配送体系，必然要求深化流通管理体制和商品流通体系改革，减少流通环节、降低物流成本，形成开放式、一体化的营销体系，实现商品经销的技术手段、运营模式、管理体制的全面创新。电子商务运营模式，使交易成本构成、价格发现机制、商品流转体系发生重大变化，可以有效规范市场、抑制不公平竞争、降低商品价格，让广大消费者受益。

总之，电子商务示范基地促进流通体系建设。电子商务作为一种通过网络进行的商务活动，利用网络的互联互通，可以更好地满足各种多样化的消费需求，供需双方均以市场为导向；借助计算机的数据存储、统计、分析，可以提升市场体系的运行效率；通过不断标准化、规范的网络交易手段，建立健康的市场交易环境，有利于发展现代流通和交易体系，构建消费长效机制。

从表1可以看出，商务部批准的首批国家电子商务示范基地几乎覆盖了中国所有的地区，无论是经济发达地区、经济欠发达地区，还是工业地区、农业地区或是金融、服务业发达的地区都设立了电子商务示范基地，显示出国家通过电子商务示范基地建设，推进各类传统产业转型、升级的政策导向。同时可以看出，当前的各地电子商务示范基地发展基础、发展水平和发展方向也有很大的差异。从表1中可以看出，35个电子商务示范基地，大多数从属于物流园区、软件园区、工业园区和经济开发区，专业的电子商务园区比较少。另外，入园的电子商务企业地区差异比

较大,多则上百家,少则只有几家,从中体现出电子商务示范园
区发展的水平差异。当然,电子商务企业标准的认定也造成了统
计上的差异。表 2 显示了电子商务示范基地发展环境的现状和地
区差异。

表 1 电子商务示范基地地域分布及基本情况

地区	基地名称	入园电子商务企业数量(家)	规划面积	从属园区
北京	北京市通州商务园	21	7.3 平方公里	专业园区
	北京市大兴区暨北京经济技术开发区	210	—	工业园区
天津	天津滨海高新技术产业开发区	20	60 万平方米	专业园区
河北	河北省石家庄市	39	3 平方公里	软件园区
山西	山西侯马经济开发区	8	20230 平方米	综合园区
内蒙古	赤峰电子商务基地	16	20000 亩	物流园区
辽宁	沈阳浑南电子商务产业园	8	4500 亩	综合园区
吉林	长春净月经济开发区	55	10 平方公里	经济开发园区
黑龙江	哈尔滨市经济技术开发区	20	462 平方公里	工业园区
上海	嘉定电子商务产业园	15	3000 亩	工业园区
	浦东唐镇电子商务创新港	142	140000 平方米	专业园区
江苏	南京市建邺区	82	80 万平方米	综合园区
	苏州金枫电子商务产业园	65	560 亩	软件园区
浙江	杭州市西湖区文三街电子信息街	65	2.1 万平方米	信息服务
	金华市区电子商务产业基地	33	200 亩	专业园区
安徽	合肥(蜀山)国际电子商务产业园	30	200 万平方米	专业园区
福建	海峡电子商务产业基地	45	23 亩	专业园区
江西	南昌慧谷创意产业园	—	260 亩	创意园区
山东	潍坊市高新技术产业开发区	23	4 平方公里	软件园区
	青岛市崂山区	47	2.8 万平方米	经济开发区

地区	基地名称	入园电子商务企业数量(家)	规划面积	从属园区
河 南	郑州市郑东新区电子商务基地	20	800 亩	综合园区
湖 北	武汉市汉正街都市工业区	194	30 万平方米	综合园区
湖 南	湖南省长沙市	—	—	—
广 东	广州云埔电子商务园区	30	2 万平方米	软件园区
深 圳	深圳市福田国际电子商务产业园	114	7 万平方米	专业园区
广 西	南宁高新技术产业开发区	100	50 万平方米	软件园区
重 庆	重庆市渝中区	139	6 万平方米	互联网产业园
贵 州	贵阳经济技术开发区	5	9 平方公里	工业园区
云 南	昆明国家高新技术产业开发区	37	5 平方公里	工业园区
陕 西	西安高新技术产业开发区	35	50 平方公里	软件园区
甘 肃	甘肃省酒泉市	33	58 平方公里	工业园区
青 海	西宁(国家级)经济技术开发区	—	126 平方公里	工业园区
宁 夏	银川经济技术开发区宁夏软件园	50	15 万平方米	软件园区
新 疆	乌鲁木齐市高新技术开发区	16	300 亩	软件园区
	新疆伊犁州奎屯市	7	68 万平方米	物流园区
总 计	35 个		1724	

从表 2 中可以看出，在电子商务示范基地所在城市的物流基础方面，北京、天津、太原、沈阳、哈尔滨、上海、南京、杭州、合肥、南昌、青岛、武汉、广州、深圳、南宁、昆明、西安、西宁和乌鲁木齐都具有较好的物流环境；在信息基础设施方面，北京较为突出；而在商业基础环境方面，北京和上海较为突出。

表2 电子商务示范基地所在城市基础环境

城市	人口（万人）	物流基础		信息基础设施		批发和零售（万人）	占人口比重（%）	商业基础		
		交通运输、仓储及邮政业（万人）	占人口比重（%）	信息传输、计算机服务和软件业（万人）	占人口比重（%）			限额以上批发零售贸易业商品销售总额（万元）	社会消费品零售总额（万元）	限额以上批发零售贸易企业数（法人数）（个）
北京	2400.16	99.83	4.16	72.37	3.02	99.77	4.16	532425180	105218810	18022
天津	1772.74	24.34	1.37	4.95	0.28	23.41	1.32	192345090	47095270	7597
石家庄	1231.7	10.61	0.86	1.68	0.14	10.79	0.88	21105329	14940651	515
太原	645.67	15.05	2.33	1.94	0.30	7.06	1.09	31097517	13914804	689
赤峰	578.71	1.3	0.22	0.48	0.08	0.96	0.17	1623487	4384948	102
沈阳	1225.66	24.26	1.98	2.6	0.21	8.81	0.72	87283161	34089879	2350
长春	1116.11	6.4	0.57	4	0.36	8	0.72	14286989	19458998	406
哈尔滨	1465.6	20.5	1.40	3.9	0.27	20.41	1.39	24540928	27327675	1214
上海	2722.56	70.96	2.61	13.04	0.48	50.62	1.86	469334380	103069492	10903
南京	1170.73	17.5	1.49	2.49	0.21	15.96	1.36	105350563	37286389	3877
苏州	870.73	3.19	0.37	1.77	0.20	4.22	0.48	67940649	29168688	4946
杭州	1107.38	15.21	1.37	10.9	0.98	20.74	1.87	153376989	33548295	5825
金华	555.08	2.12	0.38	0.93	0.17	2.65	0.48	9225166	9700704	633
合肥	695.11	7.92	1.14	1.66	0.24	7.3	1.05	41696455	13217808	1147
福州	823.94	6.94	0.84	2.09	0.25	7.52	0.91	26456350	23098679	1298
南昌	718.82	14.75	2.05	1.38	0.19	3.18	0.44	14243076	11512075	602
青岛	1038.1	12.67	1.22	1.14	0.11	6.77	0.65	38953962	27220401	1525

续表

城市	人口（万人）	物流基础		信息基础设施				商业基础		
		交通运输、仓储及邮政业（万人）	占人口比重（%）	信息传输、计算机服务和软件业（万人）	占人口比重（%）	批发和零售（万人）	占人口比重（%）	限额以上批发零售贸易业商品销售总额（万元）	社会消费品零售总额（万元）	限额以上批发零售贸易企业数（法人数）（个）
潍坊	1041.85	1.34	0.13	0.65	0.06	5.48	0.53	20586945	12839758	972
郑州	1006.42	5.37	0.53	2.64	0.26	9.52	0.95	35681518	23286927	2097
武汉	1348.99	28.79	2.13	4.45	0.33	21.9	1.62	89638855	40760883	1780
长沙	888.01	5.29	0.60	2.44	0.27	12.22	1.38	30231949	27062640	1533
广州	1439.64	44.73	3.11	9.92	0.69	23.72	1.65	227849959	70459544	6796
深圳	2300.1	27.6	1.20	8.8	0.38	25.4	1.10	96188344	51358872	2822
南宁	960.31	10.82	1.13	1.82	0.19	8.34	0.87	18677343	13768945	1052
贵阳	583.61	4.54	0.78	1.89	0.32	10.08	1.73	11004623	7792225	593
昆明	864.56	12.04	1.39	2.52	0.29	11.79	1.36	36716081	16059411	1360
西安	1335.14	20.14	1.51	8.2	0.61	11.84	0.89	30456544	26309184	830
酒泉	102.99	0.51	0.50	0.2	0.19	0.53	0.51	1609862	1078719	60
西宁	332.31	4.54	1.37	1.16	0.35	2.74	0.82	3791451	3872593	236
银川	244.04	1.59	0.65	0.83	0.34	1.74	0.71	7444750	3328558	437
乌鲁木齐	468.03	10.92	2.33	1.04	0.22	3.75	0.80	34100878	9406114	890
克拉玛依	77.98	0.42	0.54	0.2	0.26	0.56	0.72	1050344	591366	90

资料来源：根据《中国城市年鉴 2011》数据整理。

二　电子商务示范基地建设中存在的问题

（一）产业集群公共服务供给不足

目前，各地电子商务产业集群内部的公共产品供给不足，关联产业和支持产业有待做强做大，集群内技术、标准、知识产权、法律、物流、教育培训、融资担保等服务机构和中介组织需作进一步的整合。民间信用担保、企业融资和风险投资渠道有待拓宽；信息咨询服务普及面较小，服务水平较低，市场信息渠道不畅通，企业要做出正确决策缺乏信息基础和相关服务。产业集群中许多中小微企业还没有完整的行业管理体系和公共服务监督体系，因此无法保证服务质量的稳定性。电子商务技术人员的培训力度也有待加强，以有效缓解技术工作及中高级技术、经营管理人员的供需矛盾。

（二）缺少电子商务龙头企业

大部分地区电子商务示范基地的电子商务企业规模较小，主要是依托阿里巴巴、淘宝等第三方电子商务平台。这使得企业的抗风险能力和变通能力极为脆弱。相比杭州、北京、深圳、上海等电子商务交易与服务产业发达的地区来说，许多电子商务示范园区缺乏全国有影响力的龙头企业，辐射带动有限。较为分散的中小企业电子商务也需要统筹整合，形成若干个品牌产品。通过培养、引进龙头企业，形成电子商务集聚效应。

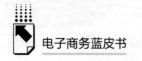
（三）电子商务企业缺乏认定的统一标准

由于电子商务企业涵盖面广，分散在各个领域，各主管部门无法及时、准确地掌握电子商务企业的相关情况，通常是依靠第三方机构提供的数据作为政府决策参考。这样，在一定程度上造成电子商务示范基地对入园企业经营模式、企业性质、提供的产品或服务缺乏了解。各地的电子商务产业园区大部分是由工业园区、软件园区改建、扩建而成。入园企业业态、行业构成繁杂，很多企业打着电子商务的名头，做传统、低级的业务，失去了园区的示范作用。因此，要制定电子商务企业认定管理办法，严格区分电子商务应用企业和电子商务服务企业。

（四）区级政策吸引力度不足

尽管各个地区对发展电子商务高度重视、大力支持，许多电子商务示范基地都出台了电子商务产业发展促进政策和各种优惠政策，但是，这些政策对于小企业有一定的吸引力，对大型电子商务企业和起步较高的新型电子商务企业吸引力还显不足，相关政策还需进一步加大力度。

三　促进电子商务示范基地建设的政策建议

（一）优化电子商务服务环境，规范电子商务基地的外部环境

围绕网上交易和网络购物的诚信、投诉、纠纷调解和仲裁问题，在政府公信力的基础上构建电子商务公共服务体系，创造一个放心、健康、安全的网上购物环境。建立互联互通的电子商务认证

体系和联合信用平台，发展多种形式的在线支付平台，推动电子商务物流服务网络建设，构筑便捷、诚信、安全的电子商务服务环境。组织制定电子商务企业和个人信息采集相关标准，积极制定电子商务关键技术标准和服务规范；研究制定电子商务行业信用评价标准；研究制定适应电子商务特征的合同示范文本，推动行业应用示范。

（二）健全电子商务示范基地投融资机制，建立多元化的投融资渠道

加强政府投入对企业投入和社会投入的带动作用，进一步强化企业在电子商务投资中的主体地位。健全适应电子商务发展的多元化、多渠道的投融资机制，研究制定金融业与电子商务相关企业协同发展的相关政策，引入风险投资推进电子商务商业模式创新。推动金融企业的业务拓展和服务创新，鼓励以银行业金融机构和非特定金融机构为固定供销双方提供支付信用担保，解决中小企业融资难和资金短缺问题。

（三）发挥行业协会作用，确保电子商务示范基地有序运作

一是充分发挥行业协会产业引领作用。由各地电子商务行业协会牵头，引进相关龙头企业，并通过行业协会协调企业间的分工合作，促进企业间合作与交流，规范企业运作模式，并研究基地规划、设施和运行中存在的问题，从而向企业提出改进的建议，向有关部门提出需要支持的内容，使其在促进地区电子商务发展中发挥积极作用。二是加强入园电子商务企业自治机构的建设。将目前政府部门承担的制定标准、实行行评等工作转移给自治组织，推进政府职能转变。通过组织合作交流、咨询培训、中介服务、

会展招商等活动，定期或不定期地举办以"电子商务产业"为主题的高层论坛、专家研讨会、展示会等，加强各电子商务产业基地与国家间的交流与合作，为企业开拓国内外市场服务。实现自我管理和平衡基地各方的利益，实现决策民主化，增强与政府部门的沟通能力和重大"活动"的营销能力。三是基地联合相关组织，形成电子商务产业联盟，促进电子商务企业与相关企业的联合，进一步加强电子商务产业与其他产业的跨界融合，壮大基地电子商务产业规模。

（四）促进电子商务基地孵化特色电子商务品牌

基地应该成立专业稳定的孵化管理服务团队，确保重大项目的推进工作，重点关注产业发展过程中处于形成期和成长期的企业，重点扶持一批产业发展前景好以及拟上市的重点企业，打造龙头企业和拳头产品，帮助其成为行业领先企业。为在孵企业提供公共服务信息平台、适宜的办公场所和设施，给予政策上的积极扶持，并通过基地的整合资源，在管理咨询、产业发展、资本运作、人才引进、科技创新、渠道营销、辅导上市等方面给予个性化全程服务，降低创业成本和风险，保证孵化的成功率。培育一批具有优秀品牌的电子商务企业。

参考文献

［1］商务部：《关于开展国家电子商务示范基地创建工作的指导意见》，2011。

［2］聂林海：《国家电子商务示范城市创建工作政策解读》，《中国信息

界》2011 年第 11 期。

［3］聂林海：《国家电子商务示范城市创建工作政策解读》,《中国科技投资》2012 年第 6 期。

［4］梅绍祖：《中美韩电子商务发展现状分析研究》,《办公自动化》2011 年第 13 期。

［5］陈德刚：《武汉电子商务产业集群发展策略分析》,《特区经济》2012 年第 10 期。

B.11
创新与大淘宝电子商务服务
生态系统的结构演化

郑燕伟*

摘　要：

作为中国乃至世界领先的网络零售平台，阿里巴巴集团和淘宝网在持续快速的发展过程中，一直秉承"开放、透明、分享、责任"的新商业文明，与大量的网商、消费者和合作伙伴一起，构筑了庞大的电子商务生态系统。本文总结了大淘宝电子商务生态系统不同发展阶段的主要特征，通过分析大淘宝电子商务服务生态系统核心层、紧密层、关联层之间的互动关系，总结大淘宝电子商务服务生态系统结构，探讨市场规模、创新等因素对大淘宝电子商务服务生态系统种群演化、结构变迁的影响，从治理的角度提出了促进大淘宝电子商务服务生态系统持续、健康发展的建议。

关键词：

大淘宝　电子商务服务　商业生态

成立于2003年5月的淘宝网，是中国乃至世界领先的网络零售平台。从2003年到2011年，淘宝网交易额从0.23亿元，快速

---

* 郑燕伟，中共浙江省委党校、浙江省科学发展观与浙江发展研究中心副研究员，主要研究方向为产业集群与专业市场。

增长到 6100 亿元。截至 2012 年 6 月，淘宝网注册用户超过 5 亿人，注册卖家数量超过 600 万家。在持续快速的发展过程中，淘宝网秉承"开放、透明、分享、责任"的新商业文明，与大量的网商、消费者和合作伙伴一起，构筑了庞大的电子商务生态系统。本文回顾了大淘宝电子商务生态系统的发展历程，分析了大淘宝电子商务服务生态系统的结构，并进一步探讨了市场规模、创新等因素对大淘宝电子商务服务生态系统结构变迁的影响。

一 大淘宝电子商务服务生态系统的演化

从商业生态的视角来看，大淘宝电子商务服务生态系统的发展历程大致可以分为四个阶段[①]。

第一阶段，2003～2004 年，是自然生长阶段。在这一阶段，淘宝网根据用户需求不断创新服务模式。为了促进网络交易更加安全和便捷，2003 年 10 月，淘宝网推出了网络支付服务——支付宝。2004 年 6 月，又推出"淘宝旺旺"，创造性地将即时聊天工具和网络购物结合起来。与此同时，通过与弈天网络等广告联盟的合作，积极开展市场营销与推广。

第二阶段，2005～2007 年，是有生态意识的阶段。为了更好地满足用户需求，淘宝网开始有意识地引入合作伙伴，通过与金融、物流、法律、IT、营销等外部机构合作，共同为用户提供更丰富的细分服务。2005 年 5 月，阿里巴巴与中国工商银行签订电子商务战略合作协议。从 2006 年开始，阿里巴巴与中国工商银行开

[①] 宋斐、盛振中：《淘宝网电子商务生态分析》，《信息经济学与电子商务：第十三届中国信息经济学会学术年会论文集》，2008 年 7 月。

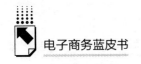

展全方位的合作和联合营销。2006 年 11 月，淘宝网与中国邮政集团公司合作，针对网络零售的特点，推出了"e 邮宝"物流服务。

第三阶段，2008～2010 年，是"大淘宝"战略阶段。随着阿里巴巴集团确定"建设电子商务基础设施，培育开放、协同、繁荣的电子商务生态系统"的核心战略，淘宝网的生态化发展的态势日益明显。2008 年 9 月，阿里巴巴集团正式启动"大淘宝战略"，阿里旗下的网络广告交易平台和阿里妈妈并入淘宝网。2008 年 12 月，淘宝网推出"淘客推广"活动，任何网民都可以通过帮助淘宝网商销售商品赚取佣金。2009 年 8 月，阿里巴巴又将原属于雅虎旗下的生活类电子商务网站口碑网并入淘宝网。2009 年 12 月，淘宝网正式推出"淘宝合作伙伴计划"（即"淘拍档"），在 IT、渠道、服务、营销、仓储物流等环节，培育一批优质的电子商务服务提供商。2008 年 9 月，淘宝推出"淘园"计划，开放 API，第三方开发者通过调用开放的应用程序接口实现各种基于淘宝网的增值应用。2010 年 1 月，淘宝网正式推出"淘宝箱"，推广基于淘宝网开放平台的电子商务应用及服务商店。2010 年 3 月，淘宝网面向全球开放淘宝数据。2010 年 1 月，阿里巴巴集团成立大淘宝战略执行委员会，全面负责实施大淘宝战略，并明确大淘宝战略组成公司为淘宝网、支付宝、阿里云计算、中国雅虎以及各公司的下属公司及相关部门。

在积极拓展网络营销渠道的同时，淘宝网也不断加强与传统媒体的合作。2009 年 8 月，《浙江日报》和淘宝合资创办《淘宝天下》，向更多的消费者宣传网购，让消费者接触网购。2010 年 4 月，阿里巴巴集团与浙江出版联合集团共同打造商业期刊《天下网商》。2010 年 3 月，淘宝网与湖南卫视共同出资成立"湖南快乐淘宝文化传播有限公司"。2010 年 4 月，立足湖南卫视平台播出的

《越淘越开心》栏目开播，同时推出"嗨淘"网，创新电视与网络互动的营销模式。2010 年 6 月，淘宝网与华数数字电视传媒集团签署战略合作协议，在电视淘宝购物、数字产品、手机淘宝、口碑网便民服务等业务领域开展全方位的合作。推出数字版权交易平台"淘花网"，在数字电视上提供电视购物服务的"华数电视淘宝商城"。

为进一步加强与网商、消费者的联系，淘宝还不断扩展线下市场。2008 年底，淘宝网在全国开展"淘 1 站"的加盟活动，试水线下实体店模式。2009 年 5 月，阿里会展推出网货交易会，为买卖双方搭建面对面交流和交易的桥梁。淘宝也积极开展以消费者为核心的淘宝家年华线下狂欢活动。2010 年 1 月，淘宝网进军线下零售，授权副食店、超市、连锁店等社区、校园店成为淘宝网官方指定代购店，为不会或不方便上网消费的消费者提供服务到家的网购、充值缴费等电子商务服务。

第四阶段，2010 年 6 月至今，是"大阿里"战略阶段。2010 年 6 月，阿里巴巴集团宣布，大淘宝战略上升为大阿里战略，同时将淘宝分拆为淘宝集市、一淘网和淘宝商城三家公司。2010 年 8 月，淘宝合作伙伴（Taobao Partner）计划升级为百年合作伙伴计划。2010 年 9 月 10 日，《大淘宝宣言》正式发布，首次明确了网购交易各方在淘宝平台上的基本权利与义务，明确了网购市场的基本原则，引导网购市场参与各方按照新商业文明的要求逐步转变。2010 年淘宝网和数十个城市门户社区网站形成战略合作，推行"淘满意"社区电子商务战略，又和全国数十家都市报社结成战略联盟推行"壹报壹店"合作。

2011 年 2 月，淘宝网宣布 2011 年为淘宝开放年，在卖家业务、买家业务、无线、物流等领域全面、深度开放，引入第三方开发者、企业和服务商，共同推进电子商务生态圈发展；开放"我的淘宝"为第三方插件平台，吸引个性化导购工具和资讯类合作者加入；建立开放扶持基金，未来三年将投入3亿元，通过分成奖励、注资等形式扶持第三方合作伙伴发展。2011年，淘宝商城正式改名为"天猫"，淘宝团购平台聚划算也以公司化的形式独立运营。2012年9月5日，阿里巴巴对外宣布，淘宝网、天猫、一淘会员账号可以直接登录阿里巴巴中国站，并使用阿里巴巴中国站提供的服务，实现了B类市场阿里巴巴中国站和C类市场淘宝网的互通。随着淘宝网的不断开放，大淘宝电子商务服务系统逐步演化成包容众多行业在内、层次更为丰富、结构日益复杂的生态系统。

二 大淘宝电子商务服务生态系统的结构

（一）大淘宝电子商务服务生态的系统结构

从电子商务服务的角度来看，大淘宝电子商务服务生态系统是服务广大商家与消费者的关系网络，涉及经济、社会、政治、技术等多个领域。尽管商家与消费者是大淘宝电子商务生态系统的重要组成部分，但是，从电子商务服务的角度来看，大淘宝电子商务服务生态系统的主体是各类电子商务服务提供商。根据与淘宝网和阿里巴巴集团联系的紧密程度，可以将大淘宝电子商务服务生态系统划分为核心层、紧密层、关联层三个层次（见图1）。

大淘宝电子商务服务生态系统的核心无疑是秉承"让天下没有难做的生意"和"淘我喜欢"等理念的淘宝网、天猫、一淘网、聚划算等网络第三方交易平台。阿里巴巴集团的其他子公司如支付宝、阿里巴巴B2B公司、阿里软件、阿里云、中国雅虎等，分别

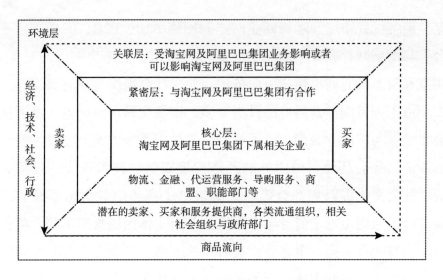

图1 大淘宝电子商务服务生态的系统结构

提供网络零售交易相关的支付、采购、软件、搜索等服务，与淘宝网交易平台之间存在着密切联系，因此也属于大淘宝电子商务服务生态系统核心层的组成部分。

紧密层是与淘宝网和阿里巴巴集团存在合作业务的相关机构。网上交易的顺利进行离不开物流、信息、金融等产业的支持。随着交易规模的不断扩大，淘宝网在吸引越来越多的卖家与消费者的同时，也吸引了大量为卖家与买家服务的关联企业和社会组织。其中既有转型服务电子商务的物流、信息、金融、会展、教育培训、咨询服务、法律等产业，又有新兴的电子商务代运营服务、导购服务等。除此之外，紧密层还涌现了一批基于淘宝网的相关社会组织，如商盟等。政府的一些职能部门（如工商、商务、税务）及相关政策，对大淘宝电子商务生态系统发展的影响也很直接。

关联层是与淘宝网和阿里巴巴集团不存在直接业务合作，但是受淘宝网和阿里巴巴集团相关业务影响或者能够影响淘宝网和阿里巴巴集团的相关组织机构的集合。主要包括淘宝网潜在的卖家和买家，传统批发市场、零售商业网点和网络 B2B、B2C、C2C 交易平台等与淘宝网存在竞争关系的各类流通组织，能够为淘宝网卖家、买家和服务供应商提供相关服务的企业、社会组织与政府部门等。

由于淘宝网经营的商品种类繁多，市场交易规模庞大，经济社会影响极为广泛，大淘宝电子商务服务生态系统事实上已嵌入复杂的经济、社会环境。国内外的经济发展态势、技术进步、政策法规、社会文化等因素都会影响大淘宝电子商务服务生态系统的发展。由于大淘宝电子商务生态系统的各个主体因场景的不同，角色有时会有变换。同一个企业，有时是淘宝网上的卖方，有时是淘宝网上的买方。不同主体之间的关系也是变化多端，如当当网与天猫之间，既是竞争对手，又是合作伙伴。因此，大淘宝电子商务服务生态系统的核心层、紧密层与关联层之间的关系是弹性的，不同层次之间的边界也不是截然分开的，而是彼此交错、动态变化的。

（二）阿里巴巴集团的大淘宝电子商务服务生态系统结构

为了适应和更好地推动网络交易的快速发展，阿里巴巴集团不断调整组织结构，优化大淘宝电子商务服务系统。淘宝网是大淘宝电子商务服务系统的基石，承担了流量入口和业务创新的重任，先后孵化出支付宝、天猫（淘宝商城）、一淘网、聚划算（淘宝团购）等网络交易与支付平台。基于淘宝网、天猫、一淘网、聚划算、支付宝等网络交易与支付平台，淘宝网不断拓展市场范围，创新服务模式，完善电子商务服务体系（见图 2）。

打通淘宝与阿里巴巴平台，形成 B2B2C 商业链条，有效整合各类资源，是阿里巴巴大淘宝战略的重要内容。2010 年 3 月，阿里巴巴开通 1688.com 网站，定位"网上批发大市场"，着力开展国内批发业务。2010 年 4 月，淘宝网推出小额批发平台"淘批

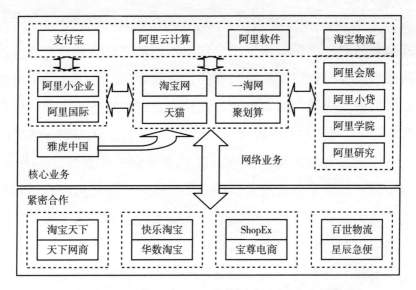

图2 阿里巴巴集团大淘宝电子商务服务系统结构

发",淘宝卖家使用自身的淘宝账号就可以直接采购阿里巴巴供应商发布的小额批发商品。2011年1月,阿里巴巴和淘宝网联合推出无名良品,由阿里巴巴的商城团队负责,面向外贸生产型厂家,开拓国内消费市场。2012年7月,阿里巴巴集团将部分子公司调整为淘宝、一淘、天猫、聚划算、阿里国际业务(ICBU)、阿里小企业业务(CBU)和阿里云计算七大事业群,并建立统一的数据、安全和风险防控以及技术底层,并以此为基础构建阿里巴巴集团CBBS(消费者、渠道商、制造商、电子商务服务提供商)市场集群,加速推进 One Company 的目标。2012年9月,阿里巴巴实现阿里巴巴中国站和淘宝网的互通,淘宝网、天猫、一淘会员账号可以直接登录阿里巴巴中国站,并使用阿里巴巴中国站提供的服务。大淘宝电子商务服务系统逐步向 CBBS 市场集群升级。

淘宝、天猫、一淘等网络交易平台的快速发展离不开阿里巴巴集团强大的技术支持。阿里软件为淘宝网开发各类软件,阿里旺旺是淘宝买卖双方必备的通信工具。2007 年，阿里巴巴整合淘宝、旺旺与贸易通，促进了淘宝用户和阿里商家的网络沟通。阿里云计算通过对淘宝与支付宝海量数据的存储和计算，不仅促进了阿里巴巴集团的科学决策与经营创新，而且为商家和服务商提供了提高运营管理效率、降低成本的捷径。2012 年 7 月，天猫联合阿里云、万网共同推出开放式电子商务云计算作平台——聚石塔，为天猫、淘宝平台上的商家以及服务商等提供数据云服务。阿里云计算也是阿里巴巴无线业务，如无线淘宝、无线支付宝的技术基础。

为了更好地服务网商，阿里巴巴集团积极进入会展、金融、教育培训、研究咨询等行业，不断完善大淘宝电子商务服务系统。2009 年，阿里巴巴集团积极开展网货交易会，帮助淘宝卖家拓展货源，帮助参展商开拓网络销售渠道。为满足网商融资的需求，2010 年 6 月，阿里巴巴集团联合复星集团、银泰集团和万向集团成立浙江阿里巴巴小额贷款股份有限公司。2011 年 2 月，浙江阿里巴巴小额贷款股份有限公司成为全国唯一一家可以跨省经营的小贷公司。阿里学院和淘宝大学积极开展网商培训，先后推出"阿里巴巴电子商务认证"、"阿里巴巴网商能力认证"、"明日网商"、网商 MBA（网店老板）、网店经理人（店长及部门主管）、电商精英（网店一线员工）、网店运营专才（高校创业人员）等项目，提升网商素质，增强大淘宝电子商务服务系统的活力。阿里研究中心依托阿里巴巴与淘宝的丰富数据，出版各类《网商发展研究报告》《网商发展指数报告》《电子商务服务业发展报告》等，推动网商、网货、网规研究，弘扬新商业文明。

阿里巴巴集团旗下的中国雅虎与淘宝网之间，也通过搜索、广告、链接等多种形式开展互动。2010 年，雅虎中国和淘宝网联合推出直通车业务，成为淘宝的重要收入来源。阿里巴巴集团的各个功能模块，既相对独立又相互支撑，共享数据、技术、人力资源等要素，共同构筑了大淘宝电子商务服务系统的核心层。通过与浙江日报、浙江出版联合集团、湖南卫视、华数电视等媒体的合作，阿里巴巴先后合资成立淘宝天下、天下网商、快乐淘宝、华数淘宝等新媒体，创新营销模式，拓展交易平台，完善大淘宝电子商务服务系统组成。通过参股百世物流、星辰急便、上海商派 ShopEx、宝尊电商等电子商务服务商，阿里巴巴集团的大淘宝电子商务服务业务进一步从核心层向紧密层拓展。

（三）大淘宝电子商务服务生态系统紧密层的结构

大淘宝电子商务服务生态系统涉及电子商务交易平台服务、电子商务交易主体、电子商务支撑服务和电子商务衍生服务等多种形态。电子商务交易平台服务主要集中在阿里巴巴集团内部。电子商务交易主体主要包括在淘宝和阿里巴巴各类交易平台注册的卖家和买家。电子商务支撑服务和衍生服务的社会化特征较为明显，两者构成了大淘宝电子商务服务生态系统紧密层的主要形态。电子商务支撑服务业主要包括为网络交易服务的相关传统组织，其中既包括市场化水平较高的物流、金融、信息、会展等产业，也包括教育培训、研究咨询、行业协会等社会组织及政府部门。电子商务衍生服务业主要包括生产者服务业和消费者服务业等新兴电子商务服务业[①]。

目前，淘宝网上的卖家数量已经超过 600 万家，行业门类涉及服装、玩具等日用消费品，汽车配件等生产资料，旅游、保险等服务，游戏、游戏点卡、电子书等虚拟商品，房产、招聘等要素市场。通过积极创新与完善服务，淘宝网上涌现了一批年销售额上亿

---

① 阿里巴巴集团研究中心：《2011 年中国电子商务服务业报告》，2011 年 12 月。

元的零售企业。随着网商群体的壮大和网商企业的形成，电子商务从业人员大量增加，使电子商务成为国民经济的重要组成部分。传统产业电子商务的发展和网络销售渠道的壮大极大地改变了产业的运营与发展模式。网商的集群式发展，改变了传统产业和地区经济发展模式。随着商品与服务种类的不断创新，淘宝网的市场领域还将进一步扩展，对相关产业转型升级的影响将进一步深化。

物流业尤其是快递业是大淘宝电子商务快速发展的重要支撑。淘宝网交易规模的不断扩大也为快递等物流行业创造了广阔的空间。申通、圆通、中通、汇通和韵达五家快递公司的淘宝业务比重都超过50%。淘宝网通过与快递公司密切合作，不断提升快递服务质量。2008年，淘宝网为物流企业开通了网上订单结算服务，促进物流企业信息化水平的提升。2009年，淘宝网先后推出"限时物流"和"货到付款"等物流配送政策，激励了物流企业配套服务制度的完善。但是，受快递行业服务质量与价格等因素的影响，物流成为影响大淘宝电子商务服务系统质量的一个主要环节。2010年，淘宝推出淘宝大物流计划，一方面在全国主要城市建设物流配送中心，另一方面建立开放的淘宝物流宝平台，推出API接口，联合国内外仓储、快递、软件等物流企业组成服务联盟，提供一站式电子商务物流配送外包服务。与此同时，顺风速运、圆通快递等物流企业也纷纷建立购物网站，进入电子商务交易平台服务业，与淘宝网的关系也日益复杂化。

大淘宝电子商务的快速发展也带动了银行、信息、教育培训等相关产业的业务创新。目前，有140多家银行及金融机构与支付宝开展深入合作。中国邮政储蓄银行开发网上支付汇款业务，利用邮政网络网点的优势，实现非账户的网上支付功能。华泰保险为淘宝打造了退货运费保险业务，一旦发生退货，退货运费将由保险公司承担。电信、移动等通信运营商也得益于电子商务与网络购物的爆发，成为大淘宝电子商务服务生态系统的重要基础设施。针对电子商务的快速发展，全国各类高校纷纷加强与阿里学院、淘宝大学的合作，培养电子商务人才。2009 年，义乌工商学院率先在全国高校中开设淘宝创业班，通过提供实践机会、创业营造氛围、协助快递和货源等服务，培养了一大批大学生网商，被誉为"淘宝大学"。通过与传统媒体、线下网点的合作，大淘宝电子商务服务系统紧密层的范围不断扩大。鉴于淘宝网在国内 B2C 与 C2C 市场上的优势地位，IDC 中国、易观国际、艾瑞咨询等新兴研究机构高度关注大淘宝电子商务服务系统，IDC 中国和阿里巴巴集团研究中心先后出版了《为经济复苏赋能》《为信息经济筑基》《加速信息社会进程》等白皮书，分析电子商务服务业及阿里巴巴商业生态的社会经济影响。中国检验认证集团、浙江省检验检疫科学技术研究院、江苏省检验检疫科学技术研究院等第三方检测机构也纷纷拓展网上业务，成为淘宝网"注册品控服务商"。

随着淘宝网市场规模和网商规模的不断扩大，互联网上涌现出一批为企业电子商务和个人网络购物服务的电子商务衍生产业，如为网商服务的网店管理与分析软件、网店代运营、网络营销服务和导购网络等。2008 年，大淘宝战略提出以来，淘宝网与阿里巴巴先后推出"淘客推广""淘宝联盟""橙领计划""淘拍档""淘园""淘宝箱"等项目，积极培育合作伙伴，完善电子商务服务系统。阿里巴巴集团研究中心发布的《2012 年天猫运营服务白皮书》显示，从事淘宝运营服务的服务商大约 1500 多家，从业人员大约 3 万人，其中天猫平台聚集了大约 400 家运营服务商。2011 年，淘宝联盟已拥有超过 50 多万名活跃淘宝客，合作商家已经突破 105 万，佣金分成金额突破 15 亿元。2010 年底，淘宝开放平台上已拥

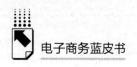

表1 大淘宝电子商务服务生态系统主要产业构成

项目	类别	核心层案例	紧密层案例	关联层案例
交易服务业	交易和支付平台	淘宝网、天猫、支付宝	—	京东、孔夫子旧书网、拍拍、快钱
电子商务交易	网商	淘宝卖家服务平台	当当、一号店、麦包包、GXG等	联华超市、义乌中国小商品城
支撑服务业	物流业	淘宝物流	申通、圆通、中通、汇通、韵达	中铁快运
	金融	阿里小贷	中国工商银行、中国邮政储蓄、拉卡拉、VISA	中国银联
	保险	淘宝保险平台	华泰保险、平安保险	中国人寿
	信息产业	阿里云计算、阿里软件	电信、移动、微软、Oracle	苹果、谷歌
	媒体	淘宝天下、天下网商、快乐淘宝、华数淘宝、"一报一店"	浙江日报、浙江出版联合集团、湖南卫视、华数电视	浙江电视
	会展	阿里会展	阿里巴巴网货交易会、淘宝嘉年华	中国网货交易会、义乌网货交易会
	代购网点	淘宝代购	杭州买吧服务有限公司、淘宝代购点	联华超市
	教育培训	阿里学院、淘宝大学	义乌工商学院	浙江大学
	研究咨询	阿里研究中心	IDC中国、易观国际、艾瑞咨询集团	北大纵横
	质检品控	淘宝质检平台	浙江省检验检疫科学技术研究院	广东省检验检疫科学技术研究院
	法律	淘宝法务部	淘宝网与阿里巴巴集团的法律顾问	腾讯法务部
	社会组织	淘帮派	商盟、网商协会	电子商务协会
	社会群体	淘女郎	麻豆、职业差评师	—
	政府部门	—	工商、商务、税务	法院、公安

	类别	核心层案例	紧密层案例	关联层案例
衍生服务业	管理软件服务	淘宝开放平台	ShopEx、深圳好店铺、上海百胜软件	用友、金蝶、SAP
	代运营服务	—	宝尊电商、杭州不争科技	—
	网络营销服务	淘宝联盟	杭州旺淘	弈天网络
	导购门户	淘宝爱逛街、顽兔	蘑菇街、美丽说	新浪、搜狐

资料来源：笔者整理。

有 11 万注册开发伙伴，淘宝开放平台上的线上应用已达 3.6 万个，第三方应用收入已达 1650 万元。2011 年淘宝开放平台接入应用数超过 30 万，基于淘宝网的各类运营管理平台交易额达 9700 万元。

快速发展的大淘宝电子商务服务生态系统也引起了风险资本的高度关注。无论是淘宝和阿里巴巴等电子商务平台运营商，还是七格格、绿盒子、斯波帝卡等网商，或是上海商派等电子商务服务商，在发展过程中都得到了风险资本的支持。

网络购物的兴起，促进了一批新兴职业和社会群体的出现，如帮助淘宝卖家推广商品并按照成交效果获得佣金的淘宝客，经常上淘宝购物的淘女郎。围绕着网店设计与产品展示，涌现了一批网络模特（俗称"麻豆"）、网拍摄影师、网店设计师。淘宝网开放平台也催生了一批应用开发商。随着网商数量的日益增长，各类淘宝商盟和网商协会陆续涌现，成为网商信息交流、行业自律、集体行动的有效组织。一些网商论坛也成为电子商务信息流动的重要渠道。受互联网治理体系与淘宝规则体系局限，滋生了刷客、职业差评师、职业删差评师等灰色的产业链，充分显示大淘宝电子商务服务系统的复杂性。

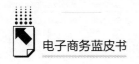

大淘宝电子商务服务系统不仅是一个经济系统，同时还具有复杂的社会属性。由于电子商务是新兴的交易模式，加上淘宝网经营的商品种类繁多，影响巨大，近年来，政府部门也加强了对网上交易规范和商品经营许可的政策引导（见表2）。淘宝网上的彩票、图书、药品等商品，都曾受到相关政策的影响而进行调整。近年来，淘宝网也多次因为网络交易纠纷而被告上法院。

表2　大淘宝电子商务服务体系涉及的相关政府职能部门

工商部门	商户登记(行政许可)、交易规范
工信部	网站登记(行政许可)
公安部	内容合法
商务部	交易规范、产业发展
文化部	网络文化经营(行政许可)、虚拟货币交易(行政许可)、音像制品经营(行政许可)
广电部	网络视频服务(行政许可)
药监局、卫生部	药品经营(行政许可)、网络医疗信息服务(行政许可)
银监局、央行	网上银行(行政许可)、第三方支付(行政许可)
国家邮政局	快递业务(行政许可)
财政部	彩票销售(行政许可)
新闻出版总署	出版物经营(行政许可)
知识产权局	知识产权保护

资料来源：根据阿里巴巴集团研究中心《平台化治理——2011年网规发展研究报告》等材料整理。

尽管大淘宝电子商务紧密层的企业与组织都与淘宝网及阿里巴巴集团有着直接的业务联系。但是，受机构属性、服务内容、与淘宝网联系方式等因素的影响，大淘宝电子商务紧密层内部同样形成复杂的生态结构。不仅天猫与淘宝集市商户接受的服务质量存在差别，电子商务服务商也存在着合作伙伴（淘拍档）与普通经营户的区别。阿里巴巴集团还参股百世物流、星辰急便、上海商派 ShopEx、宝尊电商等电子商务服务业，而多数电子商务服务商与淘宝的联系则相对宽松。从长远来看，大淘宝电子商务服务生态系统关联层与紧密层的界线并不固定，随着电子商务的不断发展与淘宝业务的不断创新，紧密层有进一步扩大的趋势。

三 创新与大淘宝电子商务服务生态系统的演化

亚当·斯密认为，分工是生产力进步的重要动力，分工程度是一个国家产业、劳动生产力发展水平以及国民财富增长状况的标志，并提出了"分工受市场范围的限制"的理论。杨格进一步拓展了斯密定理，认为分工的进步会导致需求的扩大，需求扩大又反过来促进分工的进步，即"分工一般地取决于分工"。"杨格定理"充分表明分工与市场之间存在着循环累积、互为因果的反馈机制。

阿里巴巴集团研究中心认为，信息技术的进步提高了交易效率，促进了分工的深化，大淘宝电子商务服务生态系统同样存在着网商与生态的良性循环。消费者需求的增加促使网商的规模不断扩大，当达到一定的水平时，网商群体出现分工，专业化水平提高，能够满足的消费者的个性化需求的能力也越来越强，进一步拉动市场贸易，扩大市场规模，贸易量的增加使得软件、物流、支付、营销等专业服务商进入电子商务的生态系统中，不断为网商创造价值，同时，服务商之间也在为彼此创造着价值，形成复杂的电子商务服务生态①。

从演化经济学的角度来看，创新是分工的基础，分工是创新的

---

① 阿里巴巴集团研究中心：《2011 年度网商发展研究报告》，《2011 年电子商务服务业发展报告》，2011。

社会化表现，创新和创新的扩散促进了分工的发展。施穆克勒认为，市场是创新的重要驱动力，创新导致市场的扩大和投资的增加，市场的扩大和投资的增加又促使更多的创新。因此，创新与市场之间同样存在着循环累积、互为因果的反馈机制。大淘宝电子商务服务系统的演化生动地证明了这一点。

（一）淘宝网和阿里巴巴的电子商务服务创新

阿里巴巴集团从 B2B 网络交易平台起步，秉承着"让天下没有难做的生意"的信念，不断创新商业模式，完善电子商务服务生态。2003 年 5 月，鉴于 C2C 交易平台与 B2B 交易平台的相似性，阿里巴巴创办了淘宝网，通过免费战略与持续的商业模式与营销创新，使淘宝网迅速成为国内领先的网络交易平台。2003 年 10 月，淘宝网推出第三方支付工具"支付宝"，首创网络担保交易模式，有效地解决了买卖双方的互信问题，大大推动了淘宝网的发展。2004 年 6 月，淘宝网推出"淘宝旺旺"，创造性地将即时聊天工具和网络购物结合起来。2004 年 7 月，淘宝网超越 eBay 中国，成为中国网络购物市场的领导者。表 3 为阿里巴巴与淘宝网的创新演化大事记。

表3　阿里巴巴与淘宝网的创新演化大事记

时间	业务名称	创新属性	相关的创新
2003 年 5 月	淘宝网	C2C 网上交易平台（免费）	支付宝（2003）、淘宝商城（2008）、聚划算（2010）、淘宝旅游（2010）、淘工作（2010）、淘宝拍卖（2011）
2003 年 10 月	支付宝	第三方支付平台（网络担保交易）	公司成立（2004）、支付宝卡通（2007）、快捷支付（2011）、国际支付宝（2011）
2004 年 6 月	淘宝旺旺	网络即时聊天工具	阿里软件（2007）、阿里旺旺（2008）

时间	业务名称	创新属性	相关的创新
2004 年 9 月	阿里学院	网商教育培训	公司成立（2009）、淘宝大学
2006 年 4 月	阿里无线	无线网络交易平台	无线淘宝（2006）、无线支付宝（2006）、天猫无线（2012）
2007 年 4 月	阿里研究中心	电子商务研究咨询	网商研究报告（2004）、网货研究报告（2009）
2007 年 8 月	阿里妈妈	网络广告交易平台	淘客推广（2008）、淘宝联盟（2010）
2008 年 4 月	淘宝商城	B2C 网上交易平台	良无限（2008）、淘品牌（2008）、电器城（2010）、天猫（2011）、医药馆（2011）
2009 年 10 月	淘宝搜索	网络搜索	一淘网（2010）、图想（2011）
2009 年	阿里会展	会展服务	网商大会（2004）、网货交易会（2009）、淘宝嘉年华（2009）
2009 年 9 月	阿里云计算	数据云服务	聚石塔（2012）
2009 年	阿里传媒	电子商务与传媒	淘宝天下（2009）、天下网商（2010）、快乐淘宝（2009）、华数淘宝（2010）
2010 年 6 月	阿里小贷	小额贷款	支付宝信贷（2009）
2010 年	阿里物流	物流交易服务平台	淘宝物流配送中心（2010）、物流宝（2010）、
2010 年 9 月	淘宝团购	网络团购平台	聚划算（2011）

资料来源：笔者整理。

作为联系商家与消费者的网络交易平台，淘宝网具有双边市场的一些特征。双方市场的"交叉外部性"要求淘宝网的创新必须兼顾卖方与买方，一方面围绕"让天下没有难做的生意"，致力于降低交易成本；另一方面围绕"淘我喜欢"，不断满足消费者个性化需求。通过持续创新与优化治理，促进网商群体与消费者群体的良性互动，发挥网络交易平台的集聚经济优势。

培育市场是淘宝网发展的首要任务。淘宝网自成立以来，不断开拓新的市场领域，从最初的日用消费品，扩展到广告、虚拟商品、保险、工作等领域。2007 年 8 月，成立阿里妈妈互联网广告交易平台，推出广告位交易服务。2009 年 7 月，开通淘宝虚拟频道，提供虚拟物品交易服务。2010 年 5 月推出淘宝旅行平台，提供机票、酒店和旅游商品服务。与此同时，淘宝网广泛通过内部赛马、类目 PK 等途径，不断促进业务模式的创新。2011 年 5 月，淘宝拍卖会上线，2012 年又创新司法拍卖模式。2010 年推出淘宝网虚拟货币——淘金币、全球购。2011 年，淘宝推出跳蚤街二手货交易平台。目前，淘宝平台有 400 多种主题频道和营销推广工具。商品门类与营销模式的不断创新，实现了规模经济与范围经济的协调，不仅扩大了淘宝网的市场规模，而且增强了淘宝网的吸引力。

为了促进电子商务的发展，2004 年 9 月，阿里巴巴集团成立阿里学院，普及电子商务知识，培养电子商务人才。随着淘宝网市场交易规模的不断扩大，针对网商日益增长的培训需求，成立淘宝大学，加强网店经营管理人员的培训。随着网络购物的兴起，网商逐步成为新兴群体。2004 年以来，阿里巴巴先后与互联网实验室、电子商务世界合作，出版《网商发展报告》。2007 年 4 月，又成立阿里研究中心，作为阿里巴巴与淘宝网重要的信息发布平台，发布《网货发展报告》《网规发展报告》《电子商务服务业发展报告》等，扩大淘宝网的经济社会影响力。

淘宝网和阿里巴巴集团把服务网商作为自身的一个重要任务，不断创新服务方式与服务内容。2009 年，支付宝创新面向网商的信用贷款。2010 年，阿里巴巴又成立阿里小贷，面向全国网商提供小额贷款服务，有效地满足了网商的融资需求。2004 年以来，每年举办网商大会，促进网商之间的沟通与交流，提升网商的影响力。2009 年以后，创办网货交易会，为广大网商提供货源。2010
年，又推出淘工作，在满足网商人才需求的同时，又进入了网络招
聘领域。淘宝网和阿里巴巴集团把电子商务服务商作为大淘宝战略
的重要合作伙伴，通过开放平台、发展淘拍档和百年合作伙伴等途
径，加强与相关电子商务商的合作，以便更好地为网商与消费者
服务。

随着淘宝网规模的不断扩大，内部的分工也在不断地深化。支
付宝、天猫（淘宝商城）、聚划算（淘宝团购）等业务先后从淘宝
网独立出来。自 2006 年支付宝外扩以来，淘宝业务的比重逐步下
降，目前只占一半。2010 年，天猫独立以来，在淘宝全网成交额
中的比重不断上升。2011 年，达到 16.4%。市场规模的迅速扩大
与企业内部的不断创新，导致淘宝网与阿里巴巴集团的组织结构不
断变化。2008 年和 2009 年，阿里妈妈与口碑网先后并入淘宝。
2010 年和 2012 年，淘宝又先后拆分为淘宝集市、一淘网、淘宝商
城和聚划算。

通过不断创新商业模式，满足消费者与网商的各种需求，阿
里巴巴集团逐步形成集交易服务、信息技术服务、金融服务、会
展物流、教育培训等电子商务服务于一体的庞大的产业体系，并
与众多的会员企业、网商网店、物流企业、IT 及商务服务企业构
筑了更为庞大的电子商务生态圈，成为我国电子商务发展不容忽
视的重要力量。迅速发展的电子商务与网上购物市场，强大的创
新与运营能力，使阿里巴巴实现了商业模式创新与市场规模增长
的良性循环。

梅特卡夫认为，创新扩散是一个选择过程。鉴于创新的随机
性和不确定性，淘宝网与阿里巴巴对各种创新保持了极大的包容
性。大淘宝电子商务服务生态系统建设本身并没有明确的路径，

许多创新都是尝试性的，有些创新也不太成功。如淘宝网与阿里巴巴一直尝试与传统媒体嫁接，先后合资成立淘宝天下、天下网商、快乐淘宝、华数淘宝等企业。但是，由于传统媒体与电子商务运行模式与企业文化的差异与纷争，使得阿里的传媒发展道路颇为坎坷。2010 年，浙江日报集团记者和编辑离职《淘宝天下》。2011 年华数退出华数淘宝，湖南卫视寻求股权出让快乐淘宝股份。马云认为，"合资公司非常难做，但淘宝网还是要迎难而上"。因此，淘宝的许多创新具有试错性质，成功的关键取决于市场的选择。

（二）创新与大淘宝电子商务服务生态系统种群演化

种群是生态系统的基本组成。随着淘宝网的快速发展，一些新的种群先后创新，大淘宝电子商务服务生态系统内部的种群数量不断增加。随着各个电子商务服务种群规模的不断扩大，种群内部结构也日益复杂。不仅淘宝网和阿里包括集团内部的组织结构不断变化，大淘宝电子商务服务生态系统紧密层内的各个种群内部结构也出现明显分化。

随着淘宝网商数量的增加和淘宝网相关增值服务的先后推出，竞争的压力与营销模式的不断创新使淘宝网商加速分化。目前淘宝网 600 多万网商，其中天猫商家近 10 万家。每个类目内部都存在着大量的网商。以 2012 年上市的 iPhone5 为例，淘宝网上共 5796 个卖家（2012 年 11 月检索）。许多网商结合自身条件，通过选择直通车、旺铺、淘宝客等增值服务，不断创新商品种类与营销推广手段，从而加速网商种群的分化，既避免过度的同质竞争，也为消费者提供了更多的选择。

随着淘宝网的分立与天猫地位的日益突出，越来越多的制造商、品牌运营商与经销商加入天猫。除了像麦包包等在淘宝网上成长起来的大卖家外，优衣库、李宁、戴尔、联想、诺基亚等品牌厂商，康纳电器、爱仕达等制造商逐步成为天猫的重要客户。由于熟悉电子商务的运营需要一个过程，许多制造商与品牌运营商都把相关的网络运营业务外包给专业的电子商务服务商。在一些新兴种群不断崛起的同时，中小卖家在淘宝网及天猫上的地位逐步下降，经营难度加大。中国电子商务研究中心发布的报告显示，目前淘宝网每天新增注册的卖家近万家，停运或倒闭的卖家数量也近万家，一大批中小网商逐步退出淘宝市场。

鉴于电子商务是经济社会发展的大势所趋，结合大淘宝购物平台在国内网络零售市场中的优势地位，越来越多的制造商、品牌商、流通企业通过加强与大淘宝电子商务服务生态系统的合作，拓展自身的营销渠道；越来越多的物流、金融、会展、培训、咨询等支撑产业也纷纷进入大淘宝电子商务服务系统，拓展发展空间。甚至像当当网、一号店等网络购物平台也纷纷入驻天猫，共享大淘宝电子商务服务生态。大淘宝电子商务服务生态系统内部不同种群之间既有竞争又有合作，系统结构日趋复杂。

随着电子商务服务市场规模的迅速扩大，电子商务支撑服务和衍生服务的分工不断深化，主要面向网络购物市场的电子商务衍生服务业不仅因服务对象的不同而分化为生产者服务业和消费者服务业，而且因业务模式的不同进一步分化为IT技术（工具软件）类、运营服务（网店托管）类、营销服务（如直通车优化）类、导购网站等运营模式。这些新兴电子商务服务商大都是传统服务商、IT互联网、广告营销商、大卖家等受电子商务服务市场的吸引创新转型而来的。依托自身在电子商务、网店经营、企业管理、技术开发、营销推广等方面的优势，成为大淘宝生态系统各类专业服务的供应商。

四　总结与启示

创新是大淘宝电子商务服务生态系统不断发展的根本动力。强大的创新能力和相应的技术支撑使淘宝网和阿里巴巴占据了国内电子商务市场的领导地位，充分显示了平台领导型公司较单一产品型公司拥有更强大的创新和增长潜力。随着淘宝全网成交额在全社会消费品零售总额中比重的稳步提高，大淘宝电子商务服务生态系统的规模还将进一步扩大。对于双边市场中的平台企业乃至整个生态系统来说，市场规模是促进创新与分工的重要因素。淘宝网成交额规模的进一步扩大将激发电子商务服务业的更多创新，从而使大淘宝电子商务服务生态系统的结构日益多样化与复杂化。

鉴于大淘宝电子商务服务生态系统仍然面临着其他各类网络交易平台的竞争，巩固并扩大市场规模成为大淘宝电子商务服务生态系统健康发展的关键。在网络零售双边市场格局中，消费者的地位显得比商家更为重要。无论是正在兴起的 SNS 营销，还是淘宝倡导的 C2B，都明确了消费者的中心地位。与传统零售渠道和其他网络销售平台相比，淘宝网的一大优势在于能够更好地满足消费者的个性化消费需求，从而促进消费者民主化的实现。但是，面对消费者日益增长的各种消费需求，淘宝网的服务创新受到了信息冗余、灰色产业链等问题的限制，并面临着蘑菇街、美丽说等新兴服务商的竞争。加强消费者服务创新，为消费者提供更好的购物体验，从而增强各类消费者对淘宝网的吸引力和黏性，成为淘宝网进一步扩大市场规模的关键，也是淘宝网不断吸引商家的关键。

随着网上购物规模的不断扩大，大淘宝电子商务服务生态系统的结构也日益复杂化，并导致利益关系与矛盾的复杂化。随着网商数量的不断增加，同质竞争、虚假信用、网络诈骗等问题成为影响消费者体验的重要因素。提升网商素质，引导网商不断创新商品和服务种类，推出各种地方化、个性化、创意型的商品，不仅可以优化网商结构，也可以增加对消费者的吸引。良好的电子商务服务系统应当有效兼容不同类型的消费者、网商和服务商。

庞大的规模和复杂的结构决定了大淘宝电子商务服务生态系统治理的难度。作为协调利益相关者的过程与机制，治理同样是一个创新的过程。与商业模式的创新一样，淘宝治理规制的创新也面临着市场的选择。消费的民主化必然要求创新的民主化。淘宝网和阿里巴巴通过一系列的开放政策促进了大淘宝电子商务服务生态系统的创新和发展。面对近年来不断增长的网络购物纠纷与"淘宝围城"事件，优化大淘宝电子商务服务生态系统治理结构，提升消费者、网商、服务商、相关社会组织与政府部门在淘宝规则制定中的地位，成为大淘宝电子商务服务生态系统持续、健康、稳定发展的迫切要求。

参考文献

［1］宋斐、盛振中：《淘宝网电子商务生态分析》，《信息经济学与电子商务：第十三届中国信息经济学会学术年会论文集》，2008 年 7 月。

［2］盛振中：《淘宝网生态系统中种群成长研究》，《第二届网商及电子商务生态学术研讨会论文集》，2009 年 8 月。

［3］IDC 中国、阿里巴巴集团研究中心：《为经济复苏赋能——电子商务服务业及阿里巴巴商业生态的社会经济影响》，2009 年 12 月。

［4］IDC 中国、阿里巴巴集团研究中心：《为信息经济筑基——电子商务服务业及阿里巴巴商业生态的社会经济影响》，2011 年 1 月。

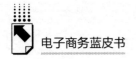

［5］IDC 中国、阿里研究中心：《加速信息社会进程——电子商务和阿里巴巴商业生态的社会经济影响》，2012 年 2 月。

［6］阿里巴巴集团研究中心：《2011 年度网商发展研究报告》，2011。

［7］阿里巴巴集团研究中心：《生态大爆发：2011 年电子商务服务业发展报告》，2011。

［8］荆林波、梁春晓主编《中国电子商务服务业发展报告 No.1》，社会科学文献出版社，2011。

［9］〔美〕加威尔、库苏玛诺：《平台领导》，广东经济出版社，2007。

［10］朱振中、吕廷杰：《双边市场理论研究综述》，《经济学动态》2006 年第 2 期。

［11］〔美〕埃里克·冯·希普尔：《民主化创新：用户创新如何提升公司的创新效率》，知识产权出版社，2007。

中国皮书网

发布皮书研创资讯，传播皮书精彩内容
引领皮书出版潮流，打造皮书服务平台

栏目设置：

- □ 资讯：皮书动态、皮书观点、皮书数据、 皮书报道、皮书新书发布会、电子期刊
- □ 标准：皮书评价、皮书研究、皮书规范、皮书专家、编撰团队
- □ 服务：最新皮书、皮书书目、重点推荐、在线购书
- □ 链接：皮书数据库、皮书博客、皮书微博、出版社首页、在线书城
- □ 搜索：资讯、图书、研究动态
- □ 互动：皮书论坛

www.pishu.cn

中国皮书网依托皮书系列"权威、前沿、原创"的优质内容资源，通过文字、图片、音频、视频等多种元素，在皮书研创者、使用者之间搭建了一个成果展示、资源共享的互动平台。

自2005年12月正式上线以来，中国皮书网的IP访问量、PV浏览量与日俱增，受到海内外研究者、公务人员、商务人士以及专业读者的广泛关注。

2008年10月，中国皮书网获得"最具商业价值网站"称号。

2011年全国新闻出版网站年会上，中国皮书网被授予"2011最具商业价值网站"荣誉称号。

社会科学文献出版社　皮书系列

　　"皮书"起源于十七、十八世纪的英国,主要指官方或社会组织正式发表的重要文件或报告,多以"白皮书"命名。在中国,"皮书"这一概念被社会广泛接受,并被成功运作、发展成为一种全新的出版形态,则源于中国社会科学院社会科学文献出版社。

　　皮书是对中国与世界发展状况和热点问题进行年度监测,以专家和学术的视角,针对某一领域或区域现状与发展态势展开分析和预测,具备权威性、前沿性、原创性、实证性、时效性等特点的连续性公开出版物,由一系列权威研究报告组成。皮书系列是社会科学文献出版社编辑出版的蓝皮书、绿皮书、黄皮书等的统称。

　　皮书系列的作者以中国社会科学院、著名高校、地方社会科学院的研究人员为主,多为国内一流研究机构的权威专家学者,他们的看法和观点代表了学界对中国与世界的现实和未来最高水平的解读与分析。

　　自 20 世纪 90 年代末推出以经济蓝皮书为开端的皮书系列以来,至今已出版皮书近 800 部,内容涵盖经济、社会、政法、文化传媒、行业、地方发展、国际形势等领域。皮书系列已成为社会科学文献出版社的著名图书品牌和中国社会科学院的知名学术品牌。

　　皮书系列在数字出版和国际出版方面成就斐然。皮书数据库被评为"2008~2009 年度数字出版知名品牌";经济蓝皮书、社会蓝皮书等十几种皮书每年还由国外知名学术出版机构出版英文版、俄文版、韩文版和日文版,面向全球发行。

　　2011 年,皮书系列正式列入"十二五"国家重点出版规划项目;2012 年,部分重点皮书列入中国社会科学院承担的国家哲学社会科学创新工程项目;一年一度的皮书年会升格由中国社会科学院主办。

法 律 声 明

　　"皮书系列"（含蓝皮书、绿皮书、黄皮书）由社会科学文献出版社最早使用并对外推广，现已成为中国图书市场上流行的品牌，是社会科学文献出版社的品牌图书。社会科学文献出版社拥有该系列图书的专有出版权和网络传播权，其 LOGO（　）与"经济蓝皮书"、"社会蓝皮书"等皮书名称已在中华人民共和国工商行政管理总局商标局登记注册，社会科学文献出版社合法拥有其商标专用权。

　　未经社会科学文献出版社的授权和许可，任何复制、模仿或以其他方式侵害"皮书系列"和 LOGO（　）、"经济蓝皮书"、"社会蓝皮书"等皮书名称商标专用权的行为均属于侵权行为，社会科学文献出版社将采取法律手段追究其法律责任，维护合法权益。

　　欢迎社会各界人士对侵犯社会科学文献出版社上述权利的违法行为进行举报。电话：010 - 59367121，电子邮箱：fawubu@ ssap. cn。

社会科学文献出版社

盘点年度资讯 预测时代前程

社会科学文献出版社

2013年

皮书系列

权威·前沿·原创

社会科学文献出版社
SOCIAL SCIENCES ACADEMIC PRESS (CHINA)

　　"皮书"起源于十七、十八世纪的英国,主要指官方或社会组织正式发表的重要文件或报告,多以"白皮书"命名。在中国,"皮书"这一概念被社会广泛接受,并被成功运作、发展成为一种全新的出版形态,则源于中国社会科学院社会科学文献出版社。

　　皮书是对中国与世界发展状况和热点问题进行年度监测,以专家和学术的视角,针对某一领域或区域现状与发展态势展开分析和预测,具备权威性、前沿性、原创性、实证性、时效性等特点的连续性公开出版物,由一系列权威研究报告组成。皮书系列是社会科学文献出版社编辑出版的蓝皮书、绿皮书、黄皮书等的统称。

　　皮书系列的作者以中国社会科学院、著名高校、地方社会科学院的研究人员为主,多为国内一流研究机构的权威专家学者,他们的看法和观点代表了学界对中国与世界的现实和未来最高水平的解读与分析。

　　自 20 世纪 90 年代末推出以经济蓝皮书为开端的皮书系列以来,至今已出版皮书近800 部,内容涵盖经济、社会、政法、文化传媒、行业、地方发展、国际形势等领域。皮书系列已成为社会科学文献出版社的著名图书品牌和中国社会科学院的知名学术品牌。

　　皮书系列在数字出版和国际出版方面成就斐然。皮书数据库被评为"2008~2009 年度数字出版知名品牌";经济蓝皮书、社会蓝皮书等十几种皮书每年还由国外知名学术出版机构出版英文版、俄文版、韩文版和日文版,面向全球发行。

　　2011 年,皮书系列正式列入"十二五"国家重点出版规划项目,一年一度的皮书年会升格由中国社会科学院主办;2012 年,部分重点皮书列入中国社会科学院承担的国家哲学社会科学创新工程项目。

经 济 类

经济类皮书涵盖宏观经济、城市经济、大区域经济，
提供权威、前沿的分析与预测

经济蓝皮书

2013 年中国经济形势分析与预测（赠阅读卡）

陈佳贵　李　扬 / 主编　　2012 年 12 月出版　　估价 :59.00 元

◆　本书课题为"总理基金项目"，由著名经济学家陈佳贵、李扬领衔，联合数十家科研机构、国家部委和高等院校的专家共同撰写，其内容涉及宏观决策、财政金融、证券投资、工业调整、就业分配、对外贸易等一系列热点问题。本报告权威把脉中国经济 2012 年运行特征及 2013 年发展趋势。

世界经济黄皮书

2013 年世界经济形势分析与预测（赠阅读卡）

王洛林　张宇燕 / 主编　　2013 年 1 月出版　　估价 :59.00 元

◆　2012 年全球经济复苏步伐明显放缓，发达国家复苏动力不足，主权债务危机的升级以及长期的低利率也大大压缩了财政与货币政策调控的空间。本书围绕因此而来的国际金融市场震荡频发、国际贸易与投资增长乏力等经济问题对世界经济进行了分析展望。

国家竞争力蓝皮书

中国国家竞争力报告 No.2（赠阅读卡）

倪鹏飞 / 主编　　2013 年 4 月出版　　估价 :69.00 元

◆　本书运用有关竞争力的最新经济学理论，选取全球 100 个主要国家，在理论研究和计量分析的基础上，对全球国家竞争力进行了比较分析，并以这 100 个国家为参照系，指明了中国的位置和竞争环境，为研究中国的国家竞争力地位、制定全球竞争战略提供参考。

城市竞争力蓝皮书

中国城市竞争力报告 No.11（赠阅读卡）

倪鹏飞 / 主编　　2013 年 5 月出版　　估价：69.00 元

◆　本书由中国社会科学院城市与竞争力中心主任倪鹏飞主持编写，汇集了众多研究城市经济问题的专家学者关于城市竞争力研究的最新成果。本报告构建了一套科学的城市竞争力评价指标体系，采用第一手数据材料，对国内重点城市年度竞争力格局变化进行客观分析和综合比较、排名，对研究城市经济及城市竞争力极具参考价值。

城市蓝皮书

中国城市发展报告 No.6（赠阅读卡）

潘家华　魏后凯 / 主编　　2013 年 8 月出版　　估价：59.00 元

◆　本书由中国社会科学院城市发展与环境研究所主编，以聚焦新时期中国城市发展中的民生问题为主题，紧密联系现阶段中国城镇化发展的客观要求，回顾总结中国城镇化进程中城市民生改善的主要成效，并对城市发展中的各种民生问题进行全面剖析，在此基础上提出了民生优先的城市发展思路，以及改善城市民生的对策建议。

农村绿皮书

中国农村经济形势分析与预测 (2012~2013)（赠阅读卡）

中国社会科学院农村发展研究所　国家统计局农村社会经济调查司 / 著

2013 年 4 月出版　　估价：59.00 元

◆　本书对 2012 年中国农业和农村经济运行情况进行了系统的分析和评价，对 2013 年中国农业和农村经济发展趋势进行了预测，并提出相应的政策建议，专题部分将围绕某个重大的理论和现实问题进行多维、深入、细致的分析和探讨。

西部蓝皮书

中国西部经济发展报告 (2013)（赠阅读卡）

姚慧琴　徐璋勇 / 主编　　2013 年 7 月出版　　估价：69.00 元

◆　本书由西北大学中国西部经济发展研究中心主编，汇集了源自西部本土以及国内研究西部问题的权威专家的第一手资料，对国家实施西部大开发战略进行年度动态跟踪，并对 2013 年西部经济、社会发展态势进行预测和展望。

宏观经济蓝皮书

中国经济增长报告 (2012~2013)（赠阅读卡）

张 平 刘霞辉/主编　2013 年 7 月出版　估价：69.00 元

◆ 本书由中国社会科学院经济研究所组织编写，独创了中国各省（区、市）发展前景评价体系，通过产出效率、经济结构、经济稳定、产出消耗、增长潜力等近 60 个指标对中国各省（区、市）发展前景进行客观评价，并就"十二五"时期中国经济面临的主要问题进行全面分析。

经济蓝皮书春季号

中国经济前景分析——2013 年春季报告（赠阅读卡）

陈佳贵 李 扬/主编　2013 年 5 月出版　估价：59.00 元

◆ 本书是经济蓝皮书的姊妹篇，是中国社会科学院"中国经济形势分析与预测"课题组推出的又一重磅作品，在模型模拟与实证分析的基础上，从我国面临的国内外环境入手，对 2013 年春季及全年经济全局及工业、农业、财政、金融、外贸、就业等热点问题进行多角度考察与研究，并提出政策建议，具有较强的实用性、科学性和前瞻性。

就业蓝皮书

2013 年中国大学生就业报告（赠阅读卡）

麦可思研究院/主编　王伯庆/主审　2013 年 6 月出版　估价：98.00 元

◆ 大学生就业是社会关注的热点和难点，本书是在麦可思研究院"中国 2010 届大学毕业生求职与工作能力调查"数据的基础上，由麦可思公司与西南财经大学共同完成的 2013 年度大学毕业生就业及重点产业人才分析报告。

国际城市蓝皮书

国际城市发展报告 (2013)（赠阅读卡）

屠启宇/主编　2013 年 1 月出版　估价：69.00 元

◆ 国际城市蓝皮书是由上海社会科学院城市与区域研究中心主办、世界经济研究所国际政治经济学研究室协办的关于国际城市发展动态的年度报告，力求为中国城市发展的决策者、操作者、研究者和关注者把握与借鉴国际城市发展动态、规律和实践，提供及时、全面、权威的解读。

社 会 政 法 类

社会政法类皮书聚焦社会发展领域的热点、难点问题，
提供权威、原创的资讯与视点

社会蓝皮书

2013 年中国社会形势分析与预测（赠阅读卡）

汝　信　陆学艺　李培林／主编　2012 年 12 月出版　估价：59.00 元

◆　本书为中国社会科学院核心学术品牌之一，荟萃中国社会科学院等众多学术单位的原创成果。本年度报告结合中共"十八大"会议精神，深入探讨中国迈向更加公平、公正的全面小康社会的路径。

法治蓝皮书

中国法治发展报告 No.11(2013)（赠阅读卡）

李　林／主编　　2013 年 3 月出版　　估价：85.00 元

◆　本书是中国社会科学院法学研究所精心打造的年度报告。在多篇法治国情调研报告中，着力分析中国在立法、依法行政、预防与惩治腐败等方面的进展，并提出原创性箴言。

教育蓝皮书

中国教育发展报告 (2013)（赠阅读卡）

杨东平／主编　　2013 年 3 月出版　　估价：59.00 元

◆　本书由著名教育学家杨东平担任主编，直面当前教育改革中出现的教育公平、高校教育结构调整、义务教育均衡发展、学校布局调整与校车系统建设等热点、难点问题，提供极具价值的学者建言。

社会建设蓝皮书

2013 年北京社会建设分析报告（赠阅读卡）

陆学艺　唐　军　张　荆／主编　2013 年 5 月出版　估价：69.00 元

◆　本书由著名社会学家陆学艺领衔主编，依据社会学理论框架和分析方法，对北京市的人口、就业、分配、社会阶层以及城乡关系等社会学基本问题进行了广泛调研与分析，对广受社会关注的住房、教育、医疗、养老、交通等社会热点问题做了深刻了解与剖析，对日益显现的征地搬迁、外籍人口管理、群体性心理障碍等进行了有益探讨。

政治参与蓝皮书

中国政治参与报告 (2013)（赠阅读卡）

房　宁／主编　2013 年 7 月出版　估价：58.00 元

◆　本书是国内第一本运用社会科学数据对"中国公民政策参考"进行持续研究的年度报告，依据全国性问卷调查数据，对中国公民的政策参与客观状况和政策参与主观状况作了总体说明，并对不同性别、不同年龄、不同学历、不同政治面貌、不同职业、不同区域、不同收入的公民群体的政策参与客观状况和主观状况作了具体说明。

社会心态蓝皮书

中国社会心态研究报告 (2012~2013)（赠阅读卡）

王俊秀　杨宜音／主编　　2012 年 12 月出版　　估价：59.00 元

◆　本书由中国社会科学院社会学研究所社会心理研究中心编撰，从社会感受、价值观念、行为倾向等方面对于生活压力感、社会支持感、经济变动感受、微博使用行为、心理危机干预等问题，用社会心理学、社会学、经济学、传播学等多种学科的方法角度进行了调查和研究，深入揭示了我国社会心态状况。

城乡统筹蓝皮书

中国城乡统筹发展报告 (2013)（赠阅读卡）

程志强　潘晨光／主编　　2013 年 3 月出版　　估价：59.00 元

◆　全书客观地总结了各地城乡统筹发展进程中的经验，详细论述了统筹城乡经济社会发展的理论基础，从多个角度对新时期加快我国城乡统筹发展进程进行了深入的研究与探讨。

环境绿皮书

中国环境发展报告 (2013)（赠阅读卡）

杨东平 / 主编　　2013 年 4 月出版　　估价 :69.00 元

◆　本书由民间环保组织"自然之友"组织编写，由特别关注、生态保护、宜居城市、可持续消费以及政策与治理等版块构成，以公共利益的视角记录、审视和思考中国环境状况，呈现2013 年中国环境与可持续发展领域的全局态势，用深刻的思考、科学的数据分析 2012 年的环境热点事件。

环境竞争力绿皮书

中国省域环境竞争力发展报告(2010～2012)（赠阅读卡）

李建平　李闽榕　王金南 / 主编　　2013 年 3 月出版　　估价 :148.00 元

◆　本报告融马克思主义经济学、环境科学、生态学、统计学、计量经济学和人文地理学等理论和方法为一体，充分运用数理分析、空间分析以及规范分析与实证分析相结合的方法，构建了比较科学完善、符合中国国情的环境竞争力指标评价体系，对中国内地 31 个省级区域的环境竞争力进行全面、深入的比较分析和评价。

反腐倡廉蓝皮书

中国反腐倡廉建设报告 No.3（赠阅读卡）

李秋芳 / 主编　　2013 年 8 月出版　　估价 : 59.00 元

◆　本书从"惩治与专项治理、多主体综合监督、公共权力规制、公共资金资源资产监管、公职人员诚信管理、社会廉洁文化建设"六个方面对全国反腐倡廉建设进程与效果进行了综述，结合实地调研和问卷调查，反映了社会公众关注的难点焦点问题，并从理念和举措上提出建议。

行业报告类

行业报告类皮书立足重点行业、新兴行业领域，
提供及时、前瞻的数据与信息

金融蓝皮书

中国金融发展报告 (2013)（赠阅读卡）

李 扬　王国刚/主编　2012年12月出版　　估价：59.00元

◆ 本书由中国社会科学院金融研究所主编，对2012年中国金融业总体发展状况进行回顾和分析，聚焦国际及国内金融形势的新变化，解析中国货币政策、银行业、保险业和证券期货业的发展状况，预测中国金融发展的最新动态，包括投资基金、保险业发展和金融监管等。

房地产蓝皮书

中国房地产发展报告 No.10（赠阅读卡）

潘家华　李景国/主编　　2013年5月出版　　估价：69.00元

◆ 本书由中国社会科学院城市发展与环境研究所组织编写，秉承客观公正、科学中立的原则，深度解析2012年中国房地产发展的形势和存在的主要矛盾，并预测2013年中国房价走势及房地产市场发展大势。观点精辟，数据翔实，对关注房地产市场的各阶层人士极具参考价值。

住房绿皮书

中国住房发展报告 (2012~2013)（赠阅读卡）

倪鹏飞/主编　　2012年12月出版　　估价:69.00元

◆ 本书从宏观背景、市场体系和公共政策等方面，对中国住房市场作全面系统的分析、预测与评价。在评述2012年住房市场走势的基础上，预测2013年中国住房市场的发展变化；通过构建中国住房指数体系，量化评估住房市场各关键领域的发展状况；剖析中国住房市场发展所面临的主要问题与挑战，并给出政策建议。

旅游绿皮书

2013 年中国旅游发展分析与预测（赠阅读卡）

张广瑞　刘德谦　宋　瑞／主编　　2013 年 5 月出版　　　估价 :69.00 元

◆　　本书由中国社会科学院旅游研究中心组织编写，从 2012 年国内外发展环境入手，深度剖析 20112 年我国旅游业的跌宕起伏以及背后错综复杂的影响因素，聚焦旅游相关行业的运行特征以及相关政策实施，对旅游发展的热点问题给出颇具见地的分析，并提出促进我国旅游业发展的对策建议。

产业蓝皮书

中国产业竞争力报告 (2013) No.3（赠阅读卡）

张其仔／主编　　2013 年 12 月出版　　　估价 :79.00 元

◆　　本书对中国产业竞争力的最新变化进行了系统分析，对 2012 年中国产业竞争力的走势进行了展望，对各省、56 个地区和 44 个园区的产业国际竞争力进行了评估，是了解中国产业竞争力、各地产业竞争力最新变化的支撑平台。

能源蓝皮书

中国能源发展报告 (2013)（赠阅读卡）

崔民选／主编　　2013 年 7 月出版　　　估价 :79.00 元

◆　　本书结合中国经济面临转型的新形势，着眼于构建安全稳定、经济清洁的现代能源产业体系，盘点 2012 年中国能源行业的运行和发展走势，对 2012 年我国能源产业和各行业的运行特征、热点问题进行了深度剖析，并提出了未来趋势预测和对策建议。

文化传媒类

文化传媒类皮书透视文化领域、文化产业，
探索文化大繁荣、大发展的路径

文化蓝皮书

中国文化产业发展报告 (2012~2013)（赠阅读卡）

张晓明　胡惠林　章建刚/主编　2013 年 1 月出版　估价 :59.00 元

◆　本书是由中国社会科学院文化研究中心和文化部、上海交通大学共同编写的第 10 本中国文化产业年度报告。内容涵盖了我国文化产业分析及政策分析，既有对 2012 年文化产业发展形势的评估，又有对 2013 年发展趋势的预测；既有对全国文化产业宏观形势的评估，又有对文化产业内各行业的权威年度报告。

传媒蓝皮书

2013 年：中国传媒产业发展报告（赠阅读卡）

崔保国/主编　　2013 年 4 月出版　　估价 :69.00 元

◆　本书云集了清华大学、人民大学等众多权威机构的知名学者，对 2012 年中国传媒产业发展进行全面分析。剖析传统媒体转型过程中，中国传媒界的思索与实践；立足全球传媒产业发展现状，探索我国传媒产业向支柱产业发展面临的路径；并为提升国际传播能力提供前瞻性研究与观点。

新媒体蓝皮书

中国新媒体发展报告 No.4(2013)（赠阅读卡）

尹韵公/主编　　2013 年 5 月出版　　估价 :69.00 元

◆　本书由中国社会科学院新闻与传播研究所和上海大学合作编写，在构建新媒体发展研究基本框架的基础上，全面梳理 2012 年中国新媒体发展现状，发表最前沿的网络媒体深度调查数据和研究成果，并对新媒体发展的未来趋势做出预测。

国别与地区类

国别与地区类皮书关注全球重点国家与地区，
提供全面、独特的解读与研究

国际形势黄皮书

全球政治与安全报告 (2013)（赠阅读卡）

李慎明　张宇燕/主编　　2012年12月出版　　估价:59.00元

◆　本书是由中国社会科学院世界经济与政治研究所精心打造的又一品牌皮书，关注时下国际关系发展动向里隐藏的中长期趋势，剖析全球政治与安全格局下的国际形势最新动向以及国际关系发展的热点问题，并对2013年国际社会重大动态作出前瞻性的分析与预测。

美国蓝皮书

美国问题研究报告 (2013)（赠阅读卡）

黄　平　倪　峰/主编　　2013年6月出版　　估价:69.00元

◆　本书由中华美国学会和中国社会科学院美国研究所组织编写，从美国内政、外交、中美关系等角度系统论述2013年美国政治经济发展情况，既有对美国当今实力、地位的宏观分析，也有对美国近年来内政、外交政策的微观考察，对观察和研究美国及中美关系具有较强的参考作用。

欧洲蓝皮书

欧洲发展报告 (2012~2013)（赠阅读卡）

周　弘/主编　　2013年3月出版　　估价:79.00元

◆　欧洲长期积累的财政和债务问题，终于在世界金融危机的冲击下转变成主权债务危机。在采取紧急应对危机举措的同时，欧盟还提出一系列经济治理方案。正当欧盟内部为保卫欧元而苦苦奋战之时，欧盟却在对外战线上成功地完成对利比亚的一场战争。关注欧洲蓝皮书，关注欧盟局势。

地方发展类

地方发展类皮书关注大陆各省份、经济区域，
提供科学、多元的预判与咨政信息

北京蓝皮书

北京经济发展报告 (2012~2013)（赠阅读卡）

赵　弘/主编　　2013 年 5 月出版　　估价：59.00 元

◆　本书是北京蓝皮书系列之一种，研创团队北京市社会科学院紧紧围绕北京市年度经济社会发展的目标，突出对北京市经济社会发展中全局性、战略性、倾向性的重点、热点、难点问题进行分析和预测的综合研究成果。

北京蓝皮书

北京社会发展报告 (2012~2013)（赠阅读卡）

戴建中/主编　　2013 年 6 月出版　　估价：59.00 元

◆　本书是北京蓝皮书系列之一种，研创团队以北京市社会科学院研究人员为主，同时邀请北京市党政机关和大学的专家学者参加。本书为北京市政策制定和执行提供了依据和思路，为了解中国首都的社会现状贡献了丰富的资料和解读，具有一定的影响力，因持续追踪社会热点问题而引起广泛的关注。

上海蓝皮书

上海经济发展报告 (2013)（赠阅读卡）

沈开艳/主编　　2013 年 1 月出版　　估价：59.00 元

◆　本书是上海蓝皮书系列之一种，围绕上海如何实现经济转型问题展开，通过对复苏缓慢的国际经济大环境、趋于紧缩的国内宏观经济背景的深入分析，认为上海迫切需要解决而又密切相关的现实问题是"增长动力转型"与"产业发展转型"两大核心。

上海蓝皮书

上海社会发展报告 (2013)（赠阅读卡）

卢汉龙　周海旺／主编　　2013 年 1 月出版　估价：59.00 元

◆　本书是上海蓝皮书系列之一种，围绕机制创新、社会政策、社会组织等方面，对上海近年来的社会热点问题进行了调研，在总结现有状况及成因的基础上，提出了一些建议与对策，关注了上海的主要社会问题，可为决策层制订相关政策提供借鉴。

河南蓝皮书

河南经济发展报告 (2013)（赠阅读卡）

喻新安／主编　　2013 年 1 月出版　估价：59.00 元

◆　本书是河南蓝皮书系列之一种，由河南省社会科学院主持编撰，以中原经济区"三化"协调科学发展为主题，深入全面地分析了当前河南经济发展的主要特点以及 2012 年的走势，全方位、多角度研究和探讨了河南探索"三化"协调发展的举措及成效，并对河南积极构建中原经济区建设提出了对策建议。

甘肃蓝皮书

甘肃省经济发展分析与预测 (2013)（赠阅读卡）

朱智文　罗　哲／主编　　2012 年 12 月出版　估价：69.00 元

◆　本书是甘肃蓝皮书系列之一种，近年来甘肃经济社会发展的年度综合性研究成果之一，是对不同时期甘肃省实现区域创新和改革开放的年度总结。全书以特有的方式将经济运行情况、预测分析、政策建议三者结合起来，在科学分析经济发展形势的基础上为甘肃未来经济发展做出了科学预测及提出政策建议。

经济类

中小城市绿皮书
中国中小城市发展报告(2013)
著(编)者:中国城市经济学会中小城市经济发展委员会
《中国中小城市发展报告》编纂委员会
2013年8月出版 / 估价:98.00元

珠三角流通蓝皮书
珠三角流通业发展报告(2013)
著(编)者:王先庆 林至颖 2013年8月出版 / 估价:69.00元

社会政法类

殡葬绿皮书
中国殡葬事业发展报告(2013)
著(编)者:朱 勇 李伯森 2013年3月出版 / 估价: 59.00元

城市生活质量蓝皮书
中国城市生活质量指数报告(2013)
著(编)者:张 平 2013年7月出版 / 估价:59.00元

城乡统筹蓝皮书
中国城乡统筹发展报告(2013)
著(编)者:程志强、潘晨光 2013年3月出版 / 估价:59.00元

创新蓝皮书
创新型国家建设报告(2012~2013)
著(编)者:詹正茂 2013年7月出版 / 估价: 69.00元

慈善蓝皮书
中国慈善发展报告(2013)
著(编)者:杨 团 2013年7月出版 / 估价:69.00元

法治蓝皮书
中国法治发展报告No.11(2013)
著(编)者:李 林 2013年3月出版 / 估价:85.00元

反腐倡廉蓝皮书
中国反腐倡廉建设报告No.3
著(编)者:李秋芳 2013年8月出版 / 估价:59.00元

非传统安全蓝皮书
中国非传统安全研究报告(2012~2013)
著(编)者:余潇枫 2013年7月出版 / 估价:69.00元

妇女发展蓝皮书
福建省妇女发展报告(2013)
著(编)者:刘群英 2013年10月出版 / 估价:58.00元

妇女发展蓝皮书
中国妇女发展报告No.5
著(编)者:王金玲 高小贤 2013年5月出版 / 估价:65.00元

妇女教育蓝皮书
中国妇女教育发展报告No.3
著(编)者:张李玺 2013年10月出版 / 估价:69.00元

公共服务蓝皮书
中国城市基本公共服务力评价(2012~2013)
著(编)者:侯惠勤 辛向阳 易定宏 出版 / 估价:55.00元

公益蓝皮书
中国公益发展报告(2013)
著(编)者:朱健刚 2013年5月出版 / 估价:78.00元

国际人才蓝皮书
中国海归创业发展报告(2013)No.2
著(编)者:王辉耀 路江涌 2013年6月出版 / 估价:69.00元

国际人才蓝皮书
中国留学发展报告(2013) No.2
著(编)者:王辉耀 2013年8月出版 / 估价:59.00元

行政改革蓝皮书
中国行政体制改革报告(2013)No.3
著(编)者:魏礼群 2013年3月出版 / 估价:69.00元

华侨华人蓝皮书
华侨华人研究报告(2013)
著(编)者:丘 进 2013年5月出版 / 估价:128.00元

环境竞争力绿皮书
中国省域环境竞争力发展报告(2010~2012)
著(编)者:李建平 李闽榕 王金南
2013年3月出版 / 估价:148.00元

环境绿皮书
中国环境发展报告(2013)
著(编)者:杨东平 2013年4月出版 / 估价:69.00元

教师蓝皮书
中国中小学教师发展报告(2013)
著(编)者:曾晓东 2013年3月出版 / 估价:59.00元

教育蓝皮书
中国教育发展报告(2013)
著(编)者:杨东平 2013年2月出版 / 估价:59.00元

金融监管蓝皮书
中国金融监管报告2013
著(编)者:胡 滨 2013年5月出版 / 估价:59.00元

科普蓝皮书
中国科普基础设施发展报告(2013)
著(编)者:任福君 2013年4月出版 / 估价:79.00元

口腔健康蓝皮书
中国口腔健康发展报告(2013)
著(编)者:胡德渝 2013年12月出版 / 估价:59.00元

老龄蓝皮书
中国老龄事业发展报告(2013)
著(编)者:吴玉韶　2013年4月出版 / 估价:59.00元

民间组织蓝皮书
中国民间组织报告(2012~2013)
著(编)者:黄晓勇　2013年4月出版 / 估价:69.00元

民族蓝皮书
中国民族区域自治发展报告(2013)
著(编)者:郝时远　2013年7月出版 / 估价:98.00元

女性生活蓝皮书
中国女性生活状况报告No.7(2013)
著(编)者:韩湘景　2013年10月出版 / 估价:78.00元

气候变化绿皮书
应对气候变化报告(2013)
著(编)者:王伟光　郑国光　2013年11月出版 / 估价:59.00元

汽车社会蓝皮书
中国汽车社会发展报告(2013)
著(编)者:王俊秀　2013年6月出版 / 估价:59.00元

青少年蓝皮书
中国未成年人新媒体运用报告(2012~2013)
著(编)者:李文革　沈　杰　季为民
2013年7月出版 / 估价:69.00元

人才竞争力蓝皮书
中国区域人才竞争力报告(2013)
著(编)者:桂昭明　王辉耀　2013年2月出版 / 估价:69.00元

人才蓝皮书
中国人才发展报告(2013)
著(编)者:潘晨光　2013年8月出版 / 估价:79.00元

人权蓝皮书
中国人权事业发展报告No.3(2013)
著(编)者:李君如　2013年11月出版 / 估价:98.00元

社会保障绿皮书
中国社会保障发展报告(2013)No.6
著(编)者:王延中　2013年4月出版 / 估价:69.00元

社会工作蓝皮书
中国社会工作发展报告(2012~2013)
著(编)者:蒋昆生　戚学森　2013年7月出版 / 估价:59.00元

社会管理蓝皮书
中国社会管理创新报告No.2
著(编)者:连玉明　2013年9月出版 / 估价:79.00元

社会建设蓝皮书
2013年北京社会建设分析报告
著(编)者:陆学艺　唐　军　张　荆
2013年5月出版 / 估价:69.00元

社会科学蓝皮书
中国社会科学学术前沿(2012~2013)
著(编)者:高　翔　2013年9月出版 / 估价:69.00元

社会蓝皮书
2013年中国社会形势分析与预测
著(编)者:汝　信　陆学艺　李培林
2012年12月出版 / 估价:59.00元

社会心态蓝皮书
中国社会心态研究报告(2012~2013)
著(编)者:王俊秀　杨宜音　2012年12月出版 / 估价:59.00元

生态文明绿皮书
中国省域生态文明建设评价报告(2013)
著(编)者:严　耕　2013年10月出版 / 估价:98.00元

食品药品蓝皮书
食品药品安全与监管政策研究报告(2013)
著(编)者:唐民皓　2013年6月出版 / 估价:69.00元

世界创新竞争力黄皮书
世界创新竞争力发展报告(2012~2013)
著(编)者:李建平　李闽榕　赵新力
2013年11月出版 / 估价:79.00元

世界社会主义黄皮书
世界社会主义跟踪研究报告(2012~2013)
著(编)者:李慎明　2013年3月出版 / 估价:99.00元

危机管理蓝皮书
中国危机管理报告(2013)
著(编)者:文学国　范正青　2013年12月出版 / 估价:79.00元

小康蓝皮书
中国全面建设小康社会监测报告(2013)
著(编)者:潘　璠　2013年11月出版 / 估价:59.00元

形象危机应对蓝皮书
形象危机应对研究报告(2013)
著(编)者:唐　钧　2013年9月出版 / 估价:118.00元

舆情蓝皮书
中国社会舆情与危机管理报告(2013)
著(编)者:谢耘耕　2013年8月出版 / 估价:78.00元

政治参与蓝皮书
中国政治参与报告(2013)
著(编)者:房　宁　2013年7月出版 / 估价:58.00元

宗教蓝皮书
中国宗教报告(2013)
著(编)者:金　泽　邱永辉　2013年7月出版 / 估价:59.00元

行业报告类

保健蓝皮书
中国保健服务产业发展报告No.2
著(编)者:中国保健协会　中共中央党校
2013年7月出版 / 估价:198.00元

保健蓝皮书
中国保健食品产业发展报告No.2
著(编)者:中国保健协会
　　　　中国社会科学院食品药品产业发展与监管研究中心
2013年3月出版 / 估价:198.00元

保健蓝皮书
中国保健用品产业发展报告No.2
著(编)者:中国保健协会　2013年3月出版 / 估价:198.00元

保险蓝皮书
中国保险业竞争力报告(2013)
著(编)者:罗忠敏　2013年7月出版 / 估价:89.00元

餐饮产业蓝皮书
中国餐饮产业发展报告(2013)
著(编)者:中国烹饪协会　中国社会科学院财经战略研究院
2013年5月出版 / 估价:60.00元

测绘地理信息蓝皮书
中国地理信息产业发展报告(2013)
著(编)者:徐德明　2013年12月出版 / 估价:98.00元

茶业蓝皮书
中国茶产业发展报告 (2013)
著(编)者:李闽榕　杨江帆　2013年11月出版 / 估价:79.00元

产权市场蓝皮书
中国产权市场发展报告(2012~2013)
著(编)者:曹和平　2013年12月出版 / 估价:69.00元

产业安全蓝皮书
中国保险产业安全报告(2013)
著(编)者:李孟刚　2013年10月出版 / 估价:59.00元

产业安全蓝皮书
中国产业外资控制报告(2012~2013)
著(编)者:李孟刚　2013年10月出版 / 估价:69.00元

产业安全蓝皮书
中国金融产业安全报告(2013)
著(编)者:李孟刚　2013年10月出版 / 估价:69.00元

产业安全蓝皮书
中国轻工业发展与安全报告(2013)
著(编)者:李孟刚　2013年10月出版 / 估价:69.00元

产业安全蓝皮书
中国私募股权产业安全与发展报告(2013)
著(编)者:李孟刚　2013年10月出版 / 估价:59.00元

产业安全蓝皮书
中国新能源产业发展与安全报告(2013)
著(编)者:北京交通大学中国产业安全研究中心
2013年3月出版 / 估价:69.00元

产业安全蓝皮书
中国能源产业安全报告(2013)
著(编)者:北京交通大学中国产业安全研究中心
2013年3月出版 / 估价:69.00元

产业安全蓝皮书
中国海洋产业安全报告(2012~2013)
著(编)者:北京交通大学中国产业安全研究中心
2013年3月出版 / 估价:59.00元

产业蓝皮书
中国产业竞争力报告(2013) NO.3
著(编)者:张其仔　2013年12月出版 / 估价:79.00元

电子商务蓝皮书
中国城市电子商务影响力报告(2013)
著(编)者:荆林波　2013年5月出版 / 估价:69.00元

电子政务蓝皮书
中国电子政务发展报告(2013)
著(编)者:洪毅　王长胜　2013年9月出版 / 估价:59.00元

杜仲产业绿皮书
中国杜仲种植与产业发展报告(2013)
著(编)者:胡文臻　杜红岩　2013年8月出版 / 估价:78.00元

房地产蓝皮书
中国房地产发展报告No.10
著(编)者:魏后凯　李景国　2013年5月出版 / 估价:69.00元

服务外包蓝皮书
中国服务外包发展报告(2012~2013)
著(编)者:王力　刘春生　黄育华
2013年9月出版 / 估价:89.00元

工业设计蓝皮书
中国工业设计发展报告(2013)
著(编)者:王晓红　2013年7月出版 / 估价:69.00元

会展经济蓝皮书
中国会展经济发展报告(2013)
著(编)者:过聚荣　2013年4月出版 / 估价:65.00元

会展蓝皮书
中外会展业动态评估年度报告(2013)
著(编)者:张 敏 2013年8月出版 / 估价:68.00元

基金会蓝皮书
中国基金会发展报告(2013)
著(编)者:刘忠祥 2013年7月出版 / 估价:79.00元

基金会绿皮书
中国基金会发展独立研究报告(2013)
著(编)者:基金会中心网 2013年11月出版 / 估价:49.00元

交通运输蓝皮书
中国交通运输业发展报告(2013)
著(编)者:崔民选 王军生 2013年6月出版 / 估价:69.00元

金融蓝皮书
中国金融发展报告(2013)
著(编)者:李 扬 王国刚 2012年12月出版 / 估价:59.00元

金融蓝皮书
中国金融中心发展报告(2012~2013)
著(编)者:王 力 黄育华 2013年10月出版 / 估价:59.00元

金融蓝皮书
中国商业银行竞争力报告(2013)
著(编)者:王松奇 2013年10月出版 / 估价:79.00元

金融监管蓝皮书
中国金融监管发展报告(2013)
著(编)者:胡 滨 2013年5月出版 / 估价:59.00元

科学传播蓝皮书
中国科学传播报告(2013)
著(编)者:詹正茂 2013年6月出版 / 估价:69.00元

口岸生态绿皮书
中国口岸地区生态文化发展报告No.1(2013)
著(编)者:胡文臻 刘 静 2013年8月出版 / 估价:78.00元

"老字号"蓝皮书
中国"老字号"企业发展报告No.3(2013)
著(编)者:张继焦 丁惠敏 黄忠彩
2013年10月出版 / 估价:69.00元

"两化"融合蓝皮书
中国"两化"融合发展报告(2013)
著(编)者:曹淑敏 工业和信息化部电信研究院
2013年8月出版 / 估价:98.00元

流通蓝皮书
湖南省商贸流通产业发展报告No.2
著(编)者:柳思维 2013年10月出版 / 估价:75.00元

流通蓝皮书
中国商业发展报告(2012~2013)
著(编)者:荆林波 2013年4月出版 / 估价:89.00元

旅游安全蓝皮书
中国旅游安全报告(2013)
著(编)者:郑向敏 谢朝武 2013年5月出版 / 估价:78.00元

旅游绿皮书
2013年中国旅游发展分析与预测
著(编)者:张广瑞 刘德谦 宋 瑞
2013年5月出版 / 估价:69.00元

贸易蓝皮书
中国贸易发展报告(2013)
著(编)者:荆林波 2013年5月出版 / 估价:49.00元

煤炭蓝皮书
中国煤炭工业发展报告No.5(2013)
著(编)者:岳福斌 2012年12月出版 / 估价:69.00元

煤炭市场蓝皮书
中国煤炭市场发展报告(2013)
著(编)者:曲剑午 2013年8月出版 / 估价:79.00元

民营医院蓝皮书
中国民营医院发展报告(2013)
著(编)者:陈绍福 王培舟 2013年9月出版 / 估价:89.00元

闽商蓝皮书
闽商发展报告(2013)
著(编)者:李闽榕 王日根 林 琛
2013年3月出版 / 估价:69.00元

能源蓝皮书
中国能源发展报告(2013)
著(编)者:崔民选 2013年7月出版 / 估价:79.00元

农产品流通蓝皮书
中国农产品流通产业发展报告(2013)
著(编)者:贾敬敦 王炳南 张玉玺 张鹏毅 陈丽华
2013年7月出版 / 估价:98.00元

期货蓝皮书
中国期货市场发展报告(2013)
著(编)者:荆林波 2013年7月出版 / 估价:69.00元

企业蓝皮书
中国企业竞争力报告(2013)
著(编)者:金 碚 2013年11月出版 / 估价:79.00元

汽车蓝皮书
中国汽车产业发展报告(2013)
著(编)者:国务院发展研究中心产业经济研究部
中国汽车工程学会 大众汽车集团(中国)
2013年7月出版 / 估价:79.00元

人力资源蓝皮书
中国人力资源发展报告(2012~2013)
著(编)者:吴 江 田小宝 2013年6月出版 / 估价:69.00元

软件和信息服务业蓝皮书
中国软件和信息服务业发展报告(2013)
著(编)者:洪京一 工业和信息化部电子科学技术情报研究所
2013年6月出版 / 估价:98.00元

商会蓝皮书
中国商会发展报告 No.5 (2013)
著(编)者:黄孟复 2013年8月出版 / 估价:59.00元

商品市场蓝皮书
中国商品市场发展报告(2013)
著(编)者:荆林波 2013年7月出版 / 估价:59.00元

私募市场蓝皮书
中国私募股权市场发展报告(2013)
著(编)者:曹和平 2013年10月出版 / 估价:69.00元

体育蓝皮书
中国体育产业发展报告(2012~2013)
著(编)者:江和平 张海潮 2013年5月出版 / 估价:69.00元

投资蓝皮书
中国投资发展报告(2013)
著(编)者:杨庆蔚 2013年3月出版 / 估价:79.00元

物联网蓝皮书
中国物联网发展报告(2013)
著(编)者:黄桂田 张全升 2013年10月出版 / 估价:80.00元

西部工业蓝皮书
中国西部工业发展报告(2013)
著(编)者:方行明 刘方健 姜 凌 等
2013年7月出版 / 估价:69.00元

西部金融蓝皮书
中国西部金融发展报告(2013)
著(编)者:李忠民 2013年10月出版 / 估价:69.00元

信息化蓝皮书
中国信息化形势分析与预测(2013)
著(编)者:周宏仁 2013年7月出版 / 估价:98.00元

休闲绿皮书
2013年中国休闲发展报告
著(编)者:刘德谦 唐兵 宋瑞
2013年5月出版 / 估价:59.00元

中国林业竞争力蓝皮书
中国省域林业竞争力发展报告No.3(2012~2013)(上下册)
著(编)者:郑传芳 李闽榕 张春霞 张会儒
2013年8月出版 / 估价:139.00元

中国农业竞争力蓝皮书
中国省域农业竞争力发展报告No.2 (2010~2012) (上下
著(编)者:郑传芳 宋洪远 李闽榕 张春霞
2013年7月出版 / 估价:128.00元

中国总部经济蓝皮书
中国总部经济发展报告(2013~2014)
著(编)者:赵 弘 2013年9月出版 / 估价:69.00元

住房绿皮书
中国住房发展报告(2012~2013)
著(编)者:倪鹏飞 2012年12月出版 / 估价:69.00元

资本市场蓝皮书
中国场外交易市场发展报告(2012~2013)
著(编)者:高 峦 2013年2月出版 / 估价:79.00元

文化传媒类

传媒蓝皮书
2013年:中国传媒产业发展报告
著(编)者:崔保国 2013年4月出版 / 估价:69.00元

创意城市蓝皮书
北京文化创意产业发展报告(2013)
著(编)者:张京成 王国华 2013年3月出版 / 估价:69.00元

创意城市蓝皮书
青岛文化创意产业发展报告(2013)
著(编)者:马 达 2013年5月出版 / 估价:69.00元

动漫蓝皮书
中国动漫产业发展报告(2013)
著(编)者:卢 斌 郑玉明 牛兴侦
2013年4月出版 / 估价:69.00元

广电蓝皮书
中国广播电影电视发展报告(2013)
著(编)者:庞井君 2013年6月出版 / 估价:88.00元

广告主蓝皮书
中国广告主营销传播趋势报告N0.8
著(编)者:中国传媒大学广告主研究所
中国广告主营销传播创新研究课题组
黄升民 杜国清 邵华冬
2013年11月出版 / 估价:98.00元

纪录片蓝皮书
中国纪录片发展报告(2013)
著(编)者:何苏六 2013年10月出版 / 估价:78.00元

两岸文化蓝皮书
两岸文化产业合作发展报告(2013)
著(编)者:胡惠林 肖夏勇 2013年7月出版 / 估价:59.00元

全球传媒蓝皮书
全球传媒产业发展报告(2013)
著(编)者:胡正荣 2013年1月出版 / 估价:79.00元

视听新媒体蓝皮书
中国视听新媒体发展报告(2013)
著(编)者:庞井君 2013年6月出版 / 估价:69.00元

文化创新蓝皮书
中国文化创新报告(2013)No.4
著(编)者:于 平 傅才武
2013年7月出版 / 估价:79.00元

文化蓝皮书
中国文化产业发展报告(2012~2013)
著(编)者:张晓明 胡惠林 章建刚
2013年1月出版 / 估价:59.00元

文化蓝皮书
中国城镇文化消费需求景气评价报告(2013)
著(编)者:王亚南 2013年5月出版 / 估价:79.00元

文化蓝皮书
中国公共文化服务发展报告(2013)
著(编)者:于 群 李国新 2013年10月出版 / 估价:98.00元

文化蓝皮书
中国文化消费需求景气评价报告(2013)
著(编)者:王亚南 2013年6月出版 / 估价:79.00元

文化蓝皮书
中国乡村文化消费需求景气评价报告(2013)
著(编)者:王亚南 2013年6月出版 / 估价:79.00元

文化蓝皮书
中国中心城市文化消费需求景气评价报告(2013)
著(编)者:王亚南 2013年5月出版 / 估价:79.00元

文化品牌蓝皮书
中国文化品牌发展报告(2013)
著(编)者:欧阳友权 2013年6月出版 / 估价:75.00元

文化软实力蓝皮书
中国文化软实力研究报告(2013)
著(编)者:张国祚 2013年7月出版 / 估价:79.00元

文化遗产蓝皮书
中国文化遗产事业发展报告(2013)
著(编)者:刘世锦 2013年9月出版 / 估价:79.00元

文学蓝皮书
中国文情报告(2012~2013)
著(编)者:白 烨 2013年1月出版 / 估价:59.00元

新媒体蓝皮书
中国新媒体发展报告No.4(2013)
著(编)者:尹韵公 2013年5月出版 / 估价:69.00元

移动互联网蓝皮书
中国移动互联网发展报告(2013)
著(编)者:官建文 2013年4月出版 / 估价:79.00元

国别与地区类

G20国家创新竞争力黄皮书
二十国集团(G20)国家创新竞争力发展报告(2013)
著(编)者:李建平 李闽榕 赵新力
2013年12月出版 / 估价:118.00元

澳门蓝皮书
澳门经济社会发展报告(2012~2013)
著(编)者:郝雨凡 吴志良 2013年4月出版 / 估价:69.00元

德国蓝皮书
德国发展报告(2013)
著(编)者:李乐曾 郑春荣 2013年5月出版 / 估价:69.00元

东南亚蓝皮书
东南亚地区发展报告(2013)
著(编)者:王 勤 2013年11月出版 / 估价:59.00元

东盟蓝皮书
东盟发展报告(2013)
著(编)者:黄兴球 庄国土 2013年11月出版 / 估价:59.00元

俄罗斯黄皮书
俄罗斯发展报告(2013)
著(编)者:李永全 2013年9月出版 / 估价:69.00元

非洲黄皮书
非洲发展报告No.15(2012~2013)
著(编)者:张宏明 2013年7月出版 / 估价:79.00元

港澳珠三角蓝皮书
粤港澳区域合作与发展报告(2012~2013)
著(编)者:梁庆寅 陈广汉 2013年8月出版 / 估价:59.00元

国际形势黄皮书
全球政治与安全报告(2013)
著(编)者:李慎明 张宇燕 2012年12月出版 / 估价:59.00元

韩国蓝皮书
韩国发展报告(2013)
著(编)者:牛林杰 刘宝全 2013年6月出版 / 估价:69.00元

拉美黄皮书
拉丁美洲和加勒比发展报告(2012~2013)
著(编)者:吴白乙 2013年5月出版 / 估价:79.00元

美国蓝皮书
美国问题研究报告(2013)
著(编)者:黄 平 倪 峰 2013年6月出版 / 估价:69.00元

欧亚大陆桥发展蓝皮书
欧亚大陆桥发展报告(2012~2013)
著(编)者:李忠民 2013年10月出版 / 估价:59.00元

欧洲蓝皮书
欧洲发展报告(2012~2013)
著(编)者:周 弘 2013年3月出版 / 估价:79.00元

日本经济蓝皮书
日本经济与中日经贸关系发展报告(2013)
著(编)者:王洛林 张季风 2013年5月出版 / 估价:79.00元

日本蓝皮书
日本发展报告(2013)
著(编)者:李 薇 2013年5月出版 / 估价:59.00元

上海合作组织黄皮书
上海合作组织发展报告(2013)
著(编)者:李进峰 吴宏伟 2013年7月出版 / 估价:79.00元

世界经济黄皮书
2013年世界经济形势分析与预测
著(编)者:王洛林 张宇燕 2013年1月出版 / 估价:59.00元

香港蓝皮书
香港发展报告(2013)
著(编)者:薛凤旋 2013年6月出版 / 估价:49.00元

新兴经济体蓝皮书
金砖国家发展报告(2013)——合作与崛起
著(编)者:林跃勤 周 文 2013年3月出版 / 估价:69.00元

亚太蓝皮书
亚太地区发展报告(2013)
著(编)者:李向阳 2013年1月出版 / 估价:59.00元

印度蓝皮书
印度国情报告(2012~2013)
著(编)者:吕昭义 2013年9月出版 / 估价:59.00元

越南蓝皮书
越南国情报告(2013)
著(编)者:吕余生 2013年7月出版 / 估价:65.00元

中亚黄皮书
中亚国家发展报告(2013)
著(编)者:孙 力 2013年6月出版 / 估价:79.00元

地方发展类

北部湾蓝皮书
泛北部湾合作发展报告(2013)
著(编)者:吕余生 2013年7月出版 / 估价:79.00元

北京蓝皮书
北京公共服务发展报告(2012~2013)
著(编)者:张耘 2013年3月出版 / 估价:65.00元

北京蓝皮书
北京经济发展报告(2012~2013)
著(编)者:赵弘 2013年5月出版 / 估价:59.00元

北京蓝皮书
北京社会发展报告(2012~2013)
著(编)者:戴建中 2013年6月出版 / 估价:59.00元

北京蓝皮书
北京文化发展报告(2012~2013)
著(编)者:李建盛 2013年4月出版 / 估价:69.00元

北京蓝皮书
中国社区发展报告(2013)
著(编)者:于燕燕 2013年6月出版 / 估价:59.00元

北京旅游绿皮书
北京旅游发展报告(2013)
著(编)者:鲁 勇 2013年10月出版 / 估价:98.00元

北京律师蓝皮书
北京律师发展报告NO.3(2013)
著(编)者:王隽 周塞军 2013年9月出版 / 估价:70.00元

北京人才蓝皮书
北京人才发展报告(2012~2013)
著(编)者:张志伟 2013年5月出版 / 估价:69.00元

城乡一体化蓝皮书
中国城乡一体化发展报告·北京卷(2012~2013)
著(编)者:张宝秀 黄序 2012年7月出版 / 估价:59.00元

大湄公河次区域蓝皮书
大湄公河次区域合作发展报告(2012~2013)
著(编)者:刘 稚 2013年4月出版 / 估价:69.00元

甘肃蓝皮书
甘肃省经济发展分析与预测(2013)
著(编)者:朱智文 罗 哲 2012年12月出版 / 估价:69.00元

甘肃蓝皮书
甘肃省社会发展分析与预测(2013)
著(编)者:安文华　包晓霞　2012年12月出版 / 估价:69.00元

甘肃蓝皮书
甘肃省舆情发展分析与预测(2013)
著(编)者:陈双梅　郝树声　2012年12月出版 / 估价:69.00元

甘肃蓝皮书
甘肃省县城社会发展分析与预测(2013)
著(编)者:魏胜文　柳　民　曲　玮
2012年12月出版 / 估价:69.00元

甘肃蓝皮书
甘肃省文化发展分析与预测(2013)
著(编)者:刘进军　周晓华　2012年12月出版 / 估价:69.00元

关中天水经济区蓝皮书
中国关中—天水经济区发展报告(2013)
著(编)者:李忠民　2013年7月出版 / 估价:59.00元

广东外经贸蓝皮书
广东对外经济贸易发展研究报告(2012~2013)
著(编)者:陈万灵　2013年3月出版 / 估价:65.00元

广西北部湾经济区蓝皮书
广西北部湾经济区开放开发报告(2013)
著(编)者:广西北部湾经济区规划建设管理委员会办公室
　广西社会科学院 广西北部湾发展研究院
2013年7月出版 / 估价:69.00元

广州蓝皮书
2013年中国广州经济形势分析与预测
著(编)者:庾建设　郭志勇　沈　奎
2013年6月出版 / 估价:69.00元

广州蓝皮书
2013年中国广州社会形势分析与预测
著(编)者:易佐永　杨　秦　顾涧清
2013年7月出版 / 估价:69.00元

广州蓝皮书
广州城市国际化发展报告(2013)
著(编)者:朱名宏　2013年4月出版 / 估价:59.00元

广州蓝皮书
广州创新型城市发展报告(2013)
著(编)者:李江涛　2013年4月出版 / 估价:59.00元

广州蓝皮书
广州经济发展报告(2013)
著(编)者:李江涛　刘江华　2013年4月出版 / 估价:69.00元

广州蓝皮书
广州农村发展报告(2013)
著(编)者:李江涛　汤锦华　2013年4月出版 / 估价:59.00元

广州蓝皮书
广州汽车产业发展报告(2013)
著(编)者:李江涛　杨再高　2013年4月出版 / 估价:59.00元

广州蓝皮书
广州商贸业发展报告(2013)
著(编)者:陈家成　王旭东　荀振英
2013年4月出版 / 估价:69.00元

广州蓝皮书
广州文化创意产业发展报告(2013)
著(编)者:甘　新　2013年3月出版 / 估价:59.00元

广州蓝皮书
中国广州城市建设发展报告(2013)
著(编)者:董　皞　冼伟雄　李俊夫
2013年8月出版 / 估价:69.00元

广州蓝皮书
中国广州科技与信息化发展报告(2013)
著(编)者:庾建设　谢学宁　2013年8月出版 / 估价:59.00元

广州蓝皮书
中国广州文化创意产业发展报告(2013)
著(编)者:王晓玲　2013年8月出版 / 估价:59.00元

广州蓝皮书
中国广州文化发展报告(2013)
著(编)者:徐俊忠　汤应武　陆志强
2013年8月出版 / 估价:69.00元

贵州蓝皮书
贵州法治发展报告(2013)
著(编)者:吴大华　2013年4月出版 / 估价:69.00元

贵州蓝皮书
贵州社会发展报告(2013)
著(编)者:王兴骥　2013年4月出版 / 估价:59.00元

海峡经济区蓝皮书
海峡经济区发展报告(2013)
著(编)者:李闽榕　王秉安　谢明辉（台湾）
2013年10月出版 / 估价:78.00元

海峡西岸蓝皮书
海峡西岸经济区发展报告(2013)
著(编)者:福建省人民政府发展研究中心
2013年7月出版 / 估价:85.00元

杭州都市圈蓝皮书
杭州都市圈经济社会发展报告(2013)
著(编)者:辛　薇　2013年7月出版 / 估价:59.00元

河南经济蓝皮书
2013年河南经济形势分析与预测
著(编)者:刘永奇　2013年2月出版 / 估价:65.00元

河南蓝皮书
2013年河南社会形势分析与预测
著(编)者:刘道兴　牛苏林　2013年1月出版 / 估价:59.00元

河南蓝皮书
河南城市发展报告(2013)
著(编)者:谷建全　王建国　2013年1月出版 / 估价:69.00元

河南蓝皮书
河南经济发展报告(2013)
著(编)者:喻新安 2013年1月出版 / 估价:59.00元

河南蓝皮书
河南文化发展报告(2013)
著(编)者:谷建全 卫绍生 2013年3月出版 / 估价:69.00元

黑龙江产业蓝皮书
黑龙江产业发展报告(2013)
著(编)者:于 渤 2013年5月出版 / 估价:69.00元

黑龙江蓝皮书
黑龙江经济发展报告(2013)
著(编)者:曲 伟 2013年5月出版 / 估价:69.00元

黑龙江蓝皮书
黑龙江社会发展报告(2013)
著(编)者:艾书琴 2013年1月出版 / 估价:65.00元

湖南城市蓝皮书
城市社会管理
著(编)者:罗海藩 2013年5月出版 / 估价:59.00元

湖南蓝皮书
2013年湖南产业发展报告
著(编)者:梁志峰 2013年5月出版 / 估价:89.00元

湖南蓝皮书
2013年湖南法治发展报告
著(编)者:梁志峰 2013年5月出版 / 估价:79.00元

湖南蓝皮书
2013年湖南经济展望
著(编)者:梁志峰 2013年5月出版 / 估价:79.00元

湖南蓝皮书
2013年湖南两型社会发展报告
著(编)者:梁志峰 2013年5月出版 / 估价:79.00元

湖南县域绿皮书
湖南县域发展报告No.2
著(编)者:朱有志 袁 准 周小毛
2013年7月出版 / 估价:69.00元

江苏法治蓝皮书
江苏法治发展报告No.2(2013)
著(编)者:李 力 龚廷泰 严海良
2013年7月出版 / 估价:88.00元

京津冀蓝皮书
京津冀区域一体化发展报告(2013)
著(编)者:文 魁 祝尔娟 2013年3月出版 / 估价:89.00元

经济特区蓝皮书
中国经济特区发展报告(2013)
著(编)者:陶一桃 钟 坚 2013年3月出版 / 估价:89.00元

辽宁蓝皮书
2013年辽宁经济社会形势分析与预测
著(编)者:曹晓峰 张 晶 张卓民
2013年1月出版 / 估价:69.00元

内蒙古蓝皮书
内蒙古经济发展蓝皮书(2012~2013)
著(编)者:黄育华 2013年7月出版 / 估价:69.00元

浦东新区蓝皮书
上海浦东经济发展报告(2013)
著(编)者:左学金 陆沪根 2012年12月出版 / 估价:59.00元

青海蓝皮书
2013年青海经济社会形势分析与预测
著(编)者:赵宗福 2013年3月出版 / 估价:69.00元

人口与健康蓝皮书
深圳人口与健康发展报告(2013)
著(编)者:陆杰华 江捍平 2013年10月出版 / 估价:98.00元

山西蓝皮书
山西资源型经济转型发展报告(2013)
著(编)者:李志强 容和平 2013年3月出版 / 估价:79.00元

陕西蓝皮书
陕西经济发展报告(2013)
著(编)者:杨尚勤 石 英 裴成荣
2013年3月出版 / 估价:65.00元

陕西蓝皮书
陕西社会发展报告(2013)
著(编)者:杨尚勤 石 英 江 波
2013年3月出版 / 估价:65.00元

陕西蓝皮书
陕西文化发展报告(2013)
著(编)者:杨尚勤 石 英 王长寿
2013年3月出版 / 估价:59.00元

上海蓝皮书
上海传媒发展报告(2013)
著(编)者:强 荧 焦雨虹 2013年1月出版 / 估价:59.00元

上海蓝皮书
上海法治发展报告(2013)
著(编)者:潘世伟 叶 青 2012年12月出版 / 定价:69.00元

上海蓝皮书
上海经济发展报告(2013)
著(编)者:沈开艳 2013年1月出版 / 估价:59.00元

上海蓝皮书
上海社会发展报告(2013)
著(编)者:卢汉龙 周海旺 2013年1月出版 / 估价:59.00元

上海蓝皮书
上海文化发展报告(2013)
著(编)者:蒯大申 2013年1月出版 / 估价:59.00元

上海蓝皮书
上海文学发展报告(2013)
著(编)者:陈圣来 2013年1月出版 / 估价:59.00元

上海蓝皮书
上海资源环境发展报告(2013)
著(编)者:张仲礼 周冯琦 2013年1月出版 / 估价:59.00元

上海社会保障绿皮书
上海社会保障改革与发展报告(2012~2013)
著(编)者:汪 泓 2013年1月出版 / 估价:65.00元

深圳蓝皮书
深圳经济发展报告(2013)
著(编)者:吴 忠 2013年5月出版 / 估价:69.00元

深圳蓝皮书
深圳劳动关系发展报告(2013)
著(编)者:汤庭芬 2013年5月出版 / 估价:69.00元

深圳蓝皮书
深圳社会发展报告(2013)
著(编)者:吴 忠 余智晟 2013年11月出版 / 估价:69.00元

温州蓝皮书
2013年温州经济社会形势分析与预测
著(编)者:胡瑞怀 王春光 2013年1月出版 / 估价:69.00元

武汉城市圈蓝皮书
武汉城市圈经济社会发展报告(2012~2013)
著(编)者:肖安民 2013年5月出版 / 估价:59.00元

武汉蓝皮书
武汉经济社会发展报告(2013)
著(编)者:刘志辉 2013年5月出版 / 估价:59.00元

扬州蓝皮书
扬州经济社会发展报告(2013)
著(编)者:张爱军 2013年1月出版 / 估价:78.00元

长株潭城市群蓝皮书
长株潭城市群发展报告(2013)
著(编)者:张 萍 2013年6月出版 / 估价:69.00元

浙江蓝皮书
浙江金融业发展报告(2013)
著(编)者:刘仁伍 2013年4月出版 / 估价:69.00元

浙江蓝皮书
浙江民营经济发展报告(2013)
著(编)者:刘仁伍 2013年4月出版 / 估价:59.00元

浙江蓝皮书
浙江区域金融中心发展报告(2013)
著(编)者:刘仁伍 2013年4月出版 / 估价:79.00元

浙江蓝皮书
浙江市场经济发展报告(2013)
著(编)者:刘仁伍 2013年4月出版 / 估价:79.00元

郑州蓝皮书
2012~2013年郑州文化发展报告
著(编)者:王 哲 2013年5月出版 / 估价:69.00元

中国省会经济圈蓝皮书
合肥经济圈经济社会发展报告No.4(2012~2013)
著(编)者:王开玉 等 2013年7月出版 / 估价:79.00元

中原蓝皮书
中原经济区发展报告(2013)
著(编)者:刘怀廉 2013年3月出版 / 估价:68.00元

社会科学文献出版社
SOCIAL SCIENCES ACADEMIC PRESS (CHINA)

社会科学文献出版社成立于1985年，是直属于中国社会科学院的人文社会科学专业学术出版机构。

成立以来，特别是1998年实施第二次创业以来，依托于中国社会科学院丰厚的学术出版和专家学者两大资源，坚持"创社科经典，出传世文献"的出版理念和"权威、前沿、原创"的产品定位，走学术产品的系列化、规模化、数字化、国际化、市场化经营道路，社会科学文献出版社先后策划出版了著名的图书品牌和学术品牌"皮书"系列、《列国志》、"社科文献精品译库"、"全球化译丛"、"气候变化与人类发展译丛"、"近世中国"等一大批既有学术影响又有市场价值的图书。

在国内原创著作、国外名家经典著作大量出版的同时，社会科学文献出版社长期致力于中国学术出版走出去，先后与荷兰博睿出版社合作面向海外推出了《经济蓝皮书》、《社会蓝皮书》等十余种皮书的英文版；此外，《从苦行者社会到消费者社会》、《二十世纪中国史纲》、《中华人民共和国法制史》等11种著作入选新闻出版总署"经典中国国际出版工程"。

面对数字化浪潮的冲击，社会科学文献出版社力图从内容资源和数字平台两个方面实现传统出版的再造，并先后推出了皮书数据库、列国志数据库、中国田野调查数据库等一系列数字产品。

在新的发展时期，社会科学文献出版社结合社会的需求、自身的条件以及行业的发展，提出了新的创业目标：精心打造人文社会科学成果推广平台，发展成为一家集图书、期刊、声像电子和数字出版物为一体，面向海内外高端读者和客户，具备独特竞争力的人文社会科学内容资源经营商和海内外知名的专业学术出版机构。

中国皮书网

发布皮书研创资讯，传播皮书精彩内容
引领皮书出版潮流，打造皮书服务平台

栏目设置：

☐　资讯：皮书动态、皮书观点、皮书数据、皮书报道、皮书新书发布会、电子期刊

☐　标准：皮书评价、皮书研究、皮书规范、皮书专家、编撰团队

☐　服务：最新皮书、皮书书目、重点推荐、在线购书

☐　链接：皮书数据库、皮书博客、皮书微博、出版社首页、在线书城

☐　搜索：资讯、图书、研究动态

☐　互动：皮书论坛

www.pishu.cn

中国皮书网依托皮书系列"权威、前沿、原创"的优质内容资源，通过文字、图片、音频、视频等多种元素，在皮书研创者、使用者之间搭建了一个成果展示、资源共享的互动平台。

自2005年12月正式上线以来，中国皮书网的IP访问量、PV浏览量与日俱增，受到海内外研究者、公务人员、商务人士以及专业读者的广泛关注。

2008年10月，中国皮书网获得"最具商业价值网站"称号。

2011年全国新闻出版网站年会上，中国皮书网被授予"2011最具商业价值网站"荣誉称号。

权威报告 热点资讯 海量资源

当代中国与世界发展的高端智库平台

皮书数据库 www.pishu.com.cn

皮书数据库是专业的人文社会科学综合学术资源总库，以大型连续性图书——皮书系列为基础，整合国内外相关资讯构建而成。包含七大子库，涵盖两百多个主题，囊括了近十几年间中国与世界经济社会发展报告，覆盖经济、社会、政治、文化、教育、国际问题等多个领域。

皮书数据库以篇章为基本单位，方便用户对皮书内容的阅读需求。用户可进行全文检索，也可对文献题目、内容提要、作者名称、作者单位、关键字等基本信息进行检索，还可对检索到的篇章再作二次筛选，进行在线阅读或下载阅读。智能多维度导航，可使用户根据自己熟知的分类标准进行分类导航筛选，使查找和检索更高效、便捷。

权威的研究报告，独特的调研数据，前沿的热点资讯，皮书数据库已发展成为国内最具影响力的关于中国与世界现实问题研究的成果库和资讯库。

皮书俱乐部会员服务指南

1. 谁能成为皮书俱乐部会员？

- 皮书作者自动成为皮书俱乐部会员；
- 购买皮书产品（纸质图书、电子书、皮书数据库充值卡）的个人用户。

2. 会员可享受的增值服务：

- 免费获赠该纸质图书的电子书；
- 免费获赠皮书数据库100元充值卡；
- 免费定期获赠皮书电子期刊；
- 优先参与各类皮书学术活动；
- 优先享受皮书产品的最新优惠。

阅 读 卡

3. 如何享受皮书俱乐部会员服务？

（1）如何免费获得整本电子书？

购买纸质图书后，将购书信息特别是书后附赠的卡号和密码通过邮件形式发送到pishu@188.com，我们将验证您的信息，通过验证并成功注册后即可获得该本皮书的电子书。

（2）如何获赠皮书数据库100元充值卡？

第1步：刮开附赠卡的密码涂层（左下）；

第2步：登录皮书数据库网站（www.pishu.com.cn），注册成为皮书数据库用户，注册时请提供您的真实信息，以便您获得皮书俱乐部会员服务；

第3步：注册成功后登录，点击进入"会员中心"；

第4步：点击"在线充值"，输入正确的卡号和密码即可使用。

皮书俱乐部会员可享受社会科学文献出版社其他相关免费增值服务

您有任何疑问，均可拨打服务电话：010-59367227 QQ:1924151860

欢迎登录社会科学文献出版社官网(www.ssap.com.cn)和中国皮书网（www.pishu.cn）了解更多信息

皮书数据库
www.pishu.com.cn